पत्रकारिता के उत्तर आधुनिक चरण

वाणी प्रकाशन

21-ए, दरियागंज, नई दिल्ली-110002

फोन: 23273167, 23275710 फैक्स: 23275710

e-mail : vani_prakashan@yahoo.com

vani_prakashan@mantraonline.com

पत्रकारिता के उत्तर आधुनिक चरण

कृपाशंकर चौबे

वाणी प्रकाशन का लोगो
विख्यात चित्रकार मकबूल फिदा हुसेन
की कूची से

ISBN: 81-8143-007-7

वाणी प्रकाशन
21-ए, दरियागंज, नयी दिल्ली-110002
द्वारा प्रकाशित

संस्करण : 2003
संस्करण : 2005

मूल्य : 195.00

शुभम ऑफसेट प्रेस, दिल्ली-110032
द्वारा मुद्रित

PATRAKARITA KE UTTAR
ADHUNIK CHARAN
by Kripashankar Chaubey

कथाशिल्पी काशीनाथ सिंह
आलोचक कमला प्रसाद
कवि भगवत रावत
और 'कथादेश' के संपादक हरिनारायण
के लिए

अपनी बात

पिछ्ले 18 वर्षों की पत्रकारिता के दौरान उसके नाना तरह के बाहरी और भीतरी दवाबों का साक्षी रहा हूँ। उन दबावों में कई प्रश्नों से जूझना पड़ा, मसलन पूरे जहान की खबर रखने वाले खबरनवीसों की खुद की अंदरूनी स्थिति कैसी है?

आज सूचना और तकनीकी क्रान्ति के उत्तरोत्तर आधुनिक दौर में मानव जीवन में, समाज में, अप्रत्याशित बदलाव हो रहे हैं। पश्चिमी लहर और आबोहवा में सनातन भारतीय जीवन के छंद और लय टूटते दिख रहे हैं। हर स्तर पर भ्रष्टाचार और भोग में डूबने-उतराने की ललक बढ़ती जा रही है। इन बदलावों और इनके गंभीर नतीजों को पत्रकारिता किस हद तक प्रतिबिंबित कर रही है? फिर पत्रकारिता समय के साथ कदमताल कर रही है या उससे आँखें चुरा रही है?

सूचना क्रान्ति और नई से नई तकनीक से खबरों की पहुँच बढ़ी, पत्र-पत्रिकाओं को 'कामोडिटी' बना दिया गया—पत्रकारिता किस तरह बिकाऊ माल की प्रवक्ता होती गई है?

पीली पत्रकारिता समेत कई अन्य विकृतियाँ किस तरह इस पेशे में जड़ें जमाने लगी हैं? इन्हीं प्रश्नों से जूझते हैं, पुस्तक में संकलित लेख।

अलग-अलग पत्रों में काम करते हुए मुझे अलग-अलग वर्तनी में काम करना पड़ा। कहना सहज नहीं है कि किसकी वर्तनी कितनी शुद्ध या अशुद्ध है। इसी से निकला है, पत्रों की भाषा और वर्तनी की समस्या पर लेख—'हिन्दी पत्रकारिता की भाषा : कुछ अहम प्रश्न।

दिल्ली में मुझे कुछ वर्ष संसद के दोनों सदनों की रिपोर्टिंग करने का अवसर मिला था। तब संसद और चौथी स्टेट की विसंगतियों से रू-ब-रू हुआ था, उसी पर केंद्रित है—प्रेस की स्वाधीनता और सदन के विशेषाधिकार। संवाद खंड में इस समय के दो प्रमुख संपादकों के इंटरव्यू दिए गए हैं। कमलेश्वर और मंगलेश डबराल के साक्षात्कार इस मायने में बेहद महत्वपूर्ण हैं कि उससे पत्रकारिता और साहित्य के कई अहम प्रश्नों को समझने में काफी सहायता मिलती है।

पत्रकारिता की व्यवसायवृत्ति पर कई तरह की बातें होती हैं। मेरा मानना है

कि पत्रकारिता जब मिशन थी, तब भी वृत्ति (पेशा) थी। आज जब वह व्यवसाय या उद्योग है, तब भी वृत्ति है। पत्रकारिता प्रवृत्ति भी है। वह अनुभूति भी है। वह कला भी है। और जब समाज के हर क्षेत्र में विकार आ गए हैं तो सिर्फ पत्रकारिता से विकारमुक्त होने की उम्मीद ही कितनी वाजिब है? पर आज यह भी सही है कि बाहर से पत्रकारिता की दुनिया जितनी लुभावनी दिखती है, उसके भीतर उतनी ही विकृतियाँ आ गई हैं। उनमें कुछ विकृतियाँ तो स्वाभाविक हैं, कुछ परिस्थितिजन्य। जब पत्रकारिता उद्योग है तो जाहिर है कि उद्योगों की जो विकृतियाँ होती हैं, वे इसमें आएंगी ही, क्योंकि उद्योग का काम धन कमाना और व्यापार बढ़ाना होता है। फिर भी समकालीन पत्रकारिता, अपवादों को छोड़कर व्यावसायिक हित और जनहित में संतुलन बनाए हुए है। पुस्तक में पत्रकारिता में आई विकृतियों की पड़ताल जरूर की गई है पर निराशा की बात नहीं है क्योंकि यदि हम कमियों की पहचान कर रहे हैं तो यही आश्वासन पर्याप्त है कि हम उनसे निजात पा लेंगे।

मुझे विश्वास है कि पत्रकारों और पत्रकारिता में रुचि रखने वालों खासकर पत्रकारिता के छात्रों के लिए यह पुस्तक उपयोगी सिद्ध होगी।

–कृपाशंकर चौबे

अनुक्रम

पत्रकारिता की दुनिया

समाचारपत्र जगत ने आज काफी उन्नति कर ली है। पूरी प्रिंट व इलेक्ट्रानिक मीडिया उत्तर आधुनिकता बल्कि उत्तरोत्तर आधुनिकता में सांस ले रही है। पत्रों और चैनलों की संख्या में निरंतर वृद्धि हो रही है। उनका प्रसार बढ़ रहा है। पत्रों के कलेवर बदल गए हैं। साज-सज्जा में गुणात्मक सुधार हुआ है। लेकिन क्या आधुनिकीकरण के साथ पत्रकारिता के स्वरूप में भी बदलाव आया है? लक्ष्य पवित्र रह गया है? क्या पत्रकारिता अपने समाज और उसकी धड़कन का आईना बन पाई है? सामाजिक-आर्थिक जीवन का हिस्सा बन पाई है? जनतंत्र, समता, धर्मनिरपेक्षता, ज्ञान और वैज्ञानिक सोच-विचार की चेतना को बल पहुँचा रही है? स्वशिक्षण के प्रयासों को दिशा दे रही है? जनाकांक्षा के अनुकूल आचरण कर रही है? जनरुचि को परिष्कृत कर रही है? इन प्रश्नों से जुड़े अनेक पूरक प्रश्न भी हैं। इन प्रश्नों की तह में जाएँ तो पाएँगे कि साम्प्रतिक पत्रकारिता ने अपने भीतर कई व्याधियाँ घर कर जाने दी हैं जिसके फलस्वरूप उसमें दायित्व पूर्ति की वांछित सजगता नहीं रह गई है। फिर आज मीडिया के लिए कुछ अपवादों को छोड़कर वही सामग्री सर्वाधिक महत्त्वपूर्ण हो गई है जो 'बिकाऊ' हो। तो आज एक मापदंड 'कामोडिटी' भी है। इस प्रवृत्ति ने पेशे की पवित्रता पर सांघातिक असर डाला है। इसका नतीजा यह हुआ कि पत्रकारिता ने उत्तेजना, सनसनी और कोरी भावुकता का काफी हद तक वरण कर लिया। इससे वैज्ञानिक सोच की चेतना और तार्किकता गौण होती गई। पत्रकारिता के एक बड़े हिस्से द्वारा खोजी पत्रकारिता के नाम पर सनसनी और उत्तेजना की सामग्रियाँ पाठकों को परोसी जाने लगीं। इस प्रकार पाठकों को एक तरह से 'अफीमची' बना दिया गया। कहाँ तो पत्रकारिता को जनरुचि को परिष्कृत करना था, सामाजिक बुराइयों, घृणा, विद्वेष, प्रतिहिंसा का प्रतिरोध करना था, समाज में व्याप्त प्रतिगामी और रूढ़िवादी प्रवृत्तियों से जन को सावधान करना था, लोगों को हिंसा से दूर कर उनमें विवेक, नैतिकता और सद्भावना का संचार करना था पर इस कृती भूमिका

से उसने आँखें चुरा लीं क्योंकि ये चीजें 'कामोडिटी' तो थीं नहीं। और सनसनी भी ऐसी फैलाई गई कि बाकी सब तो उसने प्रकाश में लाया पर 'राजनीतिक व सांस्कृतिक छद्‌म' को उजागर करने से भरसक परहेज किया। कुछ पत्र-पत्रिकाएँ अवश्य अपवाद रही हैं। हाल के वर्षों में कथाकार पंकज बिष्ट के संपादन में निकलनेवाली 'समयांतर' पत्रिका भांति-भांति के छद्‌म को लगातार उपागर कर रही है। 'समयांतर' ने दिखा दिया है कि हिंदी में समानांतर या वैकल्पिक पत्रकारिता कैसे संभव है। तो, पत्रकारिता में चाहे जितनी व्याधियाँ आ जाएँ, पंकज बिष्ट सरीखे संपादक इस मिथ को तोड़ते रहे हैं कि छद्‌म और झूठ का खुलासा करने की नैतिक जिम्मेदारी को पूरा करना मुश्किल है। जब असत्य के सहारे समाज को यथार्थ से दूर रखने के लिए छद्‌म और साजिशों का सहारा लिया जा रहा हो, तो जनहित में पत्रकार से ही सत्य का खुलासा किए जाने की आशा की जा सकती है। साम्प्रतिक हिंदी की समानांतर पत्रकारिता के शिखर पुरुषों में एक पंकज बिष्ट की 'समयांतर' में छपीं रिपोर्टों को प्रतीक रूप में लें तो ये रिपोर्ताज उन पत्रकारों के गाल पर तमाचा भी हैं जिन्होंने इमरजेंसी में ढील के बावजूद सरकारी आतंकवाद का विरोध करने की बजाय जनता की भावनाओं को रौंदने वाली सत्ता की खुशामद की, जिसके चलते तब जनाकांक्षाओं की अभिव्यक्ति प्रिंट मीडिया में नहीं हो पाई थी।

वैसे आज भी पत्रकारिता व्यवस्था के शिंकजे से पूरी तरह उबर नहीं पाई है। शायद इसीलिए शासन की निरंकुशता के खिलाफ जोरदार आवाज नहीं उठती। सो जनमत तैयार करने का प्रश्न कम महत्त्वपूर्ण होता गया है। फिर सरकारी स्तर पर जो दबाव हैं, सुविधाओं और साधनों के दबाव हैं, विज्ञापन-दाताओं के दबाव हैं, बाजार के दबाव हैं, उनसे भी पत्रकारिता मुक्त नहीं हो पाई है। जनता और प्रशासन के बीच वह सेतु भी नहीं बन पाई है। पाठकों की जो शिकायतें समाचारपत्रों में छपती हैं, प्रशासन उन पर गौर करे, उसकी मर्जी। न करे, उसकी मर्जी। आमतौर पर होता यह है कि आम आदमी शासन-प्रशासन के पास जो अर्जियां भेजता है, उसकी नोटिस तक नहीं ली जाती। अर्जी पर कार्रवाई करें, उनकी मर्जी। न करें, उनकी मर्जी। पावती की सूचना दें, उनकी मर्जी। रद्दी कागज की टोकरी में फेंक दें, उनकी मर्जी। इस सन्दर्भ में कोई नियम-कानून अभी तक नहीं बना है कि आम आदमी की अर्जी आए तो उसका ब्यौरा तैयार किया जाए। सरकार और जनता के बीच समाचारपत्रों के सम्पर्क सेतु बनने में आड़े आने वाली कुछ और बुनियादी दिक्कतें भी हैं। हमारे यहाँ ऐसा कोई कानून नहीं है जिससे सूचना के अधिकार को मजबूत धरातल मिले। तमाम योजनाओं, पुनर्वास आदि के लिए सरकार ने क्या फैसले किए हैं, तद्-सम्बन्धी सरकारी दस्तावेजों को सबके लिए सुलभ कराए जाने की कोई व्यवस्था अभी तक नहीं बन पाई है। अति सामान्य फाइलों, दस्तावेजों पर भी 'गोपनीय' अंकित कर दिया जाता है और जनता से एक तरह से जानने का उसका हक छीन लिया

जाता है। जानने का अधिकार शासकीय गोपनीयता अधिनियम के दुरुपयोग से भी सीमित और संकुचित हुआ है। ऐसी कोई व्यवस्था नहीं है कि तमाम सरकारी और गैर-सरकारी संगठनों के कार्य-कलापों की पूरी जानकारी सबको मुहैया हो। सूचना का अधिकार तभी नए अर्थ पा सकता है जब यह जानकारी सार्वजजनिक की जाए कि फलां संगठन या अधिकारी के पास कितना धन है? वह कहाँ से आया? उसके अन्य क्रिया-कलाप क्या हैं? आदि-आदि। इससे पत्रकारिता में भी एक खुलापन आएगा। इस तरह की जानकारी और सूचनाएँ सर्व-सुलभ कराई जानी इसलिए भी जरूरी हैं क्योंकि कहा जा रहा है कि जो नई अर्थव्यवस्था पूरे संसार में उभर रही है, उस विश्व व्यवस्था में 'सूचना' ही सबसे महत्त्वपूर्ण भूमिका निभाएगी। यानी जो समाज सूचना और ज्ञान में कमजोर होगा, आने वाली दुनिया में वह हाशिए पर चला जाएगा।

और पत्रकारिता में 'खुलापन' आएगा तो वह ज्यादा कारगर ढंग से जनता के सुख-दुख को सही अर्थों में प्रतिबिंबित भी कर सकेगी। इससे उसकी विश्वसनीयता और गम्भीरता भी बढ़ेगी। आज समाचारपत्रों की संख्या निरंतर बढ़ रही है। भारत के समाचारपत्रों के पंजीयक की 2001 ई. में जारी रिपोर्ट के मुताबिक 2000 ई. में पंजीकृत समाचारपत्रों की संख्या 49145 तक पहुँच गई। 2000 ई. में प्रकाशित पत्रों में सबसे ज्यादा 19685 हिन्दी के थे।

दरअसल पूंजी, निष्ठा और विवेक रहने पर पत्र निकालना कोई मुश्किल काम नहीं रह गया है। यदि आपको कोई पत्र निकालना है तो पहले नाम तय कीजिए। जहाँ से पत्र निकालना चाहते हैं, वहाँ के अधिकृत मजिस्ट्रेट के समक्ष समाचार-पंजीकरण (केंद्रीय) नियमों के तहत निर्धारित प्रपत्र में पत्र के प्रस्तावित नाम, भाषा, अवधि और दूसरी जरूरी सूचनाएँ भरिए। फिर वह प्रपत्र वहाँ से भारत के समाचारपत्रों के पंजीयक के कार्यालय (दिल्ली) में भेजा जाता है। यदि प्रस्तावित शीर्षक वाले नाम से अन्यत्र कोई पत्र नहीं निकलता तो उस शीर्षक से पत्र निकालने की अनुमति मिल जाएगी। यदि प्रस्तावित नाम से पत्र निकलता है तो प्रकाशक से मजिस्ट्रेट के माध्यम से दुबारा नाम भेजने को कहा जाता है। शीर्षक की अनुमति मिलने के बाद दूसरा काम होता है, पत्र का पंजीकरण कराना। इसके लिए भारत के समाचारपत्रों के पंजीयक अपने रजिस्टर में पत्र का वांछित विवरण अंकित करते हैं। उसके बाद प्रकाशक को पंजीकरण संख्या निर्गत की जाती है। इस तरह मजिस्ट्रेट से घोषणा पत्र और निर्धारित अवधि में प्रकाशित पत्र की पहली प्रति प्राप्त होने पर पत्र का पंजीकरण कर लिया जाता है। छह महीने तक पत्र के नियमित अंक निकलने के बाद उन्हें सरकारी विज्ञापन की सुविधा मिलने लगती है। प्रसार के हिसाब से विज्ञापन की दर तय की जाती है। आज भारत में विज्ञापन उद्योग करीब तीन हजार करोड़ रुपए का व्यवसाय करता है। विज्ञापन का कारोबार निरंतर बढ़ रहा है। नई सदी

के आरंभ में (2003 ई. में) विज्ञापन उद्योग दस हजार करोड़ रुपए तक का कारोबार कर रहा है। विश्व अर्थव्यवस्था के जानकारों और विश्लेषकों का तो कहना है कि आगे दस वर्षों में (2013 ई. तक) विज्ञापन का कारोबार 40 हजार करोड़ रुपए तक पहुँच जाएगा क्योंकि हर विकासशील देश में कुल आय का कम से कम चार फीसदी विज्ञापन पर खर्च होता है। अभी भारत की कुल आय 90 हजार करोड़ रुपए है जो आने वाले वर्षों में एक लाख करोड़ रुपए हो जाएगी। तब विज्ञापन पर होने वाला खर्च उसी अनुपात में बढ़ ही सकता है। लेकिन इधर एक चिंताजनक तस्वीर उभरी है। विज्ञापन की जो आय है, उसमें प्रसार के मोर्चे को फतह कर चुकने के बावजूद हिन्दी पत्र-पत्रिकाओं का प्रभुत्व घट रहा है। विज्ञापन से होने वाली आय ही किसी पत्र की 'सांस' होती है। यदि पर्याप्त विज्ञापन आय न हो तो कोई पत्र ज्यादा दिन नहीं सांस ले सकता। क्योंकि पत्र की आर्थिक संरचना उसी पर टिकी रहती है। आज समाचारपत्र जगत के सामने एक बड़ी कठिनाई यह है कि आय में वांछित वृद्धि नहीं हो रही है, जबकि प्रतिस्पर्धा बढ़ गई है।

विज्ञापन के बाद फिर अखबारी कागज न्यूजप्रिंट की समस्या है। एक तो उसकी कीमत बढ़ा दी गई है फिर देश का न्यूजप्रिंट उद्योग चूंकि माँग की पूरी पूर्ति नहीं कर पाता इसलिए न्यूजप्रिंट की कुछ मात्रा आयात करनी पड़ती है। 1993-94 में सरकार ने उदारीकरण नीति के तहत आयात को मुक्त कर दिया जिससे अब समाचारपत्रों को सीधे सीमा शुक्ल रहित न्यूजप्रिंट मंगाने की अनुमति मिल गई है। इसके लिए समाचारपत्रों के पंजीयक से हकदारी प्रमाण पत्र लेना पड़ता है। छपाई की मशीनों और अन्य सामग्रियों के आयात के आवेदनों पर समाचारपत्रों के पंजीयक लाइसेंसिंग प्राधिकारी को संस्तुतियाँ भेजते हैं।

समाचारों के स्रोत–अपने संवाददाताओं के अलावा पत्रों व टीवी चैनलों के समाचार प्राप्ति के मुख्य स्रोत संवाद एजेंसियाँ होती हैं। देश में इस समय प्रमुख संवाद एजेंसियाँ हैं–प्रेस ट्रस्ट ऑफ इंडिया (पी.टी.आई.), यूनाइटेड न्यूज ऑफ इंडिया (यू.एन. आई.), "भाषा', 'यूनीवार्ता'। इसके अलावा 'संवाद', 'आई.पी.ए', समेत कई अन्य समाचार एजेंसियाँ भी देश में हैं। जिन विदेशी एजेंसियों की खबरें प्रायः यहाँ के पत्रों व चैनलों में इस्तेमाल की जाती हैं, उनमें ए.पी., रायटर, ए. एफ. पी. , आई. ए. एन. एस., आई. पी. एस., डी. पी. ए., आदि शामिल हैं। समाचारपत्रों की फीचर आवश्यकताओं की पूर्ति कई फीचर एजेंसियों द्वारा होती है। ये एजेंसियाँ सम-सामयिक मुद्दों, राजनीति, कला, वाणिज्य, खेल, फिल्म, महिला जगत, बाल जगत आदि पर नियमित फीचर-आलेख पत्रों में भेजती रहती हैं। कुछ मुख्य फीचर सिंडीकेट हैं–सिंडीकेट, ऋचा फीचर्स, मंथन फीचर्स, अदिति, संवाद परिक्रमा, शब्दार्थ, कला परिक्रमा, देव फीचर्स आदि।

भीतरी संरचना–अखबार में संपादन का काम अकेले का काम नहीं होता।

यह टीम का काम होता है। यही संपादकीय टीम अखबार निकालती है। बड़े दैनिक अखबारों में 25 या इससे ज्यादा सदस्य इस टीम में होते हैं। यह टीम प्रधान संपादक के निर्देशन में काम करती है क्योंकि वही संपादकीय विभाग का मुखिया होता है। पत्र में छपी हरेक सामग्री के लिए संपादक (प्रधान संपादक) ही जिम्मेदार होता है इसलिए वह यथा संभव सामग्रियों और अपने सहयोगियों पर नजर रखता है। संपादक की दृष्टि समाचारों के संकलन, चयन, संपादन और प्रस्तुतीकरण पर भी रहती है।

संपादक का काम बहुत चुनौतीपूर्ण होता है। उसे जहाँ खुद की ही निर्धारित नीतियों का क्रियान्वयन कराना होता है, वहीं पाठकों का भी ख्याल रखना पड़ता है और संपादकीय विभाग के सदस्यों का दिशा-निर्देश भी करना पड़ता है। उसे यह भी देखना पड़ता है कि पत्र की प्रसार संख्या और प्रतिष्ठा दोनों ही बढ़े। संपादक के लिए स्वतंत्र व निष्पक्ष होना, अभिव्यक्ति की स्वाधीनता के प्रति सजग-सचेत रहना और प्रेस कानूनों से वाकिफ होना जरूरी होता है।

संपादकीय विभाग में प्रधान संपादक के बाद कार्यकारी संपादक सबसे बड़ा अधिकारी होता है। संपादक की गैर मौजूदगी में वही संपादक का काम करता है। उसके बाद क्रमशः सहायक संपादक, समाचार संपादक, मुख्य उप संपादक, उप संपादक और कार्यालय संवाददाता होते हैं। जिन अखबरों में समाचार ब्यूरो होते हैं, उन्हें ब्यूरो प्रमुख नियंत्रित करते हैं और उनके अधीन कुछ विशेष संवाददाता होते हैं। जहाँ कई कार्यालय संवाददाता होते हैं, उनके ऊपर मुख्य संवाददाता होता है। ये सारे लोग मिलकर ही संपादकीय टीम बनाते हैं। पूरी टीम की नियमित बैठकें होती हैं जिसमें अखबार को बेहतर बनाने की रूपरेखा तय होती है। संपादक बराबर सहयोगियों से समाचारों, टिप्पणियों, अग्रलेखों, समसामयिक लेखों को तैयार करने के लिए विचार-विमर्श करते हैं और तत् संबंधी उन्हें निर्देश भी देते हैं। एक कुशल संपादक अपने कौशल से अपने सहयोगियों की प्रतिभा का पूरा फायदा उठाता है और उनसे अपने तईं काम करा ले जाता है और अपने पत्र की साख बढ़ाता है, कई बार तो पत्र-पत्रिकाओं से ज्यादा साख उसके संपादकों की रही है। विज्ञप्त तथ्य है कि कभी महावीर प्रसाद द्विवेदी के संपादक होने के कारण 'सरस्वती', निराला के कारण 'मतवाला', प्रेमचंद के कारण 'हंस', गणेशशंकर विद्यार्थी के कारण 'प्रताप', बाबूराव विष्णु पराड़कर के कारण 'आज', धर्मवीर भारती के कारण 'धर्मयुग' जाने जाते थे। कार्यकारी संपादक के बाद संपादकीय विभाग का नंबर तीन अधिकारी होता है, सहायक संपादक। उसका ज्यादा संबंध समाचारों से न होकर विचारों से होता है। वह संपादकीय टिप्पणी-अग्रलेख आदि लिखता है जिससे अखबार के दृष्टिकोण का पता चलता है। उसे हमेशा निष्पक्षता, निरपेक्षता, स्वतंत्रता और संतुलन से काम लेना होता है। संपादकीय या अग्रलेख के जरिए उसे पाठकों का मार्गदर्शन भी करना पड़ता है। जिस घटना पर संपादकीय लिखी जाती है, उसकी पूर्व पीठिका, विश्लेषण फिर

निष्कर्ष—यह सब थोड़े ही शब्दों में लिखना पड़ता है। वह भी सरल भाषा में। टिप्पणी संक्षिप्त किंतु दीप्त और प्रभावोत्पादक होनी चाहिए। अच्छे संपादकीय में मौलिकता, ईमानदारी, और प्रामाणिकता के साथ ही स्वस्थ आलोचना भी पाई जाती है। उसमें किसी के प्रति पूर्वाग्रह नहीं होता। बड़े पत्रों में दो या उससे ज्यादा सहायक संपादक होते हैं। सहायक संपादक ही रविवारीय परिशिष्ट निकालता है। इसके प्रभारी की साहित्य पर गहरी पकड़ होती है। साहित्य की हर विधा की रचनाएँ मंगाने, उनमें चयन करने, फिर उनका संपादन करने की जिम्मेदारी उसकी होती है। इसके अलावा रविवारीय परिशिष्ट के लिए खेल, फिल्म, राजनीति, बच्चों और महिलाओं के लिए भी वह सामग्री जुटाता है। रोज कुछ न कुछ चयन की हुई सामग्री 'अग्रिम कापी' के रूप में वह कंपोजिंग के लिए भेजता है। और नियत तिथि को कंपोज हुई सामग्री को अपनी योजना के मुताबिक पेज पर लगवाता है। रविवारीय परिशिष्ट के अलावा विशेष त्यौहारों, स्वाधीनता दिवस सरीखे राष्ट्रीय महत्त्व के मौकों पर भी विशेष परिशिष्ट वही निकालता है। सहायक संपादक के बाद संपादकीय विभाग में चौथा सबसे बड़ा सहयोगी समाचार संपादक होता है। वह समाचार और उसमें संबंधित हर कार्य के प्रति उत्तरदायी होता है। समाचार संपादक सीधे संपादक के प्रति जवाबदेह होता है। वह संवाददाताओं का मार्गदर्शन करता है। जरूरत पड़ने पर अपने सहयोगियों को इस डेस्क से उस डेस्क पर भेज सकता है। कुछ अखबारों में उप-समाचार संपादक भी होते हैं। कतिपय अखबारों में ब्यूरो प्रमुख भी होते हैं। उनके अधीन कुछ विशेष संवाददाता होते हैं। ये सहायक संपादक के समकक्ष होते हैं। ब्यूरो प्रमुख और विशेष संवाददाता सिर्फ विशेष खबरें (एक्सक्लूसिव न्यूज) देते हैं। विशेष संवाददाताओं के लिए रोज दफ्तर में हाजिरी बजाना अनिवार्य नहीं होता। वे संसद, विधानसभा, विभिन्न मंत्रालयों, दूतावासों, राजनीतिक पार्टियों की गतिविधियों पर नजर रखते हैं और अपने स्रोतों से प्रमुख एवं विशेष खबरें लाते हैं। राष्ट्रपति, प्रधानमंत्री, विदेश मंत्री या अन्य मंत्रियों की विदेश यात्राओं के दौरान जानेवाली प्रेस पार्टियों में विशेष संवाददाता भी शामिल किए जाते हैं। स्थानीय स्तर की रोज-रोज की घटनाओं, सभा-संगोष्ठियों, राजनीतिक, आपराधिक, शैक्षणिक गतिविधियों के समाचारों को संकलित करने का काम कार्यालय संवाददाता या स्टाफ रिपोर्टर का होता है। कार्यालय संवाददाता का दर्जा उप-संपादक के बराबर होता है। इन्हें दिनभर समाचार संकलित कर शाम को अखबार के संपादकीय विभाग में आना पड़ता है और यहीं आकर वे अपनी खबरें लिखकर 'फाइल' (संबंधित सहयोगी के पास जमा) करते हैं। बड़े अखबारों में छह या उससे ज्यादा कार्यालय संवाददाता होते हैं। उनमें समन्वय का काम मुख्य संवाददाता करता है जो मुख्य उपसंपादक के बराबर का होता है। मुख्य संवाददाता मुख्य खबरें ही लिखता है। संपादक और समाचार संपादक से विचार-विमर्श कर कार्यालय

संवादाताओं में काम का बंटवारा वही करता है। इसी तरह विशेष संवाददाताओं में काम का बंटवारा ब्यूरो प्रमुख करते हैं।

उपनगरों, सुदूर अंचलों, जिलों और महत्त्वपूर्ण कस्बों में भी हर बड़े अखबार के अंशकालिक संवाददाता होते हैं। उन्हें निज संवाददाता या आंचलिक संवाददाता या स्ट्रिंगर कहते हैं जो डाक, तार, फैक्स या ई. मेल से खबरें भेजते हैं। कई जगह इनसे अखबार के लिए अपने इलाके से विज्ञापन भी लाने को कहा जाता है। अखबार का प्रसार बढ़ाने को भी कहा जाता है। यानी उन पर संपादकीय, प्रसार और विज्ञापन तीनों विभागों का 'दबाव' रहता है। विज्ञापन लाने पर दस-पंद्रह फीसदी कमीशन उन्हें दिया जाता है। उन्हें कोई वेतन नहीं मिलता। उनकी जो खबर छपती है, उसके आकार-प्रकार पर सेंटीमीटर से नाप-जोखकर पैसा मिलता है। एक आंचलिक या कस्बाई संवाददाता को खबरों के लिए महीने में हजार-दो हजार मिल जाएँ, तो बहुत समझिए। आंचलिक संवाददाताओं को अपने क्षेत्र में जहाँ पुलिस-प्रशासन का रोब सहना पड़ता है, वहीं अखबार के दफ्तर में अफसरों का। वस्तुतः आंचलिक संवाददाताओं की स्थिति दोयम दर्जे के नागरिक सी होती है। इस तबके के पास न किसी तरह की सुविधा है न सुरक्षा। मणिसाना आयोग ने भी इन आंचलिक संवाददाताओं के हित का कोई ध्यान नहीं रखा।

अखबार का काम दो या तीन पालियों में होता है। हर पाली का प्रभारी कोई मुख्य उप संपादक होता है। उसे 'शिफ्ट इंचार्ज' (पाली प्रभारी) कहते हैं। शिफ्ट इंचार्ज जिस डेस्क पर बैठता है, उसे मेन डेस्क या जनरल डेस्क कहते हैं। इस पर दो या उससे ज्यादा उप संपादक बैठते हैं। इसी डेस्क पर अपने संवाददाताओं व संवाद एजेंसियों के टेलीप्रिंटर, डाक-तार, फैक्स और संवाददाताओं से मिली खबरें रखी जाती हैं। इन सारी खबरों को शिफ्ट इंचार्ज छाँटता है और उप संपादकों से छाँटी गई खबरों को बनवाता है। हर तरह की खबरें उप संपादक ही बनाते हैं। उप संपादकों की बनाई खबरों को मुख्य उपसंपादक जांच कर कंपोजिंग विभाग में दे देता है। चूँकि हर तरह की सभी खबरें शिफ्ट इंचार्ज के सामने से ही गुजरती हैं इसलिए कोई महत्त्वपूर्ण खबर यदि छूट गई तो वही इसके लिए जिम्मेदार होता है। शिफ्ट इंचार्ज ही तय करता है कि खबरों का समायोजन कैसे हो। संपादक, समाचार संपादक या वरिष्ठ सहयोगी उसे कुछ खास खबरों के लिए निर्देश दे सकते हैं कि अमुक खबर अमुक पृष्ठ पर ली जाए। मान लें कि आठ पृष्ठ का कोई अखबार है तो उसमें एक पूरा पृष्ठ संपादकीय, एक फीचर का पन्ना, एक खेल का पन्ना, एक वाणिज्य का पन्ना होता है। एक या दो पृष्ठ डाक से आई या स्थानीय खबरों के लिए तय रहते हैं। तो बचता है पहला-आखिरी और एक अन्य पन्ना। इनकी सारी खबरें शिफ्ट इंचार्ज के नेतृत्व वाले जनरल डेस्क से पास की जाती हैं। इन पन्नों की सज्जा भी मुख्य उप-संपादक या जनरल डेस्क के निर्देशन में कराई जाती है। आठ पृष्ठ के अखबार में पृष्ठों का बंटवारा इस प्रकार होता है—प्रथम

पृष्ठ : इस पर अखबार की मस्ट हेड (नाम पट्टिका), सबसे मोटे अक्षर वाली प्रमुख खबर (लीड), देश-विदेश की अत्यन्त महत्त्वपूर्ण खबरें, स्थानीय स्तर की महत्त्वपूर्ण खबरें, कार्टून, एक या दो तस्वीरें होती हैं। 'मास्ट हेड' के ठीक नीचे वर्ष, अंक, संस्करण और मूल्य अंकित रहता है। अखबार का पहला पृष्ठ सबसे महत्त्वपूर्ण होता है। इसकी खबरों का शीर्षक पढ़कर ही पाठक उस ओर आकर्षित होता है। पहले पृष्ठ पर कोई रोचक, मानवीय, अप्रत्याशित या विशेष खबर आने पर उसे आमतौर पर बाक्स में दिया जाता है। यह अखबार के नीचे या लीड के समानांतर या बीचों-बीच सज्जा के सौंदर्यीकरण का ध्यान रखकर दिया जाता है। नीचे बाक्स में छपी सामग्री, 'बाटम स्टोरी' कही जाती है। लीड और बाक्स के बाद जो सर्वाधिक महत्त्वपूर्ण खबर होती है, उसका शीर्षक लीड से थोड़ा कम मोटे अक्षर में होता है—उसे सेकेंड लीड कहते हैं। यह खबर अखबार के ऊपरी आधे हिस्से में ही होती है। पहले पृष्ठ पर छह कालम के अखबार में सामान्यतः दो कालम में और आठ कालम के अखबार में तीन कालम में ही 'लीड' खबर होती है जो उस दिन की सबसे बड़ी घटना होती है। लेकिन यदि खबर व्यापक असर वाली हो तो लीड को सभी आठ कालमों में फैला दिया जाता है, उसे 'बैनर' कहते हैं। जैसे कोई हादसा हुआ और उसमें कई लोगों की मृत्यु हो गई या किसी बड़े नेता का निधन हो गया तो वैसी खबरें बैनर में ही छपती हैं। अमूमन पहले पृष्ठ पर ही भीतर के पन्नों की महत्त्वपूर्ण और आकर्षक सामग्री की सूचना भी दे दी जाती है।

पहले पृष्ठ पर लीड, सेकेंड लीड, बाक्स के अलावा यदि एक दो कालम की तस्वीर हो तो उसके अलावा उस पर डबल कालम की तीन खबरें और सिंगल कालम की दस खबरें होती हैं। पृष्ठ पर विज्ञापन हुआ तो उसके हिसाब से और सज्जा को ध्यान में रखते हुए कुछ खबरें कम हो जाती हैं। पृष्ठ दो पर आस-पास की खबरें, टीवी, रेडियो के कार्यक्रम, पंचांग होते हैं। इसी पृष्ठ पर वर्गीकृत विज्ञापन, निविदा सूचनाएँ, अदालती नोटिस होती हैं। रविवार के अंक में इन विज्ञापनों की जगह वैवाहिक विज्ञापन होते हैं।

पृष्ठ तीन पर स्थानीय समाचार (जिनमें राजनीतिक, आपराधिक और सांस्कृतिक खबरें शामिल हैं) और विज्ञप्तियाँ होती हैं। डाक संस्करण में इस पृष्ठ की स्थानीय खबरें हटा दी जाती हैं और उनकी जगह डाक से आई संवाददाताओं की खबरें लगाई जाती हैं। डाक संस्करण में आमतौर पर सिर्फ यही पूरा पृष्ठ बदला जाता है। पहले पृष्ठ की भी कुछ खबरें बदली जाती हैं। विज्ञापन नहीं बदलते। वे दोनों संस्करणों में यथावत रहते हैं।

पृष्ठ चार संपादकीय पन्ना होता है। इसमें संपादकीय टिप्पणियाँ, अग्रलेख एक या दो समसामयिक टिप्पणियाँ या लेख और संपादक के नाम पाठकों के पत्र छपते हैं। पाँचवाँ फीचर या विविधा का पन्ना होता है। इस पृष्ठ पर देश-विदेश की खबरें भी हो सकती हैं। छठे पृष्ठ पर खेलकूद, सातवें पर वाणिज्यिक समाचार, शेयर बाजार,

कंपनियों के नए शेयर व नए उत्पादों से जुड़ी खबरें रहती हैं। आठवें पृष्ठ पर पहले पृष्ठ की बची खबरें और शेषांश लिए जाते हैं। इसी पृष्ठ पर 'प्रिंट लाइन' होती है जिसमें संपादक, मुद्रक, प्रकाशक का नाम, अखबार का पता, वर्ष, अंक और कीमत अंकित रहती है। यदि छठवें या सातवें पृष्ठ पर पूरा का पूरा विज्ञापन है तो उन पृष्ठों की खबरें अन्य पृष्ठों पर समायोजित की जाती हैं।

जनरल डेस्क के अलावा खेल डेस्क, डाक डेस्क, नगर डेस्क, वाणिज्य डेस्क, फीचर डेस्क अलग-अलग होते हैं। हर डेस्क पर उपसंपादक होते हैं। वे अपने-अपने क्षेत्रों के गहरे जानकार होते हैं। वहाँ वरिष्ठ सहयोगी भी हो सकते हैं पर अमूमन हर डेस्क की सारी खबरें उप संपादक ही बनाते हैं। वे अंग्रेजी की संवाद समितियों–यू.एन.आई., पी.टी.आई. आदि की खबरों का अनुवाद करते हैं, संवाददाताओं की खबरों का संपादन या पुनर्लेखन करते हैं। शीर्षक और उपशीर्षक लगाते हैं। और आखिर में संबंधित पृष्ठ की सज्जा (मेकअप) भी कराते हैं। यह उपसंपादक का ही काम है कि अखबार में जो भी छपे, वह शुद्ध, सटीक, और पठनीय हो।

कुछ पत्रों में खेल और वाणिज्य डेस्क के सहयोगी उप संपादक सह कार्यालय संवाददाता भी होते हैं ताकि खेल या वाणिज्य की खबरों का संकलन भी कर सकें और दफ्तर आकर एजेंसियों की खबरें भी बनाएँ और अपने पन्ने की सज्जा भी कराएँ या कंप्यूटर पर खुद करें। डाक डेस्क पर सुदूर अंचलों से डाक से आई खबरें आम तौर पर डाक संस्करण में जाती हैं। इस संस्करण में डाक से आई खबरों के लिए एक या दो पृष्ठ होते हैं। जैसा बताया गया कि इन पृष्ठों को नगर संस्करण में बदल दिया जाता है। नगर संस्करण में इन खबरों को हटाकर नगर और आस-पास की खबरें ले ली जाती हैं। हर अखबार के अमूमन दो संस्करण निकलते हैं। सुदूर अंचलों के लिए डाक संस्करण और जहाँ से अखबार निकलता है, वहाँ के लिए नगर संस्करण। किन्तु डाक से आई महत्त्वपूर्ण खबरें नगर संस्करण में भी ली जा सकती हैं। या ऐसे पृष्ठ पर ली जा सकती हैं जो दोनों संस्करणों में जाता हो। तो इस तरह अखबार उप संपादक ही निकालते हैं। उप संपादक के लिए जरूरी है कि उसे हर क्षेत्र की जानकारी हो क्योंकि उसे देश-विदेश की खबरों से लेकर खेल, वाणिज्य, विधायिका, कार्यपालिका और साहित्य, कला, संस्कृति–तमाम क्षेत्रों की खबरें बनानी पड़ती हैं। उसमें न्यूज सेंस (समाचार बोध) का होना अनिवार्य है ताकि वह तय कर सके कि संवाददाता या एजेंसी की खबर में 'न्यूज वैल्यू' है कि नहीं। उसकी डेस्क पर एजेंसियों और संवाददाताओं की खबरों के ढेर लगे रहते हैं। उनमें उसे जरूरी खबरें छांट लेनी पड़ती हैं। संवाददाताओं की खबरों में भी काट-छांट करनी पड़ती है। उप संपादक को संबद्ध तस्वीरों का भी चयन करना पड़ता है। उनके कैप्शन देने पड़ते हैं। प्रकाशन योग्य तस्वीरें लाने के लिए हर अखबार के अपने फोटोग्राफर होते हैं। उप संपादक के लिए यह भी जरूरी है कि वह प्रेस कानूनों से भिज्ञ हो

ताकि ऐसी खबर न दे जिससे पत्र के विरुद्ध कानूनी कार्रवाई होने की आशंका पैदा हो। उपसंपादक में तीक्ष्ण बुद्धि का होना सबसे जरूरी है क्योंकि उसे तुरत-फुरत में फैसला करना होता है कि कौन सी खबर बनाई जाए, ली जाए और फेंक दी जाए या रोक दी जाए। अनुवाद में भी उसे प्रवीण होना चाहिए और सबसे बड़ी शर्त उप संपादक के लिए यह है कि जिस भाषा का अखबार है, उस पर उसकी मजबूत पकड़ होनी चाहिए क्योंकि संवाददाताओं और विभिन्न स्रोतों (विज्ञप्ति वगैरह) से आई खबरों में व्याकरण की गलतियों की भरमार रहती है। संपादन या पुनर्लेखन कर उसे व्याकरण की तमाम त्रुटियों से दूर करना होता है। उप संपादक या शिफ्ट इंचार्ज को भाषा की समस्या से रोज जूझना पड़ता है। आम तौर पर कोई भी खबर लिखते समय पहले वाक्य यानी इंट्रो में ही सार देना पड़ता है—संक्षेप में यह बताना पड़ता है—क्या, कब, कहाँ, क्यों, कौन और कैसे। इंट्रो के बाद सिलसिलेवार ढंग से उसे खोलना पड़ता है। उप संपादक को ही यह देखना पड़ता है कि किसी खबर में भाषा, व्याकरण या वर्तनी की कोई गलती तो नहीं? भाषा शैली सरल और पत्र के अनुरूप है कि नहीं? वह वस्तुनिष्ठ और तथ्यपरक है कि नहीं? न्याय संगत है कि नहीं? पुनरावृत्ति तो नहीं हो रही है? उप संपादक का दायित्व बहुत बड़ा और व्यापक होता है। जब कंपोज होकर खबरों की प्रिंट प्रूफ रीडर के पास आती है, प्रूफ देखने के बाद उसके अनुसार संशोधन किए जाते हैं। उसके बाद खबरों की ब्रोमाइड/लेजर प्रिंट आती है तो उसे उप संपादक शिफ्ट इंचार्ज से मशविरा कर अपने पृष्ठ की 'डमी' बनाता है और पेस्टर से उसकी सज्जा (मेकअप) कराता है या खुद कम्प्यूटर पर बनाता है। पेज सज्जा के बाद उसकी निगेटिव, पोजिटिव फिर प्लेट बनती है जो छपने के लिए मशीन पर चढ़ती है तब तक रात गुजर रही होती है। भोर की आहट आ रही होती है। इस तरह जब सारी दुनिया निश्चिंत नींद में होती है तो उप संपादक और शिफ्ट इंचार्ज घर-परिवार और बाल-बच्चों से दूर रहकर खबरों में डूबे रहते हैं और सुबह पाठकों के हाथ में अखबार देने की तैयारी करते रहते हैं। उप संपादक. इसके प्रति भी सदैव सजग रहता है कि पृष्ठ सज्जा रोज नयापन लिए हुए हो। साथ ही किसी महत्त्वपूर्ण खबर की अनदेखी न हो। खबरों की सही 'प्लेसिंग' और 'डिस्प्ले' का ध्यान भी उसे रखना पड़ता है। सुरुचिपूर्ण चित्र का भी संयोजन हो, इस पर भी उसे ध्यान रखना पड़ता है। तो इस तरह उप संपादक, जो अखबार को मांजता-संवारता है, अपनी कुशलता और प्रातिभ उर्वरता से अखबार को आकर्षक और सुंदर बनाने के लिए सदैव तत्पर रहता है, खून-पसीना बहाता है, दिन रात एक करता है—आज व्यावहारिक धरातल पर नाना विधियों से उत्पीड़ित और उपेक्षित है। मान्यता प्राप्त संवाददाताओं को कई सुविधाएँ मिलती हैं। उप संपादकों को मान्यता प्राप्त पत्रकार ही नहीं माना जाता, भले पूरा अखबार वे ही निकालते हों। वस्तुतः 'मान्यता' देकर पत्रकारिता में एक विशिष्ट वर्ग पैदा कर दिया

गया है। अब डेस्क के सहयोगियों को मान्यता प्राप्त पत्रकारों की सुविधाएँ क्यों नहीं मिलनी चाहिए? 'मान्यता' के नाम पर एक विशिष्ट वर्ग को सुविधाएँ देकर वस्तुतः उप संपादकों के भीतर आत्महीनता पैदा करने की साजिश रची गई है।

कई समाचारपत्रों में पत्रकारों को न नियुक्ति पत्र दिया जाता है न परिचय पत्र। कुछ मासिक राशि तय कर दी जाती है बस। ऐसा इसलिए कि मालिक जब चाहे, हटा सके। अधिकतर अखबारों में मालिक ही संपादक हैं, वहाँ तमाम सहयोगी वर्षों काम करने के बाद भी नियुक्ति पत्र या परिचय पत्र के लिए तरसते रह गए। जबकि संपादकों ने अपने कुछ गैर पत्रकार मित्रों, रिश्तेदारों को परिचय पत्र दे दिए हैं ताकि वे पत्रकारों को मिलने वाली सुविधाओं से लाभ उठा सकें। अखबारों में श्रमजीवी पत्रकारों के शोषण का यह मार्मिक पक्ष है। सरकार ने हालाँकि पत्रकारों और गैर पत्रकारों के लिए 2000 ई. में ही मणिसाना आयोग की सिफारिशें[1] मंजूर कर लीं। श्रमजीवी पत्रकारों और गैर समाचार कर्मचारियों के लिए मणिसाना वेतन बोर्ड का गठन 1994 में हुआ था। मणिसाना आयोग ने 25 जुलाई 2000 ई. को केन्द्र सरकार को अपनी सिफारिशें सौंपी। इन सिफारिशों को मणिसाना (मजदूरी बोर्ड) अवार्ड कहा जाता है। केन्द्र सरकार ने 5 दिसंबर 2000 ई. को अधिसूचना जारी कर इन सिफारिशों को मंजूर कर लिया। मणिसाना अवार्ड में समाचारपत्र प्रतिष्ठानों को उनके सकल राजस्व के आधार पर नौ श्रेणियों में बांटा गया है। यह अवार्ड श्रेणी तीन और उससे ऊपर के समाचारपत्र प्रतिष्ठानों के संबंध में एक अप्रैल 1998 से, श्रेणी चार व पाँच के प्रतिष्ठानों में 1 जून 1999 से और श्रेणी छह से नौ के प्रतिष्ठानों में पहली अप्रैल 2000 ई. से लागू होने की सरकारी बाध्यता है। पर अनेक समाचारपत्र प्रतिष्ठानों ने इस अवार्ड को लागू नहीं किया है। अनेक प्रतिष्ठान अपने यहाँ इस तरह ठेके पर श्रमजीवी पत्रकारों की नियुक्तियाँ कर रहे हैं जिससे वे अवार्ड के अन्तर्गत न आएँ।

इसके पहले 1989 में बच्छावत आयोग की सिफारिशें आई थीं पर 8 मार्च 1996 तक 1563 पत्र प्रतिष्ठानों में से 619 प्रतिष्ठानों ने ही बच्छावत आयोग की सिफारिशों को पूर्णतः और 34 प्रतिष्ठानों ने आंशिक तौर पर लागू किया था। 910 प्रतिष्ठानों ने बच्छावत अवार्ड को लागू ही नहीं किया। अवार्ड लागू नहीं करने वाले प्रतिष्ठानों पर कोई सरकारी कार्रवाई नहीं हुई। शायद सरकार की दृष्टि में प्रेस की स्वतन्त्रता का मतलब अखबार मालिकों की स्वतंत्रता हो गई है। मालिक स्वतंत्र हैं वेतन बोर्डों को मानने या न मानने को। जितनी इच्छा हो, मजदूरी दें, जब चाहें, हटा दें। 'हक' की बात की तो अखबार से बाहर कर दिए जाएँगे। बच्छावत आयोग के पहले पालेकर अवार्ड आया था। पालेकर अवार्ड आने के बाद अकेले उत्तर प्रदेश से करीब पाँच सौ पत्रकारों को हटा दिया गया था। किसी ने उनकी सुधि ली?

ऐसे अनेक पत्र प्रतिष्ठान हैं जो वेतन बोर्डों की परवाह नहीं करते। अवार्ड मानें—न मानें, उनकी इच्छा। जब इच्छा हो रखें, जब इच्छा हो हटा दें। पी. एफ. सुविधा दें, उनकी इच्छा, न दें, उनकी इच्छा। बोनस दें, उनकी इच्छा। न दें, उनकी इच्छा। विज्ञापन लेने के लिए सभी इकाइयों को एक कर दें, उनकी इच्छा। वेतन देने के लिए इकाइयों को अलग कर दें, उनकी इच्छा। पत्रकारों के शोषण के हर हथकंडे ऐसे पत्र मालिकों के पास हैं, ऐसे तमाम अखबार हैं जहाँ पत्रकारों का दर्द समझनेवाला पत्रकार-संपादक भी नहीं, क्योंकि इन पत्रों के मालिक ही संपादक भी बन बैठे हैं। संपादक का काम करता कोई पत्रकार है पर नाम छपता मालिक का है। प्रेस और पुस्तक रजिस्ट्रीकरण अधिनियम 1867 के अंतर्गत हर पत्र-पत्रिका में वर्ष, अंक, कीमत, मुद्रक, प्रकाशक, पता के साथ संपादक का नाम छापना वैधानिक अनिवार्यता है।[2] समाज के दूसरे क्षेत्रों की तरह पत्रकारिता में भी कुछ अनैतिक आचरण वाले लोग घुस आए हैं। ऐसे लोग महज स्वार्थ साधने के लिए ही इस वृत्ति का चयन करते हैं। तमाम भ्रष्ट लोगों से उनकी साठ-गांठ होती है। इससे पूरे पत्रकार जगत की साख भले गिरे, ये लोग हर तरह से समृद्ध होते हैं। इन लोगों के चलते ही पत्रकारिता में नैतिक संकट और पीली पत्रकारिता का संकट मुँह बाए हुए है।

ऐसे तमाम लोग पत्रकारिता में आ रहे हैं जो कई तरह के धंधे कर सफेद-काला धन कमाकर अखबार निकालने लगे हैं और अखबार की आड़ में कई तरह के 'धंधे' भी किए जाते हैं और साथ ही समाज में बौद्धिक छवि बनाने की कोशिश भी।

पत्रकारिता आज व्यवसाय है तो वृत्ति भी है। तब भी वृत्ति थी जब यह विशुद्ध मिशन थी। पहले विशुद्ध मिशन इसलिए थी क्योंकि तब इतनी समृद्धि नहीं थी पर आज यह मिशन भी है—हरिवंश द्वारा रांची से निकाला जाने वाला 'प्रभात खबर' और दिल्ली से पंकज बिष्ट द्वारा संपादित 'समयांतर' को प्रतीक रूप में लें तो पाएँगे कि आज चाहे पत्रकारिता में जितनी विकृतियाँ आ जाएं, हरिवंश, पंकज बिष्ट जैसे लोगों और प्रभात खबर, 'समयांतर' सरीखे पत्रों की कमी नहीं है। यह तबका हर तरह के बाहरी-भीतरी दबाओं से मुक्त हो कर सूचना, विचार व अभिव्यक्ति के अधिकार को सुनिश्चित करता है। जनरुचि को परिष्कृत करता है। जनमत का निर्माण भी करता है। आदर्शों, मूल्यों की हिफाजत करता है। आचार संहिता का अतिक्रमण नहीं करता। सहयोगियों से बंधुआ मजदूरी नहीं कराता। पत्रकारिता के नीतिगत सिद्धांतों को ताक पर नहीं रखता।

सन्दर्भ

1. मणिसाना आयोग की सिफारिशों की मुख्य बातें परिशिष्ट में देखिए।
2. पूरा प्रेस व पुस्तक रजिस्ट्रीरकरण अधिनियम परिशिष्ट में देखिए।

जनोन्मुख पत्रकारिता : उत्कर्ष और क्षरण

हिन्दी पत्रकारिता के इतिहास पर दृष्टि दौड़ाएँ तो पाएँगे कि यह शुरु में ही जनोन्मुख। इस भाषा का पहला पत्र 'उदंत मार्तण्ड' 30 मई 1826 को कलकत्ता से निकला तो पंडित युगुल किशोर शुक्ल ने 'हिन्दुस्तानियों के हित के हेतु' ही उसका प्रकाशन प्रारंभ किया था पर आर्थिक दिक्कतों से वह ज्यादा दिन नहीं चल पाया और चार दिसंबर 1827 को वह हमेशा के लिए बंद हो गया। लेकिन इसे निकालने वाले पंडित युगुल किशोर शुक्ल की संघर्ष-क्षमता और निष्ठा ने जवाब नहीं दिया था। विपरीत स्थितियों से लड़ने का उनमें अकूत साहस था तभी उन्होंने 1850 में 'सामदंड मार्तण्ड' नाम से एक और पत्र का प्रकाशन आरंभ किया। तब पत्रों का प्रकाशन एक मिशन को लेकर होता था। यह मिशन था स्वाधीनता संग्राम के लिए जनमानस को तैयार करने का। इसके लिए पत्रों को ब्रिटिश हुकूमत का बराबर कोपभाजन बनना पड़ा। इनके संपादक बार-बार जेल गए। एक पैर जेल में रखकर भी राष्ट्रीय चेतना का अलख जगाने के लिए संपादकों ने पत्र निकाले। 'उदंत मार्तण्ड' और 'सामदंड मार्तण्ड' के प्रकाशन के बीच की अवधि में विभिन्न स्थानों से कठिन परिस्थितियों में हिंदी में कई पत्र प्रकाशित हुए। इस बीच प्रकाशित होने वाले पत्रों में 10 मई 1829 को राजा राममोहन राय द्वारा निकाला गया 'बंगदूत' (संपादक नील रतन हालदार), 1845 में गोबिंद नारायण थत्ते के संपादन में निकला 'बनारस अखबार', कलकत्ता से 11 जून 1846 को निकला 'मार्तण्ड' और 6 मार्च 1848 को इंदौर से निकला 'मालवा अखबार' शामिल हैं। ये सभी पत्र महत् उद्देश्य से निकले थे। इन पत्रों की आयु कम साधन के चलते भले बहुत कम रही हो पर इनके आदर्श बहुत ऊँचे थे। इनके संपादकों ने कठोर से कठोर तप किए। तब संपादकों की यह सामान्य खासियत हुआ करती थी। इन्हीं खासियतों के कारण डॉ. कृष्ण बिहारी मिश्र ने हिन्दी पत्रकारिता की आरंभिक यात्रा को बहुत विधायक बताया है। तब के ही संपादकों के बारे में बाबू विष्णु राव पराड़कर ने कहा है, "वे ही संपादक थे जिनसे धनी घृणा करते

थे, शासक क्रुद्ध रहा करते थे, जो हमारे ही जैसा एक पैर जेल में रखकर धर्मबुद्धि से पत्र-संपादन किया करते थे।" ऐसे ही पत्रों और उनके संपादकों ने अपनी हड्डियाँ गलाकर हिंदी की समृद्ध विरासत खड़ी की है।

जिस साल युगुल किशोर शुक्ल ने दोबारा प्रकाशन आरम्भ किया, उसी वर्ष यानी 1850 में ही बनारस से 'सुधाकर' पत्र निकला। लोक-शिक्षण पर इस पत्र का खासा जोर रहता था। इसके पूर्व 1847 में 'अल्मोड़ा अखबार' का प्रकाशन प्रारंभ हो चुका था। उसके बाद मुंशी सदासुख लाल के संपादन में 1852 में आगरा से 'बुद्धि प्रकाश' निकला। यह पत्र पत्रकारिता ही नहीं, भाषा और शैली की दृष्टि से भी अपनी अलग अहमियत रखता है। आचार्य रामचंद्र शुक्ल तक ने इस पत्र की भाषा की प्रशंसा की है। इसी वर्ष भरतपुर से 'मजहरुल सरूर' निकला। इसी दौरान ग्वालियर से 'ग्वालियर गजट' और आगरा से 'प्रजाहितैषी' का प्रकाशन प्रारंभ हुआ। हिंदी का पहला साप्ताहिक पत्र 'उदंत मार्तण्ड' निकालने का श्रेय जिस कलकत्ता को है, उसी को हिंदी का पहला हिंदी दैनिक सामाचार पत्र निकालने का गौरव भी प्राप्त है। श्याम सुंदर सेन के संपादन में हिंदी का प्रथम दैनिक अखबार 'समाचार सुधावर्षण' कलकत्ता के बड़ाबाजार से 1854 में निकला। इस पत्र का राष्ट्रीय स्वर बहुत मुखर था जिससे इसे भी ब्रिटिश हुकूमत का कोपभाजन बनना पड़ा। 1857 में दिल्ली से अजीमुल्ला खाँ ने 'पयामे आजादी' निकाला पर अंग्रेजी शासन ने उसे भी बन्द करने पर बाध्य कर दिया। इस पत्र के बाद 'धर्म प्रकाश', 'सूरज प्रकाश', 'सर्वोपकारक,' 'जगलाभ चिंतक', 'प्रजाहित', 'ज्ञान प्रकाश', 'ज्ञानप्रदायिनी प्रत्रिका', 'वृत्तांत विलास', 'रत्न प्रकाश' आदि पत्र निकले। 1868 में भारतेंदु हरिश्चन्द्र ने 'कवि वचन सुधा' का प्रकाशन आरंभ किया। इस पत्र ने साहित्य, राजनीति और सामाजिक विषयों पर काफी कुछ छापा और व्यापक पाठक वर्ग तैयार किया। इसकी सिद्धान्त-सूक्ति थी, 'स्वत्व निज भारत गहे'। 15 अक्टूबर 1873 को भारतेंदु ने ही 'हरिश्चंद्र मैगजीन' निकाली। यह पत्र देशभक्ति के लिए ख्यात था। इसकी कीमत भी उसे चुकानी पड़ी। इसे बंद कर दिया गया। भारतेंदु हरिश्चंद्र ने महिलाओं की स्थिति देख उनके लिए एक मासिक पत्रिका 'बाल बोधिनी पत्रिका' का प्रकाशन भी 1 जनवरी 1874 को शुरू किया। इसी वर्ष उन्होंने 'हरिश्चन्द्र चंद्रिका' भी निकाली। पहली सितम्बर 1877 को इलाहाबाद से बालकृष्ण भट्ट ने 'हिंदी प्रदीप' का प्रकाशन प्रारंभ किया। यह मासिक पत्रिका श्री भट्ट की साधना, संकल्प और कर्मनिष्ठा का द्योतक थी। यह पत्रिका भी उस दौर की अनेक पत्र-पत्रिकाओं की भांति आजादी की लड़ाई की प्रबल प्रहरी बन गई। भट्ट जी घोर आर्थिक कठिनाइयों के बावजूद इसे 35 वर्षों तक निकालते रहे। 17 मई 1878 को कलकत्ता से 'भारत मित्र' का प्रकाशन शुरू हुआ। तब कलकत्ता से कोई हिन्दी पत्र नहीं निकलता था। सब बंद हो चुके थे। यह पत्र राजनीतिक, साहित्यिक और सामाजिक आंदोलनों का प्रवक्ता बन गया। पंडित दुर्गा

प्रसाद मिश्र, पंडित मुकुंद शास्त्री, पंडित हर रुद्रदत्त शर्मा, पंडित अंबिका प्रसाद वाजपेयी, और पंडित लक्ष्मण नारायण गर्दे जैसे शीर्षस्थ पत्रकारों द्वारा सुसंपादित होते हुए यह पत्र ख्यात होता गया। इसकी उम्र भी अपेक्षाकृत लंबी रही। 13 अप्रैल 1879 को कलकत्ता से 'सारसुधानिधि' का प्रकाशन आरंभ हुआ। पंडित दुर्गाप्रसाद मिश्र 'भारत मित्र' और 'सारसुधानिधि' दोनों को सहयोग देते थे। उन्होंने सात अगस्त 1880 को अपना अलग पत्र निकाला—'उचित वक्ता'। ये तीनों पत्र राष्ट्रीय विचारधारा के वाहक बने। इसके एक वर्ष पहले 1879 में (जिस वर्ष 'सारसुधानिधि निकला) आगरा के पंडित वंशीधर वाजपेयी के संपादन में 'सज्जन कीर्ति सुधाकर' निकला। 1884 से रामकृष्ण वर्मा ने बनारस से 'भारत जीवन' शुरू किया। 1885 में राजा राम पाल सिंह ने कालाकांकर से 'हिंदोस्थान' का प्रकाशन आरंभ किया। पंडित मदनमोहन मालवीय के संपादन में इस पत्र ने काफी ख्याति अर्जित की। यह पत्र बेवाक ढंग से अफसरों की आलोचना करता था। 1887 में जबलपुर से 'शुभचिंतक' निकला। 1890 में कलकत्ता से पंडित अमृतलाल चक्रवर्ती के संपादन में 'हिन्दी बंगवासी' निकला। जनहित को सर्वोपरि मानने वाले इस पत्र की लोकप्रियता दिन दूनी रात चौगुनी बढ़ने लगी। इसकी ग्राहक संख्या दो हजार तक जा पहुँची। ऐतिहासिक महत्त्व के इस पत्र का संपादन बालमुकुंद गुप्त, बाबू राव विष्णु पराड़कर, अंबिका प्रसाद वाजपेयी, लक्ष्मण नारायण गर्दे सरीखे शीर्षस्थ पत्रकारों ने किया और जैसा कि बालमुकुंद गुप्त ने लिखा है, ''यह पत्र 'हिंदी पत्रकारिता' की तकनीक में एक मील का पत्थर था। यह बड़े आकार में निकला और इसमें सप्ताह में कम से कम एक तस्वीर भी छपने लगी।'' हिंदी बंगवासी के बाद मुजफ्फरपुर से देवकीनंदन खत्री ने 'साहित्य सुधा निधि' का प्रकाशन प्रारंभ किया। जगन्नाथ दास रत्नाकर, राधाकृष्ण दास, कीर्तिप्रसाद सरीखे शीर्षस्थ साहित्यकार इसके संपादक मंडल में थे। 1896 में बनारस से 'नागरी प्रचारिणी पत्रिका' शुरू हुई। भाषा, साहित्य, शोध और आलोचना के क्षेत्र में इस पत्रिका ने महती भूमिका निभाई।

1900 का वर्ष हिंदी पत्रकारिता के लिए युगांतकारी साबित हुआ। इसी वर्ष चिंतामणि घोष ने 'सरस्वती' का प्रकाशन शुरू किया। इसके संपादकमंडल में राधाकृष्ण दास, कार्तिका प्रसाद खत्री, जगन्नाथदास रत्नाकर, किशोरीदास गोस्वामी और श्यामसुंदर दास थे। व्यवस्थित सामग्री और सुंदर छपाई के चलते 'सरस्वती' जल्द ही हिंदी जगत में छा गई। 1903 में इसके संपादन का दायित्व महावीर प्रसाद द्विवेदी ने संभाल लिया। इस पत्रिका पर द्विवेदी जी के व्यक्तित्व का काफी असर पड़ा। पत्रिका में जो आठ स्तंभ होते थे, उससे संपादक के व्यक्तित्व की झलक भी मिलती है। सरस्वती में ये स्तंभ होते थे—'साहित्य', 'पुस्तक परिचय', 'आलोचना', 'विवेचन', 'पुरातत्त्व', 'चरित्र-चर्चा', 'विज्ञान' और 'प्रकीर्ण'। आचार्य महावीर प्रसाद द्विवेदी ने 'सरस्वती' के जरिए पाठकों को नई से नई जानकारियाँ भी दीं। द्विवेदी जी व्याकरण के भी

आग्रही थे। 'सरस्वती' के 11 नवंबर 1905 के अंक में उन्होंने 'भाषा और व्याकरण' शीर्षक लेख में भारतेंदु युग और भारतेंदु मंडल के अनेक लेखकों की भाषा की अशुद्धियों पर प्रकाश डाला। तब बालमुकुंद गुप्त 'भारतमित्र' के संपादक थे। द्विवेदी जी के लेख से वे नाराज हो गए और 'आत्माराम' के नाम से कई लेख लिखकर उन्होंने द्विवेदी जी के लेख का विरोध किया। दोनों संपादकों में 'अनस्थिरता' शब्द को लेकर बहुत वाद-विवाद हुआ। विवादों से पाठकों की संख्या भी बढ़ी और जानकारी भी। इससे एक और बात का पता चलता है कि तब के संपादक एक-एक शब्द स्वर्णमुद्रा की तरह खर्च करते थे। क्योंकि उसके इस्तेमाल के औचित्य को लेकर अन्य पत्रकार टोक सकते थे। बीसवीं सदी के आरंभिक पत्रों में 'हितवार्ता', 'सारस्वत सर्वस्व' (दोनों 1903), 'वैश्योपकारक' (1904) शामिल हैं जिनका जातीय स्वर बहुत तीव्र था। जब बंग भंग हुआ तो पूरा बंगाल उग्र हो उठा। स्वदेशी आंदोलन में एकाएक तेजी आई। अरविंद घोष और विपिनचंद्र पाल के संपादन में 'वंदे मातरम' ने जातीय चेतना को मुखर बनाने में महती भूमिका निभाई।

बंगाल से बिपिनचंद्र पाल विगुल बजाते थे तो पूना से बालगंगाधर तिलक। 1905 से 1918 का समय स्वाधीनता संग्राम का तिलक युग माना जाता है। लोकमान्य तिलक ने 'स्वराज्य हमारा जन्म सिद्ध अधिकार है' का उद्घोष किया। तिलक के पास अपनी तेजस्वी लेखनी को बड़े समुदाय तक पहुँचाने के लिए दो पत्र थे—'केसरी' और 'मराठा'। 'केसरी' के लेखों की उग्र राष्ट्रीयता के लिए तिलक पर राष्ट्रद्रोह का मुकदमा चला। 1908 में उन्हें सजा हुई। इसके सालभर पहले डॉ. बालकृष्ण शिवराम मुंजे ने नागपुर से हिंदी में 'हिंद केसरी' का प्रकाशन आरंभ किया। इसमें 'केसरी' के लेखों का अनुवाद होता था। इसके संपादक पंडित माधव राव सप्रे थे। सप्रे जी को भी राजद्रोह के आरोप में पकड़ लिया गया, फलतः 1909 में यह पत्र बंद हो गया।

'हिंद केसरी' 1907 में निकला था। इसी वर्ष पंडित मदन मोहन मालवीय ने 'अभ्युदय' को जन्म दिया। बाद में पी. डी. टंडन, कृष्ण कांत मालवीय इसके संपादन कार्यों से जुड़े। इसी वर्ष बाबूराव विष्णु पराड़कर ने 'हितवार्ता' का संपादन दायित्व संभाला। इसी साल अंबिका प्रसाद वाजपेयी ने राजनीतिक दृष्टि से 'नृसिंह' निकाला। 'उचित वक्ता' के बंद होने पर पंडित दुर्गाप्रसाद मिश्र ने 'मारवाड़ी बंधु' का प्रकाशन-संपादन कलकत्ता से शुरू किया। 1907 में ही देवनागरी लिपि का उन्नायक पत्र 'देवनागर' निकला। शिवनाथ शर्मा ने 1909 में लखनऊ से हिंदी साप्ताहिक 'आनंद' निकाला जो बाद में दैनिक हो गया। यह स्वाधीनता संग्राम का प्रमुख समर्थक पत्र था। इसी वर्ष इलाहाबाद से पंडित सुंदरलाल ने उग्र राष्ट्रीय विचारधारा का पत्र 'कर्मयोगी' निकाला। इसके सालभर बाद कानपुर से गणेश शंकर विद्यार्थी ने 'प्रताप' का प्रकाशन प्रारंभ किया। इस पत्र ने अंग्रेजी शासन को महसूस कराया कि जनता को भी बोलने का हक है। 'प्रताप' का प्रकाशन हिंदी पत्रकारिता में युगांतकारी घटना

है। सरकार का विरोध करने पर 'प्रताप' पर मुकदमा चला। विद्यार्थी जी ने सहर्ष सजा कबूल की पर झुकना उन्हें गवारा न हुआ। 'प्रताप' का कार्यालय क्रांतिकारियों का अड्डा भी बना।

उधर कुछ दिनों बंद रहने के बाद पंडित अंबिका प्रसाद वाजपेयी के संपादन में 'भारतमित्र' को 1912 में फिर दैनिक किया गया। वाजपेयी जी 1919 तक इस पत्र का संपादन करते रहे। 1919 में लक्ष्मण नारायण गर्दे को संपादन का दायित्व सौंपकर वे मुक्त हो गए। 1935 तक यह पत्र निकलता रहा। 1913 में अंबिका प्रसाद वाजपेयी ने विश्वयुद्ध की भविष्यवाणी की थी जो एक वर्ष बाद ही सच साबित हुई। 1914 में कलकत्ता से ही एक और दैनिक निकला 'कलकत्ता समाचार'। अमृतलाल चक्रवर्ती इसके संपादक थे। इसी वर्ष प्रथम विश्वयुद्ध छिड़ गया। युद्ध की खबरों के बारे में जानने की आम लोगों में गहरी उत्सुकता थी क्योंकि युद्ध का सीधा सा अर्थ था आयात में कमी और बाजार में तेजी। व्यापारी तबके के लिए युद्ध की खबरों पर नजर रखना एक तरह से जरूरी हो गया इसे बाबू मूलचंद अग्रवाल ने गहराई से महसूस किया और दो वर्ष बाद 1916 में उन्होंने दैनिक 'विश्वमित्र' का प्रकाशन आरंभ किया। प्रथम विश्वयुद्ध के बाद पत्र संचालकों ने महसूस किया कि यदि व्यापारी सहयोग करें तो पत्र को व्यापक गति मिल सकती है। युद्ध की खबरें तत्काल सुलभ हों, इसके लिए मूलचंद अग्रवाल ने 'विश्वमित्र' के लिए 'रायटर' संवाद एजेंसी की तार सेवाएं लेनी शुरू कीं और विज्ञापन के लिए एक एंग्लो-भारतीय महिला को अपना प्रतिनिधि नियुक्त किया। इस तरह समाचारपत्र जगत में व्यवसाय की भावना गहरे पैठ कर गई।

1920 में कलकत्ता से 'स्वतंत्र' और वाराणसी से 'आज' का प्रकाशन आरंभ हुआ। दोनों पत्र राष्ट्रीय चेतना के वाहक बने। इस युग के तेजस्वी पत्रकारों की चर्चा करते हुए आचार्य हजारीप्रसाद द्विवेदी ने लिखा है, "इस काल में कुछ इतने महत्त्वपूर्ण पत्रकार पैदा हुए जो दीर्घकाल तक याद किए जाएँगे। बुद्धिगत प्रौढ़ता के साथ-साथ चरित्रगत दृढ़ता से इन पत्रकारों को बड़ी सफलता मिली। गणेश शंकर विद्यार्थी, पराड़कर जी, अंबिका प्रसाद वाजपेयी, लक्ष्मण नारायण गर्दे और बनारसी दास चतुर्वेदी ऐसे ही पत्रकार हुए।"

गाँधी जी के नमक सत्याग्रह आंदोलन का समर्थन करने पर ब्रिटिश सरकार ने 'स्वतंत्र' पर पाँच हजार रुपए का जुर्माना किया जिसे नहीं चुकाने पर स्वतंत्र को बंद कर देना पड़ा। 'आज' के पहले संपादक श्री प्रकाश जी थे। कुछ दिनों बाद बाबूराव विष्णु पराड़कर उसके संपादक बने। नवंबर 1922 से 'चाँद' का प्रकाशन प्रारंभ हुआ। शुरू में वह साहित्यिक पत्रिका थी। बाद में राजनीतिक सामग्रियाँ भी उसमें जाने लगीं। 'चाँद' के 'मारवाड़ी' और 'फांसी' अंक जब्त कर लिए गए। 1923 में 'मतवाला' का प्रकाशन शुरू हुआ। 'मतवाला' ने एक बड़े अभाव को पूरा किया।

यह एक प्रगतिशील साहित्यिक पत्र के रूप में याद किया जाता है। इसके सालभर पहले 1922 में कलकत्ता से ही 'समन्वय' नामक पत्र निकला। निराला, मुंशी नवजादिकलाल और आचार्य शिवपूजन सहाय इसके संपादक मंडल में थे। 1924 में कोलकाता में एक और हिंदी पत्र की धूम थी। उसका नाम 'युगांतर' था। पंडित रामदहिन ओझा इसके संपादक थे। परिमल भट्ट उनके सहयोगी थे। 'युगांतर' के हर अंक में गाँधी जी के चित्र के साथ ये पंक्तियाँ छपती थीं :

मुक्त हों हाथ, हथकड़ी टूटे
राष्ट्र का सिंहनाद घर-घर हो
हे प्रभु देश में युगांतर हो

रामदहिन ओझा इसके पूर्व 'विश्वमित्र' में रहे और 'शेखावटी' एवं 'बलिया समाचार' का संपादन भी कर चुके थे। वे तेजस्वी पत्रकार के अलावा प्रमुख लेखक और आजादी के सिपाही भी थे। उन्होंने ब्रितानिया सरकार का विरोध इतनी प्रखरता से किया कि उन्हें कलकत्ता छोड़ने का आदेश दे दिया गया। उनकी पुस्तकें 'लाला जी की याद में' और 'फिरंगियाँ' कविता पुस्तक जब्त कर ली गईं। 'युगांतर' में उनकी लेखनी अंग्रेजों के खिलाफ आग उलगती थी। उन्हें बंगाल से निष्कासित कर दिया गया। पर वे चुप कहाँ बैठने वाले थे। इसके पूर्व वे बलिया व गाजीपुर से निष्कासित किए जा चुके थे। वे खुलकर स्वाधीनता संग्राम में कूद पड़े। 16 मई 1921 को गिरफ्तार हुए थे। फिर 3 जनवरी 1922 को गिरफ्तार हुए। उनकी अंतिम जेल यात्रा 27 अक्टूबर 1930 को हुई। बलिया जेल में उन्हें भोजन के साथ जहर दिया जाता रहा फलतः 18 फरवरी 1931 को वे शहीद हो गए। अहिंसावादी आंदोलन की यह पहली शहादत थी।

इस बीच लक्ष्मण नारायण गर्दे के संपादन में 27 दिसंबर 1925 को 'श्रीकृष्ण संदेश' साप्ताहिक और 1926 में 'हिंदू पंच' निकले। इसी वर्ष 'सेनापति' निकला। इसी दौरान 'सरोज' का प्रकाशन प्रारंभ हुआ। नवजादिकलाल और रामप्रसाद पांडेय इसके संपादक थे। रामानंद चट्टोपाध्याय ने 1928 में बनारसीदास चतुर्वेदी के संपादन में 'विशाल भारत' का प्रकाशन प्रारंभ किया। इस पत्र ने कई साहित्यिक विवाद उठाए। विशाल भारत ने अनेक महत्त्वपूर्ण पुराने तथ्यों को भी उजागर किया। हिंदी पत्रकारिता पर ब्रजेंद्रनाथ बंद्योपाध्याय, विष्णुदत्त शुक्ल, रुद्र दत्त शर्मा, अंबिका प्रसाद वाजपेयी और गर्दे जी के लेख और संस्मरण आदि पत्र ने छापे। उस काल के अन्य प्रमुख पत्रों में 'आदर्श', ''मौजी', 'साहित्य', 'अभय', 'भविष्य', 'आवाज', 'वर्तमान', 'कुमार', 'बलिया गजट', 'सुदर्शन', 'देशभक्त', 'क्रांतिकारी', 'मजदूर', 'रणचंडी', 'चंडिका', 'ज्वालामुखी' आदि शामिल हैं। उग्र राष्ट्रीय विचारों के लिए 1925-26 में 'अभय', 'आज' और 'भविष्य' के संपादकों को सरकार ने दंडित किया। 'प्रताप' के संपादक को भी चेतावनी दी गई। 1928-29 में 'आज', 'प्रताप', और 'अभ्युदय'

ने बहिष्कार नीति का समर्थन किया। इसी दौरान इलाहाबाद से 'भारत' का प्रकाशन आरंभ हुआ।

कृष्णदत्त पालीवाल ने राष्ट्रीय भावना से ओत-प्रोत पत्र 'सैनिक' का प्रकाशन आगरा से शुरू किया 1930 में। उसी दौरान मुंशी प्रेमचंद ने 'हंस' का प्रकाशन भी प्रारंभ किया। उस युग में स्वतन्त्रता प्राप्ति के साथ समसामयिक सामाजिक-सांस्कृतिक मुद्दों की तहकीकात भी पत्रकारिता के लक्ष्य में शामिल थी। 1932 में 'भविष्य' के संपादक द्वारा ब्रिटिश हुकूमत के विरुद्ध लिखने पर उसे बंद करा दिया गया। 1938 में आचार्य नरेंद्रदेव ने 'संघर्ष' नामक पत्र का प्रकाशन लखनऊ से शुरू किया।

इस बीच 1939 में द्वितीय विश्वयुद्ध छिड़ गया। प्रथम विश्वयुद्ध में पत्रकारिता में जो व्यवसाय वृत्ति की भावना घर कर गई थी, द्वितीय विश्वयुद्ध में वह और बढ़ गई और उसने उद्योग का रूप लेना शुरू किया। ब्रिटिश सरकार के समर्थक पत्रों ने युद्ध के लिए ब्रिटेन को मदद देने की जनता से अपील की पर राष्ट्रीय चेतना वाले पत्रों ने नारा दिया—न एक पाई न एक भाई। 1942 के 'भारत छोड़ो' आंदोलन में भी पत्रों ने बढ़-चढ़कर भाग लिया। 1942 में ही इलाहाबाद में अखिल भारतीय समाचारपत्रों के संपादकों का सम्मेलन हुआ। इसमें तय हुआ कि पत्र संपादकीय नहीं छापेंगे पर इसका निर्वाह नहीं हो पाया। द्वितीय विश्वयुद्ध शुरू होने पर ब्रितानिया सरकार ने नए समाचारपत्रों के प्रकाशन पर रोक लगा दी और जो समाचारपत्र छप रहे थे, उनके लिए न्यूज प्रिंट का कोटा निर्धारित कर दिया। पत्र मालिकों और संचालकों के साथ सरकार ने इस आशय का एक करार भी किया, जिसे मैक्सवेल करार कहा जाता है। करार के बाद 'भारत छोड़ो' आंदोलन के कट्टर समर्थक 'आज' और 'सैनिक' का प्रकाशन कुछ दिनों के लिए बंद हो गया या बंद करा दिया गया।

राष्ट्रीय आंदोलन परवान चढ़ने लगा था। जब आजाद हिंद फौज पर मुकदमा चला तो राष्ट्रीय विचारधारा वाले सभी पत्रों ने उसका विरोध किया। 1947 में देश के विभाजन का भी ऐसे सभी पत्रों ने विरोध किया पर राष्ट्रीय नेताओं द्वारा इसे मंजूरी दी गई तो पत्रों ने भी इसे मंजूर कर लिया।

उसी दौरान कुछ अंग्रेज उद्योगपतियों ने अपने पत्र प्रतिष्ठान भारतीयों को बेच दिए। बिड़ला परिवार ने समाचारपत्र जगत में सबसे पहले प्रवेश किया। घनश्याम दास बिड़ला ने इलाहाबाद से प्रकाशित 'लीडर' और 'भारत', पटना से प्रकाशित 'सर्चलाइट' के शेयर खरीद लिए। उन्होंने 'हिंदुस्तान टाइम्स' के शेयर खरीदने के लिए मदन मोहन मालवीय को सहयोग दिया। हिंदी दैनिक 'हिंदुस्तान' 1936 को दिल्ली में शुरू हुआ था। बंबई से 'टाइम्स आफ इंडिया' और 'इलस्ट्रेटेड वीकली आफ इंडिया' निकालने वाली बेनेट कोलमैन कंपनी को रामकृष्ण डालमिया ने खरीद लिया। 'स्टेट्समैन' सात औद्योगिक घरानों के हाथ में आ गया। द्वितीय विश्व युद्ध के दौरान 1939 में नागपुर से 'नवभारत' और उसके एक वर्ष बाद पटना से 1940

में 'आर्यावर्त' निकला था। स्वाधीनता की बेला में पत्रजगत की व्यवसाय वृत्ति और बढ़ गई। पत्र प्रकाशन में पर्याप्त धन की आवश्यकता महसूस की गई जो जाहिर है, उद्योगपति ही पूरा कर सकते थे।

पत्रकारिता जब उद्योग की शक्ल में तब्दील होने लगी, तभी शुरू हुआ जनोन्मुख पत्रकारिता का क्षरण। स्वाधीनता की बेला में कई हिंदी दैनिक शुरू हुए। 1947 में 'नई दुनिया' (इंदौर), 'जागरण' (कानपुर), स्वतंत्र भारत (लखनऊ), 'प्रदीप' (पटना), 'नवजीवन' (लखनऊ) का प्रकाशन आरंभ हुआ। स्वाधीनता के बाद समाचारपत्र उद्योग निरंतर प्रगति करता रहा। 1948 में आगरा से 'अमर उजाला' का प्रकाशन शुरू हुआ। 'नेशनल जर्नल्स फर्म' के बैनर तले 'अमर उजाला' के अन्य संस्करण भी शुरू किए गए। 1969 से बरेली, 1989 से मुरादाबाद, और 1992 से कानपुर संस्करण शुरू हुए। 'अमर उजाला' मेरठ नोएडा, चंडीगढ़ लुधियाना से भी छपता है। पश्चिमी उत्तर प्रदेश में इसकी प्रसार संख्या लाखों में है।

1947 में कानपुर से शुरू हुए 'दैनिक जागरण' के भी कई संस्करण निकलने लगे। 1975 में गोरखपुर, 1979 में लखनऊ और इलाहाबाद, 1984 में मेरठ, 1986 में आगरा, 1989 में बेरली और 1990 में दिल्ली (नोएडा) संस्करण शुरू हुआ। 'आज' का प्रकाशन 1920 में शुरू हुआ था वाराणसी से। 'आज' का कानपुर संस्करण 1975 से, गोरखपुर संस्करण 1981 से, आगरा संस्करण 1987 से, रांची संस्करण 1985 से, लखनऊ संस्करण 1989 से और बरेली संस्करण 1990 से शुरू हुआ।

टाइम्स आफ इंडिया ग्रुप ने 'बाई प्राडक्ट' के रूप में हिंदी पत्र-पत्रिकाओं का प्रकाशन प्रारंभ किया। 1950 में 'नवभारत टाइम्स' दिल्ली व बंबई से निकलने लगा। बाद में इसके जयपुर, पटना व लखनऊ संस्करण भी शुरू किए गए जो इन दिनों बंद हैं। 1957 में 'धर्मयुग', 1958 में 'पराग', 1960 में 'सारिका', 1964 में 'माधुरी', 1965 में 'दिनमान', 1982 में 'खेल भारती' और 1984 में 'वामा' की शुरुआत हुई। 'टाइम्स आफ इंडिया' ग्रुप की ये हिंदी पत्रिकाएँ बंद हो चुकी हैं। हिंदी पत्रिकाओं में अंग्रेजी की अपेक्षा कम मुनाफा होने के चलते मालिकों ने इन्हें बंद करा दिया है।

1983 में इंडियन एक्सप्रेस ग्रुप ने दिल्ली से 'जनसत्ता' का प्रकाशन आरंभ किया। प्रभाष जोशी के संपादन में निकले इस हिंदी दैनिक का कलकत्ता संस्करण (1991 से) और रायपुर संस्करण (2002) भी निकलता है। यह पत्र मुंबई व चंडीगढ़ से भी निकलता किंतु बाद में बंद हो गया। हिंदुस्तान टाइम्स पब्लिक लिमिटेड की ओर से 1936 में दिल्ली में शुरू किए गए 'दैनिक हिंदुस्तान' का पटना संस्करण 1986 से शुरू किया गया। 1996 में इसका लखनऊ संस्करण शुरू हुआ। इस ग्रुप ने 1950 में 'साप्ताहिक हिंदुस्तान' का प्रकाशन आरंभ किया जो संप्रति बंद है। 1960 में इस ग्रुप ने 'कादंबिनी' और 'नंदन' का प्रकाशन आरंभ किया था।

1965 में जालंधर से 'पंजाब केसरी' का प्रकाशन आरंभ हुआ। 1983 में उसका दिल्ली संस्करण और 1991 में अंबाला कैंट संस्करण शुरू हुआ। 1978 में चंडीगढ़ से 'ट्रिब्यून' का प्रकाशन प्रारंभ हुआ। 1962 में 'ब्लिट्ज' बंबई से शुरू हुआ जो फिलहाल बंद है। 1956 में जयपुर से शुरू हुए 'राजस्थान पत्रिका' का जोधपुर संस्करण 1980 में, उदयपुर संस्करण 1981 में, कोटा संस्करण 1986 में, बीकानेर संस्करण 1987 में शुरू हुआ। राजस्थान में संप्रति 'दैनिक भास्कर' की प्रसार संख्या भी व्यापक है। दैनिक भास्कर का प्रकाशन भोपाल, झांसी और इंदौर से 1958 में शुरू हुआ। 1968 में इसका ग्वालियर, 1986 में जबलपुर और भोपाल, 1985 में रायपुर और 1995 में दुर्ग-भिलाई संस्करण शुरू हुआ। उत्तर प्रदेश में 'आज' और 'दैनिक जागरण' की तरह मध्य प्रदेश में 'नवभारत' और 'भास्कर' में कड़ी प्रतिस्पर्द्धा है।

1936 में भोपाल और 1939 में नागपुर से शुरू हुए दैनिक 'नवभारत' का जबलपुर व रायपुर संस्करण 1959 में, इंदौर संस्करण 1960 में और बिलासपुर संस्करण 1985 में शुरू हुआ। मध्यप्रदेश के अन्य प्रमुख दैनिकों में 'नई दुनिया', 'देशबंधु', 'चौथा संसार', 'स्वदेश', 'युग धर्म', 'चेतना', 'अग्रदूत' और 'मध्यदेश' हैं।

साठ के दशक में शुरू होने वाले पत्रों में 'मिलाप' (हैदराबाद, आंध्रप्रदेश से 1966 में), 'लखनऊ मेल' (1966 में लखनऊ से), 'पंजाब केसरी' (1968 में जालंधर से), दैनिक 'मध्यदेश' (1966 में भोपाल से और 1970 में झांसी और ग्वालियर से), 'युगधर्म' (1961 से रायपुर में), 'स्वदेश' (1966 में भोपाल से) शामिल हैं। इसके पूर्व पचास के दशक में शुरू होने वाले पत्रों में वीर अर्जुन (1954 में दिल्ली से), 'युगधर्म' (1951 में नागपुर से) भी शामिल हैं। सत्तर के दशक में शुरू होने वाले अन्य पत्रों के अलावा 'रविवार' (1977 में कलकत्ता से), 'अमृत प्रभात' (1977 में इलाहाबाद से और 1979 में लखनऊ से) शामिल हैं। अस्सी के दशक में निकलने वाले पत्रों में 'जनसत्ता' (1983 में दिल्ली से), 'इंडिया टुडे' (1986 से दिल्ली में), 'खेल भारती' (1982 में) 'वामा' (1984 में), 'व्यापार' (1987 में बंबई से), 'लोकमत समाचार' (1989 में नागपुर से) और 'राष्ट्रीय सहारा' (1984 में दिल्ली से) शामिल हैं। स्वाधीनता के बाद वर्ष दर वर्ष पत्र-पत्रिकाओं की संख्या और प्रसार संख्या लगातार बढ़ रही है।

स्वाधीनता के बाद व्यापक पाठक वर्ग बनाने वाली पत्र-पत्रिकाएँ रहीं 'हिंदुस्तान', 'नवभारत टाइम्स', 'अमर उजाला', 'दैनिक जागरण', 'पंजाब केसरी', 'सन्मार्ग' (कलकत्ता), 'नई दुनिया', 'नवभारत', स्वदेश', 'राजस्थान पत्रिका', 'राष्ट्रदूत', दैनिक 'नवज्योति' 'वीर अर्जुन' 'स्वतंत्र भारत', 'आज', 'आर्यावर्त', 'दैनिक भास्कर', 'नवजीवन', पूर्वांचल प्रहरी', 'सेंटिनल', 'गांडीव', 'अमृत प्रभात', 'तरुणभारत', 'देशबंधु', 'प्रभात खबर', 'धर्मयुग', 'स्वतंत्र चेतना', 'जनसत्ता', 'लोकमत समाचार', 'सरिता', 'इंडिया टुडे', 'माया', 'मुक्ता', 'मनोहर कहानियां', 'मनोरमा', 'कल्याण', 'कादंबिनी',

'कुरुक्षेत्र', 'विज्ञान प्रगति', 'अखंड ज्योति', 'बालहंस', 'हंस' आदि। 1956 में हिंदी पत्रों की संख्या 1000 थी। 1982-83 में यह संख्या पांच गुनी हो गई और इन दिनों हिंदी में 19,685 पत्र पत्रिकाएँ प्रकाशित हो रही हैं। इनकी प्रसार संख्या 2,99,45000 है। संख्या और प्रसार दोनों दृष्टियों से हिंदी प्रथम स्थान पर है।

आजादी के बाद पत्रों की संख्या बढ़ी, प्रसार संख्या बढ़ी, बड़े-बड़े औद्योगिक घराने पत्र उद्योग में आने लगे क्योंकि लगने लगा कि पत्र प्रकाशन के लिए पर्याप्त धन की जरूरत है जो उद्योगपति ही पूरा कर सकते हैं। जब उद्योगपतियों को लगा कि पत्रों से न सिर्फ मुनाफा कमाया जा सकता है, बल्कि पत्र एक 'हथियार' भी होगा, 'हित साधक' होगा, प्रतिष्ठा और दबदबा भी रहेगा सो कई घराने इस उद्योग में आए। नई से नई टेक्नालाजी से पत्र छपने लगे। लेकिन मुद्रण क्रांति या सुधार के साथ विकृतियाँ भी आने लगीं। कई जगह जनहित की जगह व्यापारिक हित को बढ़ावा दिया जाने लगा। विश्व युद्ध के समय भारतीय पत्रों के व्यवसाय बनने से जिस जनोन्मुख पत्रकारिता का क्षरण शुरू हुआ था, उसे गति मिलने लगी।

पहले और दूसरे लोकसभा चुनावों में कतिपय राजनेताओं के प्रलोभनों और सत्ता के गलियारों में कुछ पत्रकार भटक गए। कतिपय वरिष्ठ पत्रकारों और संपादकों ने विदेशी दूतावासों से स्वाधीनता के बाद भी अनुचित संपर्क रखे। स्वार्थपरता बढ़ने लगी। स्पर्धा में सत्य को झुठलाया जाने लगा। खोजी पत्रकारिता के नाम पर पीली पत्रकारिता होने लगी। चरित्र हनन में पत्रकारिता नहाने-उतराने लगी, सनसनीखेज खबरों ने पत्रकारिता में शालीनता की गुंजाइश ही नहीं रहने दी। अनेक पत्र-मालिकों के लिए सेवा, आदर्श या पेशे की पवित्रता का कोई मतलब नहीं रह गया। वे इसे उद्योग और कमाई के स्रोत के रूप में देखने लगे और कई पत्रकार, पत्रमालिकों से भी नीचे गिर गए। वे जड़ को पकड़ने की बजाय ऊपरी, सतही और सरसरी तौर पर रिपोर्टिंग करने लगे। लोकशिक्षण को तिलांजलि दे दी गई।

इस दरम्यान 1962 में चीन ने भारत पर आक्रमण कर दिया और भारत की उसमें बुरी तरह पराजय हुई। युद्ध की खबरों के लिए तब अखबार या बी.बी.सी. ही विश्वसनीय स्रोत थे। लेकिन उसके तीन वर्ष बाद ही लालबहादुर शास्त्री की अगुवाई में भारत ने पाकिस्तानी आक्रमण का करारा जवाब दिया और विजय पाई। इससे पत्रकारिता में एक नई चेतना आई। छह वर्ष बाद 'बांग्लादेश मुक्ति संग्राम और उसमें भारत की भूमिका' के समय पत्रकारिता के नए तेवर दिखे। इसका लाभ भी हुआ। विष्णुकांत शास्त्री और धर्मवीर भारती की रिपोर्टिंग ने धर्मयुग के अनेक पाठक बनाए। तब फिर पत्रकारिता ने अपनी अपार संभावनाओं का अनुभव किया था। उसके बाद देश में इमरजेंसी लगी 1975 में। प्रेस पर सेंसर लगा। जयप्रकाश नारायण के नेतृत्व में पूरे देश में इमरजेंसी और सत्ता के जुल्म के विरुद्ध आंदोलन शुरू हो गया।

पूरे देश में इंदिरा जी का आतंक था। इमरजेंसी का विरोध करने का दम बहुत कम पत्रों में था अधिकांश पत्र सत्ता के आगे दुम हिलाने लगे। यह जनोन्मुख पत्रकारिता के क्षरण का चरम था। जनता की भावनाओं को कुचलने वाली इंदिरा जी की खुशामद और उनके बीस सूत्री कार्यक्रम के पक्ष में लिखने वालों को जन-संपर्क विभाग पैसे भी देता था। जब इमरजेंसी में ढील दी गई, तब भी समाचारपत्रों ने अपने दायित्व से मुँह चुरा लिया। पत्रों की ऐसी शर्मनाक भूमिका कभी नहीं रही। हिंदी पत्रों की शर्मनाक भूमिका की बानगी 'धर्मयुग' के 3 अप्रैल 1977 में प्रकाशित गणेश मंत्री के इस वक्तव्य में देखी जा सकती है : "यह विचित्र स्थिति है कि आपात्स्थिति के दौरान सबसे अधिक जुल्म हिंदी भाषी क्षेत्रों की गरीब जनता पर हुए लेकिन उस जनता की भाषा के समाचार-पत्र आपात् स्थिति में ढील आने के बाद भी अपने पाठकों (?) की आप बीती को प्रकाश में नहीं ले आए, यद्यपि यह हिंदी पत्रकारिता का डेढ़ सौवां वर्ष था और आशा की जाती थी कि वे माखनलाल चतुर्वेदी और गणेश शंकर विद्यार्थी की परंपरा की याद ताजा करेंगे। पर न तो वे आतंक-मुक्त हो पाए और न ही छोटी-मोटी सुविधाओं-सुरक्षाओं की कोठरी से बाहर निकल पाए। जनवाणी को अभिव्यक्ति देने के बजाय वे सत्ताधारियों की दलाली करने में व्यस्त रहे।"

हिंदी की अवसरवादी पत्रकारिता और जनोन्मुख पत्रकारिता के क्षरण का साक्ष्य है यह वक्तव्य। जब हिंदी पत्रों ने विराट जन विक्षुब्धता की अनदेखी की, जनोन्मुख पत्रकारिता के इस अवसान की मिसाल नहीं मिलती। आदर्श, मूल्य, संकल्प, निष्ठा और पेशे की पवित्रता तिरोहित होने लगी। बाल गंगाधर तिलक ने 'स्वराज्य', महात्मा गाँधी ने 'हरिजन', गणेश शंकर विद्यार्थी ने 'प्रताप', माखनलाल चतुर्वेदी ने 'कर्मवीर', बनारसीदास चतुर्वेदी ने 'विशाल भारत', डॉ. राम मनोहर लोहिया ने 'जन', बाबूराव विष्णु पराड़कर ने 'आज', लक्ष्मणनारायण गर्दे, अंबिका प्रसाद वाजपेयी ने 'भारत मित्र', बालकृष्ण भट्ट ने 'प्रदीप', रामदहिन ओझा ने 'युगांतर', मदन मोहन मालवीय ने 'हिंदोस्तान' और 'अभ्युदय' के जरिए जो समृद्ध विरासत और आलोकधर्मी परंपरा की नींव डाली थी, उसे झटके में बिसार दिया गया।

आज बहुत कम पत्र-पत्रिकाएँ रह गई हैं जिनका जन-शिक्षण और जनोन्मुख पत्रकारिता पर जोर रहता है और ये अपेक्षाकृत छोटी पत्र-पत्रिकाएँ हैं, इन्होंने ही संभावनाओं को मरने नहीं दिया है।

सन्दर्भ

1. हिंदी पत्रकारिता : इतिहास और प्रश्न–कृष्ण बिहारी मिश्र।
2. पराड़कर जी और पत्रकारिता–लक्ष्मीशंकर व्यास।
3. हिंदी साहित्य का इतिहास–रामचंद्र शुक्ल।

प्रेस की स्वाधीनता और सदन के विशेषाधिकार

संसद की प्रेस दीर्घा में भी एक स्टेट बैठती है। यह चौथी स्टेट है। प्रेस दीर्घा में बैठकर ही प्रेस की स्वतंत्रता की सीमा का ढंग से एहसास होता है। सदन में एक सांसद, दूसरे सांसद की कालर पकड़ सकता है, गाली-गलौज, छीना-झपटी, मार-पीट, धक्का-मुक्की कर सकता है। एक सांसद, दूसरे सांसद को 'चमार का बच्चा' भी कह सकता है। यह उसका विशेषाधिकार है और प्रेस दीर्घा में बैठकर पत्रकार यह सब देख रहे हैं पर उसे लिख नहीं सकते--यदि उसे सदन की कार्यवाही-रिकार्ड से निकाल दिया गया है--यह प्रेस की स्वाधीनता की सीमा है।

1991 में 'जनसत्ता' कलकत्ता में आने के पहले दिल्ली में 'प्रभात खबर' के विशेष संवाददाता के रूप में मैंने संसद के दोनों सदनों की कुछ वर्ष रिपोर्टिंग की थी। उस दौरान केंद्र में तीन--विश्वनाथ प्रताप सिंह, चंद्रशेखर और पी.वी. नरसिंह राव की सरकारों को संसद से जूझते देखा था। संसद की रिपोर्टिंग के दौरान संसद और चौथी स्टेट की विडंबनाओं को गहराई से महसूस भी किया था। संसदीय कार्यवाही, (प्रकाशन संरक्षण) अधिनियम के तहत सदन की कार्यवाही के विलोपित या कार्यवाही से निकाले गए अंशों का प्रकाशन सदन की अवमानना होती है। सदन की किसी गोपनीय बैठक की रिपोर्टिंग या समय पूर्व सदन की कार्यवाही संबंधी दस्तावेजों का प्रकाशन या सदन की किसी समिति पर आक्षेप पड़नेवाला प्रकाशन भी सदन की अवमानना होती है। संसद और राज्य विधानमंडलों की कार्यवाही का प्रकाशन किया जा सकता है, यदि रिपोर्ट दुर्भावनारहित और जनहित में हो। पर संसद या विधानमंडल किसी कार्यवाही के प्रकाशन को रोक सकते हैं। ऐसे हर प्रकाशन के नियमन और नियंत्रण का सदन को अधिकार है। सदन की अवमानना उसके विशेषाधिकारों का हनन है और इसके लिए किसी भी पत्र या पत्रकार को दंडित किया जा सकता है। सबसे बड़ी विडंबना यह है कि संसद और विधानमंडलों में ऐसे भी जनप्रतिनिधि हैं जो अपने काले कारनामों के लिए ख्यात रहे हैं। कैसे-कैसे आपराधिक चरित्र के

लोग संसद और विधानमंडलों में पहुँच गए हैं, इसका थोड़ा अंदाजा एक घटना से लगाया जा सकता है। उत्तर प्रदेश में मायावती सरकार में राज्यमंत्री रहे अंगद यादव ने 29 अक्टूबर 1995 को अपने साथियों के साथ पूर्व सांसद और उत्तर प्रदेश में दस साल तक मंत्री रहे लक्ष्मी शंकर यादव के घर पर धावा बोल दिया और उनकी गोली मारकर हत्या कर दी थी। अब जब जन प्रतिनिधि ही हत्या करें तो स्थिति की भयावहता को भांपिए। फिर याद करें जब दस साल पहले 16 दिसंबर 1993 को उत्तरप्रदेश विधानसभा में विधायकों के दो गुटों में जमकर संघर्ष हुआ था। विधायकों ने एक दूसरे के खिलाफ जूते-चप्पल, माइक्रोफोन, कुर्सियाँ, काँच के ग्लास फेंके। उस घटना में 36 विधायक और छह सुरक्षाकर्मी घायल हो गए थे। विधानसभा में यह सब देख, मुख्य चुनाव आयुक्त टी.एन. शेषन का वह वक्तव्य याद आ गया कि उत्तरप्रदेश में एक सौ विधायक ऐसे हैं जिनकी आपराधिक पृष्ठभूमि है। लेकिन संसद या विधानमंडलों के सदस्यों के काले कारनामों को आप छाप नहीं सकते क्योंकि तब उसे विशेषाधिकार का उल्लंघन माना जाएगा। सदन की कार्यवाही में बाधा डालना, सदन की कार्यसूची को फाड़-देना, असंसदीय भाषा व टिप्पणियाँ करना, एक दूसरे पर जूते-चप्पल फेंकना सदस्यों का 'जन्म सिद्ध अधिकार' है और उसे कार्यवाही से निकाल दिए जाने पर इसे छापा नहीं जा सकता, यह प्रेस की सीमा है। और यदि छापेंगे तो सजा भुगतनी होगी।

मुंबई के सांध्य मराठी दैनिक 'आपलं महानगर' के संपादक निखिल बागले को सच लिखने के लिए ही तो दंड भुगतना पड़ा था। आपराधिक खींचातानी में मारे गए एक विधायक विट्ठल चह्वाण को जब महाराष्ट्र विधानसभा में 'महान' आदि बताया गया तो 'आपलं महानगर' के स्तंभ कैलेडोस्कोप में 22 मार्च, 1992 को उसके संपादक ने लिखा—'यह ढकोसला क्यों?' (ही ढोंग काशासाठी) पूरे संदर्भ को स्पष्ट करने के लिए वह लेख अविकल यहाँ प्रस्तुत किया जा रहा है।

'ही ढोंग काशासाठी'?

यह ढकोसला क्यों?

शिवसेना विधायक विट्ठल चह्वाण की हत्या के दूसरे दिन महाराष्ट्र विधान मंडल में उन्हें श्रद्धांजलि अर्पित की गई। उस समय दोनों सदनों का वातावरण भावुकतापूर्ण हो गया था। विट्ठल चह्वाण का खाली आसन देखकर कई विधायक भावविह्वल हो गए। उनके पास के आसन पर बैठने वाले साबीर शेख उस दिन अपनी जगह पर बैठने का साहस नहीं जुटा पाए। कुल मिलाकर जनप्रतिनिधि की हत्या की घटना से वे विचलित हो गए थे। उस दिन के भाषण भी कुछ ज्यादा ही भावुक थे, ऐसा लगता है।

कहीं यह सारा मामला एक ढकोसला तो नहीं? ऐसा संदेह मन में जाग जाता

है। हमारे यहाँ परंपरा है कि मरने वाले के बारे में कुछ बुरा नहीं कहा जाता लेकिन मृत्यु से किसी का चरित्र बदल तो नहीं जाता।

'टाइम्स ऑफ इंडिया' के अनुसार विट्ठल चह्वाण राजनीति में आने से पूर्व परेल-लालबाग क्षेत्र में 'विठ्यादादा' के नाम से जाने जाते थे। इन पर कुछ आपराधिक किस्म के आरोप भी थे लेकिन चह्वाण की हत्या के लिए सरकार को दोष देते समय एक भी विधायक ने इन बातों का जिक्र करने की जरूरत नहीं समझी। कानून और व्यवस्था बनाए रखने की जिम्मेदारी सरकार की होती है—यह तो सच है, लेकिन विधायक ही अगर अपराधियों से गहरे संबंध रखे तो उसकी जिम्मेदारी किस पर होगी? इस सवाल का जवाब इस 'भावुक चर्चा' में नहीं मिल सका। चह्वाण की हत्या के लिए जिम्मेदार परिस्थितियाँ किसने बनाईं, इसका भी उत्तर देना इन विधायकों ने जरूरी नहीं समझा। अपराधियों को प्रतिष्ठा दिलाने में हर दल का हाथ रहा है। विट्ठल चह्वाण को श्रद्धांजलि अर्पित करने वाले इन विधायकों में से अनेक ने पिछले चुनावों में गुंडों की सहायता ली थी, ऐसी चर्चा खुले आम होती रही है। हत्या का आरोप सर पर लिए कई विधायक सदन में बैठते हैं। इन परिस्थितियों में इनमें से कितनों को यह नैतिक अधिकार है कि वे विट्ठल चह्वाण को श्रद्धांजलि अर्पित करें? इनमें से कुछ भाषण हम उदाहरण के रूप में लेते हैं।

सदन में शिवसेना के नेता गणेश नाईक के अनुसार चह्वाण की हत्या से मानवीय समाज व्यवस्था के ही लड़खड़ा जाने का खतरा उत्पन्न हो गया है। नाईक ने यह भी कहा कि सारा समाज निर्भयता से कैसे जी सकेगा, यही आज का प्रश्न है। ये उद्धरण नाईक को किसी ने लिखकर दिए या उन्होंने किताबों से उद्धृत किए, यह तो पता नहीं, लेकिन इन्हीं उद्धरणों को कसौटी मानकर अगर हम स्वयं नाईक के ठाणे-बेलापुर मतदाता क्षेत्र पर एक नजर डालें, तो कुछ अलग ही दृश्य दिखाई देता है। क्या नाईक छाती पर हाथ रखकर कह सकते हैं कि उन्होंने अपने क्षेत्र में कभी दहशत नहीं फैलाई?

इस क्षेत्र में नाईक की कई यूनियनें हैं तथा रेत का व्यवसाय भी है। अपनी ही रेत लेने के लिए नाईक इस क्षेत्र में नए उद्योगपतियों पर किस प्रकार दबाव डालते हैं, इसकी अनेक कहानियाँ इस क्षेत्र में सुनाई जाती हैं। पाताल गंगा परिसर में उनकी यूनियनों ने अपनी धाक जमा ली है। क्या नाईक यह कहना चाहते हैं कि इस दहशत के कारण 'समाज व्यवस्था' को मामूली सी खरोंच भी नहीं आई? सारे महाराष्ट्र का वातावरण भयरहित बनाने से पहले अगर वे सिर्फ अपने चुनाव क्षेत्र को ही दहशतमुक्त कर दें, तो विट्ठल चह्वाण की हत्या की जिम्मेदार परिस्थितियाँ फिर से नहीं बनेंगी।

दूसरा हास्यास्पद भाषण रहा शेकाप के नेता दत्ता पाटील का। श्मशान में बोलते समय भी वे राजनीति नहीं भूले, "नाकारा गृह विभाग की निष्क्रियता के कारण ही चह्वाण की हत्या हुई है तथा भ्रष्ट कांग्रेस को अब सत्ता से नीचे घसीटने की आवश्यकता

है।" दत्ता पाटील और उनके अलीबाग के भाई प्रभाकर पाटील का इतिहास दहशतवाद विरोधी नहीं रहा है। इस क्षेत्र की जिला परिषद जब शेकाप के हाथ में थी, तब प्रभाकर पाटील द्वारा मनमानी किए जाने की कई घटनाएँ हुई थीं। विरोध करने वालों के साथ मारपीट करने या उन्हें डराने-धमकाने के आरोप भी उन पर लग चुके हैं। दत्ता पाटील ने राजनीतिक चालें यूं चलीं कि इस सारे मामले में कॉंग्रेस के एक गुट ने भी उन पर अपना वरदहस्त रख दिया। महाराष्ट्र सरकार का गृह विभाग इस मामले पर जब चुप्पी साधे था, तब तो दत्ता पाटील ने एक शब्द नहीं कहा था। विधान परिषद में शिवसेना नेता प्रमोद नवलकर और सुधीर जोशी बोले। उन पर गुंडागर्दी का आरोप कोई नहीं लगा सकता। बल्कि वे तो सेना के समझदार नेताओं में से हैं, लेकिन चह्वाण की हत्या की परिस्थिति कैसे बनी—यह उन्हें अपने आपसे पूछना चाहिए था। पिछले साल नगर सेवक विनायक बाबले की हत्या कैसे हुई और किसने की, इसका भी शायद उन्हें पता हो। मैं यह नहीं कहना चाहता कि सेना के खून खराबे से, अंतर्कलहों से उनका कोई संबंध है। ऐसा कहना उन पर अन्याय होगा। खून खराबे से ये दोनों नेता हमेशा दूर रहे हैं। लेकिन कानून के अनुसार हत्या करने वाला तथा मूकदर्शक बना रहने वाला दोनों समान रूप से दोषी होते हैं, सेना में पल रही हिंसक प्रवृत्ति के खिलाफ नवलकर जोशी ने आज तक आवाज नहीं उठाई। सेना प्रमुख की मनमानी का विरोध जैसे डॉ. हेमचंद्र गुप्ता ने किया था, वैसे अगर इन दोनों ने किया होता तो आज परिस्थिति हाथ से बाहर नहीं जाती। सेना को सही राह पर चलने में मदद मिलती। लेकिन डॉ. गुप्ता का साथ किसी ने नहीं दिया। विट्ठल चह्वाण के लिए आंसू बहाते समय नवलकर जोशी को इतिहास याद नहीं, यह नहीं कहा जा सकता। इसीलिए उनके आँसू ढोंग के तो नहीं लगते, लेकिन इनसे बेबसी तथा हीनता का संकेत मिलता है। इस तरह के दीनतापूर्ण रवैये से खून-खराबे पर रोक नहीं लगाई जा सकती।

सदन के भाषण कितने आडंबर भरे हैं। यह सिद्ध करने वाले और भी कई उदाहरण दिए जा सकते हैं। कांग्रेसजनों के बारे में न बोलना ही बेहतर होगा। राजनीति में गुंडागर्दी लाने का श्रेय उन्हीं का है। कॉमरेड कृष्णा देसाई की हत्या किसकी प्रेरणा से हुई, यह तो अब सारा महाराष्ट्र जानता है। उस समय इस हत्या का आरोप शिवसेना प्रमुख पर लगाया जा रहा था, लेकिन कहा जाता है कि उन्हें तत्कालीन मुख्यमंत्री बसंत राव नाईक ने बचाया। यानी कांटे बोये थे कांग्रेसियों ने। फर्क सिर्फ इतना है कि अब परिस्थिति उनके नियंत्रण में नहीं रही। फिर भी इन जनप्रतिनिधियों को संदेह का लाभ मिल सकता है। उन पर एकदम ढकोसलेबाजी का आरोप न लगाते हुए हम यह मान लेते हैं कि चह्वाण की हत्या से उन्हें वाकई पश्चाताप हुआ है, लेकिन यह पश्चाताप महज एक दिखावा नहीं है, यह सिद्ध करने के लिए इन लोगों को कुछ निश्चय करने होंगे। चह्वाण की हत्या जैसी परिस्थिति फिर से न बने, यह

तो इन्हीं के हाथ में है, क्योंकि यह परिस्थिति इन्होंने ही बनाई है। अगर ये चाहते हैं कि फिर ऐसी हत्याएँ न हों तो सभी राजनीतिक पार्टियों को निम्नलिखित निश्चय करने होंगे :

राजनीति में गुंडों की सहायता नहीं लेंगे। अगर पुलिस गुंडों को पकड़ती है, तो उन्हें छुड़ाने के लिए अपने प्रभाव का उपयोग नहीं करेंगे।

गुंडों द्वारा जमा की गई राशि से पार्टी का और अपना खर्च नहीं चलाएंगे। ये सारे झमेले होते हैं, चुनावों में खर्च किए जाने वाले बेहिसाब पैसों के कारण, अगर राजनीतिक पार्टियां यह तय करती हैं कि वे चुनाव कम से कम खर्च पर लड़ेंगी, तो मर्ज ही नहीं रहेगा।

इस प्रकार के निश्चय हमारी राजनीतिक पार्टियां करेंगी भी या नहीं, यह बताया नहीं जा सकता। क्योंकि ये निश्चय ही सड़ी-गली व्यवस्था को चुनौती दे सकते हैं। लेकिन इस प्रकार की चुनौती देने की शक्ति आज के राजनीतिज्ञों में नहीं है। इसका मतलब साफ है कि जब तक उनमें ऐसी शक्ति, चाहे वह उनके अपने अस्तित्व के लिए ही क्यों न हो, नहीं आती, तब तक ऐसी हत्याएं होती ही रहेंगी। श्रद्धांजलि की भावुकता भले ही थोड़ी कम-ज्यादा होती रहे।

(आपलं महानगर, बंबई, 22-3-1992)

इस लेख को सदन की अवमानना मान लिया गया। महाराष्ट्र विधानसभा की विशेषाधिकार समिति ने 22 अप्रैल को संपादक की गिरफ्तारी का हुक्म दिया। उन्हें चार दिन की जेल हुई। संपादक को सच लिखने की सजा भुगतनी पड़ी। पर लोकतंत्र का क्रूर मजाक उड़ानेवाले सांसदों या विधायकों का नाटक जारी है। हर राज्य में ऐसे उदाहरण हैं, तमिलनाडु विधानसभा में अनेक सदस्यों के कुर्ते फाड़ दिए गए थे। धकका-मुक्की हुई। एक महिला सदस्य को अपमानित किया गया जो बाद में मुख्यमंत्री हुईं। 18 सितंबर 1996 को गुजरात विधानसभा में हिंसा हुई। सदस्यों ने एक दूसरे पर पेपरवेट, माइक्रोफोन, माइक स्टैंड आदि से हमला किया। इसमें कई सदस्य तो घायल हुए ही। संसदीय गरिमा और नैतिकता भी लहूलुहान हुई।

सदन की अवमानना के कई मामले हैं। एक बार कोई केशव सिंह के मामले में सुप्रीम कोर्ट का दिया गया फैसला काफी महत्वपूर्ण है। केशव सिंह ने एक सांसद के खिलाफ अन्य चीजों के अलावा पंपलेट भी छापा तो यह विशेषाधिकार हनन का मामला बन गया। संसद ने केवल सिंह को सदन की अवमानना के आरोप में सात दिल की जेल की सजा सुनाई। केशव सिह की तरफ से इस फैसले को इलाहाबाद हाई कोर्ट में चुनौती दी गई। इलाहाबाद हाई कोर्ट ने केशव सिंह को जमानत पर रिहा करने का निर्देश दिया तो सदन ने रिहाई का आदेश देने वाले दो जजों को भी विशेषाधिकार हनन का दोषी पाया और उन्हें हिरासत में लेने का प्रस्ताव पारित किया। संसद के इस प्रस्ताव के विरुद्ध दोनों जजों ने हाई कोर्ट में याचिका दायर

की। हाई कोर्ट के सभी 28 जजों ने मामले की सुनवाई की और संसद के प्रस्ताव के क्रियान्वयन पर रोक लगा दी। उस स्थिति में राष्ट्रपति ने कानूनी सलाह के लिए मामले की सुप्रीम कोर्ट को सुपूर्द किया। तब सुप्रीम कोर्ट ने 30 सितंबर 1964 को कहा कि जजों के फैसले पर उंगली नहीं उठाई जानी चाहिए। न ही उनके विरुद्ध कार्रवाई होनी चाहिए क्योंकि ऐसा होने पर न्यायपालिका की आजादी खतरे में पड़ जाएगी। सुप्रीम कोर्ट ने यह भी कहा कि संसद अपनी अवमानना के लिए किसी को दंडित कर सकती है पर इसका यह अर्थ नहीं कि संसद का फैसला अन्यायपूर्ण भी हो सकता है। सुप्रीम कोर्ट की यह भी मान्यता थी कि यदि संसद ने विशेषाधिकार हनन के मामले पर दुर्भावना और पूर्वाग्रह पूर्ण फैसला सुनाया है तो उसे अदालत में चुनौती दी जा सकती है।

सबसे बड़ी विडंबना यह है कि विशेषाधिकारों की कोई सीमा नहीं है। वे असीमित हैं। इनकी कोई परिभाषा नहीं। ये संहिताबद्ध नहीं हैं। सदन या सदन का सदस्य चाहे जिस मसले को विशेषाधिकार हनन का मामला बना दे। प्रेस के लिए यह एक मुश्किल स्थिति है। संसद या विधानमंडलों में जन प्रतिनिधि प्रश्नकाल, शून्य काल, ध्यानाकर्षण प्रस्ताव, स्थगन प्रस्ताव, विशेष उल्लेख, बहस, अभिभाषण के जरिए देश, समाज और अपने क्षेत्र के मुद्दे उठाते हैं। उनके बारे में जनता को साफ-साफ बताया जाना चाहिए कि नहीं? लोकतंत्र में जनता को समसामयिक घटनाओं पर स्वतंत्र और पूरी जानकारी पाने का पूरा हक है। क्या जनता को यह जानने का अधिकार नहीं कि उसने जिन जन-प्रतिनिधियों को चुनकर संसद या विधानमंडलों में भेजा है, वे सदन के भीतर क्या कर रहे हैं? उनके हर क्रियाकलाप से जनता को क्यों न वाकिफ कराया जाए? इस संदर्भ में प्रेस पर कोई बंदिश क्यों रहे? प्रथम प्रेस आयोग ने कहा था, ''विधायिका द्वारा दिए गए कुछ दंड ऐसे हैं जिनके बारे में कहीं सुनवाई नहीं हो सकती। इसलिए विधायिका को अपने अधिकार, विशेषाधिकार और स्वतंत्रता का बहुत सावधानी से उपयोग करना चाहिए।''

अब जबकि जन-प्रतिनिधियों के आचरण पर ही प्रश्नचिह्न लगने लगे हैं, ऐसे में तो जनता को संसद के भीतर की वास्तविकता से परिचित कराना और जरूरी हो गया है। आखिर उचित जानकारी से जनता को क्यों वंचित रखा जाए। संसद देश की सर्वोच्च प्रतिनिधि संस्था है। संसद पर हर सेकेंड करीब नौ हजार रुपए खर्च किए जाते हैं। हर सांसद पर हर माह औसतन एक लाख रुपए व्यय किए जाते हैं। संसद का समय किस तरह फिजूल बर्बाद किया जाता है, इसका अंदाजा यहाँ दिए गए दो उदाहरणों से लगाया जा सकता है।

आठ अगस्त 1991 को केंद्रीय मंत्री माधव राव सिंधिया द्वारा कहे गए एक शब्द को लेकर दिनभर लोकसभा में नारेबाजी और शोरगुल होता रहा। श्री सिंधिया द्वारा भाजपा नेताओं को देशद्रोही कहे जाने से लोकसभा में इस दिन अप्रत्याशित

गतिरोध की स्थिति पैदा हो गई। भाजपा ने इस मसले पर एक दिन लोकसभा चलने ही नहीं दी। भाजपा सदस्यों के हंगामे के कारण लोकसभा की बैठक पाँच बार स्थगित हुई। भाजपा सदस्यों की माँग थी कि श्री सिंधिया या तो 'देशद्रोही' शब्द के प्रयोग के लिए माफी मांगें या इस्तीफा दें या सरकार उन्हें बर्खास्त करे। लोकसभा की बैठक पहली बार 11 बजकर 5 मिनट पर, दूसरी बार 11 बजकर 45 मिनट पर, तीसरी बार 12 बजकर 45 मिनट पर, चौथी बार दोपहर बाद ढाई बजे और पांचवीं बार शाम पाँच बजे, अगले दिन 11 बजे तक के लिए स्थगित की गई। पाँचों बार सदन का दृश्य एक ही जैसा रहा। सदन की बैठक शुरू होते ही भाजपा के सदस्य नारे लगाते हुए अध्यक्ष के आसन के सामने खड़े हो जाते और अध्यक्ष या पीठासीन अधिकारी को बाध्य होकर सदन की कार्यवाही स्थगित करनी पड़ती। इस दौरान राष्ट्रीय मोर्चा और वाममोर्चा के सदस्य निर्विकार बैठे रहे। लोकसभा की पिछले दिन की कार्यवाही के अनुसार श्री सिंधिया ने अपने व्यक्तिगत स्पष्टीकरण में कहा था, मैं जानता हूँ कि उस राजनीतिक पार्टी में, पार्टी द्वारा अपनाई जा रही धार्मिक कट्टरपंथी नीति के विरोधी मौजूद हैं। आधिकारिक रिकार्ड के अनुसार श्री सिंधिया ने कहा, "कोई भी पार्टी या नेता चाहे वे किसी भी धर्म के हों, यदि देश को धर्म के नाम पर बाँटना चाहते हैं तो वे निःसंदेह राष्ट्रहित के खिलाफ काम कर रहे हैं और मेरे शब्दकोश में उनके लिए देशद्रोही के अलावा और कोई परिभाषा नहीं।"

और इस तरह एक मंत्री के कहे एक शब्द को लेकर लोकसभा का दिनभर का समय बर्बाद हुआ। संसद का मूल्यवान समय बर्बाद किए जाने के कई उदाहरण हैं। इसी तरह 6 सितम्बर 1990 को राज्यसभा में 'बदतमीज' शब्द को लेकर सदन में पाँच घंटे से ज्यादा समय तक 'बहस' चली। स्थिति को समझने के लिए सदन की इस दिन की इस बहस पर ही एक नजर दौड़ाई जाए।[1] बदतमीज या बदतमीजी शब्द के लिए* का प्रयोग किया गया है जबकि सदन में शोर-शराबे, छीना-झपटी आदि के लिए व्यवधान शब्द उपयोग में लाया गया है।

श्री अटल बिहारी वाजपेयी—महोदया, यह किस प्रक्रिया के अनुसार काम हो रहा है?

उप-सभापति—बहुत सी चीजें प्रक्रिया के खिलाफ भी होती हैं।

श्री सुब्रह्मण्यम स्वामी—उसी प्रक्रिया के अनुसार मंदिर बन रहा है।...(व्यवधान)

श्री अटल बिहारी वाजपेयी—अगर ऐसा है तो मुझे कुछ नहीं कहना। मैं चेयरमैन साहब से मिला था और उन्होंने मुझसे कहा कि मैं स्पेशल मेंशन कर सकता हूँ लेकिन ऐसा लगता है कि स्पेशल मेंशन से भी ज्यादा स्पेशल मेंशन यहाँ हो रहे हैं। मैं जो मामला उठाना चाहता हूँ, वह कम गंभीर नहीं है...(व्यवधान)। अगर मैं भी बीच

---

1. संसद ऐसे चलती है—अनिल चमड़िया।

में चिल्लाना शुरू कर दूँ...(व्यवधान)

उप-सभापति—अटल जी, सवाल यह है कि इस हाउस में आप नए तो नहीं हैं। आप रोज ही देखते हैं कि हाउस में स्पेशल मेंशन से पहले 10-5 मिनट कोई न कोई बोलता है। अगर अटल जी आप समझते हैं तो आप इसमें चेयरमैन की मदद कर सकते हैं। मैं बड़ी खुशी से स्पेशल मेंशन शुरू कर देती हूँ। सब की बात बंद हो गई।

श्री अटल बिहारी वाजपेयी—श्री गुरुदास दासगुप्ता ने जो कुछ कहा, वह स्पेशल मेंशन में आ सकता था। अगर स्पेशल मेंशन के रूप में आप श्री दासगुप्ता को अनुमति देतीं तो मुझे कोई आपत्ति नहीं होती।

उप-सभापति—जब मैं 12 बजे हाउस में आती हूँ तो मेम्बरों से मिलने की कोशिश करती हूँ।

श्री सुरेश कलमाडी—स्वागत...(व्यवधान)

उप-सभापति—ठहरिए, यदि स्वागत करने का यही तरीका है तो मैं समझती हूँ कि लोगों के स्वागत करने का यह आपका तरीका बिल्कुल अजूबा है। मैं कभी नहीं जानती थी कि ये* भी आपकी संस्कृति में स्वागत करने का एक हिस्सा है लेकिन मेरा नहीं है। मैं बहुत दुखी हूँ। मैं इस सदन को कुछ व्यवस्था के तहत चलाता चाहती हूँ और इसीलिए मैं हर समय सदस्यों से नियमों के पालन के लिए कहती हूँ। अब यदि यहाँ नियम कानून हैं और आप समझते हैं कि ऐसे ही स्वागत किया जाता है, तो प्रत्येक दिन ऐसा करने के लिए मैं आपका स्वागत करूँगी। मुझे इसमें कोई आपत्ति नहीं है।

श्री गुरुदास दासगुप्ता—मैडम, हम आपके इस विचार से पूरी तरह सहमत हैं। ..व्यवधान...व्यवधान...

श्री सुरेश कलमाडी—यह जनहित में एक महत्त्वपूर्ण मुद्ददा है। यह व्यवस्था नहीं है।

उप-सभापति—श्री गुरुदास दासगुप्ता, कृपया बैठ जाएँ। यदि यह एक मजाक है तो मैं समझती हूँ कि यह एक बिल्कुल अलग तरह का मजाक है। यह मेरे सर के ऊपर से गुजर रहा है। यदि यही हकीकत है तो तब ठीक है। यदि यह एक मजाक का तरीका है, तो मैं नहीं समझती कि मैं इस तरह के मजाक में कोई योगदान कर सकती हूँ। मैं बहुत दुखी हूँ इसके लिए। मैं श्री हिफेर्स के साथ आगे की कार्रवाई शुरू करूँ। अब मैं यह जानना चाहती हूँ कि सदस्यगण क्या चाहते हैं। यह ठीक है। अभी श्री हिफेर्स यहाँ नहीं हैं। सुश्री सरोज खापर्डे।

श्री सुब्रह्मण्यम स्वामी—मैडम, मैं व्यवस्था के सवाल पर बोलने के लिए खड़ा हुआ हूँ।

उप-सभापति—यदि एक व्यवस्था का सवाल है तो मैं आपको बोलने की इजाज़त

दूँगी...व्यवधान...नहीं, मैं किसी सदस्य को बोलने की इजाजत नहीं देने जा रही हूँ। मैं दुखी हूँ। मैं हवाई शिकायत करने वालों को इजाजत देने जा रही थी। लेकिन अब इस तरह की टिप्पणी की गई है, मैं दुखी हूँ। मैं नियमों के तहत आगे की कार्रवाई करूँगी।

श्री कमल मोरारका—कृपया इसे गंभीरता से नहीं लीजिए।

उप-सभापति—ठीक है, ठीक है। यह बहुत अच्छा है। मैं खुश हूँ कि इस तरह की टिप्पणी की गई।

श्री दीपेन घोष—क्या एक मिनट बोलने की इजाजत देंगी।

उप-सभापति—श्री दीपेन घोष, आप अपनी सीट पर कृपया बैठें।...व्यावधान...कृपया बैठ जाइए। केवल एक मिनट—मैंने श्री स्वामी को कहा है।

श्री सुब्रह्मण्यम स्वामी—मैडम, जिस दिन से सदन की कार्यवाही प्रारंभ हुई उस दिन से आज तक मैं रोज कुलदीप सिंह कमीशन पर चर्चा की माँग को लेकर नोटिस देता आया हूँ इसलिए कि देश इस संबंध में सच्चाई जानना चाहता है। सदन का सत्र कल ही समाप्त होने वाला है, मैं जानना चाहूँगा कि मेरे नोटिस का क्या हुआ है। यह कार्यवाही में दर्ज किया गया होगा।

उप-सभापति—क्या यह विशेषाधिकार संबंधी (नोटिस ऑफ प्रिविलेज) सूचना थी।

श्री सुब्रह्मण्यम स्वामी—यह विशेषाधिकार हनन संबंधी नोटिस नहीं थी, यह अल्पकालीन चर्चा के लिए नोटिस थी।

उप-सभापति—ये सारी बातें सदन में नहीं उठाई जातीं। श्री सुब्रह्मण्यम स्वामी आप विशेषाधिकार या प्रस्ताव या अल्पकालीन चर्चा की माँग संबंधी बातें या अन्य इस तरह की कोई बात, सभापति के समक्ष उचित समय पर उठाएँ।

श्री सुब्रह्मण्यम स्वामी—मैं वह करके भी देख चुका हूँ।

उप-सभापति—ठीक है, मैं इस बात के लिए दुखी हूँ कि आपकी माँग कार्यवाही में दर्ज नहीं हो सकी। मैं इसमें कुछ नहीं कर सकती हूँ क्योंकि सभापति हमारे ऊपर हैं और वे इसकी मंजूरी नहीं देते हैं...

श्री सुब्रह्मण्यम स्वामी—आज आप सब कुछ हैं।

उप-सभापति—सब कुछ नहीं। मैं सब कुछ नहीं हूँ। मैं समझती हूँ कि आप इस सदन और दूसरे सदन के भी सदस्य रहे हैं। आप जानते हैं कि जब तक सभापति मंजूरी नहीं दे देते या बिजनेस ऐडभाइजरी कमेटी किसी को चर्चा के लिए समय नहीं निर्धारित कर देती, मैं या इस कुर्सी पर बैठा कोई व्यक्ति इसे नहीं कर सकता। कृपया अपना स्थान ग्रहण करें।

श्री सुब्रह्मण्यम स्वामी—कुलदीप सिंह कमीशन बहुत ही महत्त्वपूर्ण मुद्दा है।

उप-सभापति—प्वाइन्ट ऑफ आर्डर क्या है? अब ठीक है। अगर यही प्वाइन्ट आफ आर्डर है तो कृपया इसे मुझे जानने दिया जाए।

श्रीमती जयन्ती नटराजन–मैंने भी एक नोटिस दी है...

उप-सभापति– यह प्वाइंट ऑफ आर्डर में नहीं आ सकता। आप विशेषाधिकार संबंधी सूचना की चर्चा सभापति से करें। अगर वे इसकी स्वीकृति देते हैं तो मैं भी दे दूँगी चूंकि एक व्यक्ति ने टिप्पणी कर दी है, इसलिए नियमों के तहत चल रही हूँ, अब मैं नियमों के तहत चल रही हूँ मिसेज सरोज खापर्डे, आप अपनी विशेष चर्चा (स्पेशल मेन्शन) संबंधी बातें कहें।

श्रीमती जयन्ती नटराजन–किसी व्यक्ति ने किसी बात पर कुछ कह दिया है, आपको हम सबको इसके लिए दंडित नहीं करना चाहिए।

उप-सभापति–बहस नहीं करें (व्यवधान)

श्री कमल मोरारका–मैडम, कुवैत के घिरे हुए भारतीयों का क्या हुआ? यह बहुत ही महत्त्वपूर्ण बात है।

उप-सभापति–इसे विशेष चर्चा के लिए लाया जा रहा है। मैं इसे स्वीकृति दे रही हूँ लेकिन अभी मैंने सरोज खापर्डे को उनकी विशेष चर्चा संबंधी बात रखने की स्वीकृति दी है।

श्री बी. नारायण स्वामी–मैडम, मैं जानना चाहता था...(व्यवधान)

उप-सभापति–सरोज खापर्डे, आप मेरे सामने आ जाएँ। आप मेरी सीट के नजदीक आकर बोल सकती हैं।

श्री दीपेन घोष–मैडम, क्या मुझे आप एक मिनट समय देंगी।

उप-सभापति–श्री दीपेन घोष, मैं आपको बोलने की इजाजत नहीं दे रही हूँ। कृपया अपना स्थान लें, मैं आपको कुछ भी कहने की अनुमति नहीं दे रही हूँ।

उप-सभापति–सरोज खापर्डे, आप अपनी विशेष चर्चा संबंधी बात बोलेंगी या नहीं? (व्यवधान) मैंने सरोज खापर्डे को बोलने का मौका दिया है, आप सब कृपया बैठ जाएँ...

श्री बी. नारायण स्वामी–यह गंभीर बात है।

उप-सभापति–कृपया बैठ जाएँ, मैंने सदस्या को इजाजत दी है। सभापति द्वारा विशेष रूप से स्वीकृति दी गई दूसरी महत्त्वपूर्ण बातें भी हैं, मैं उन्हीं सब बातों पर अनुमति दूँगी।

श्री बी. नारायण स्वामी–यह बहुत ही गंभीर बात है...

उप-सभापति–यह गंभीर हो सकता है, आप इसे विशेष चर्चा के रूप में कल या किसी दूसरे दिन उठा सकते हैं। (व्यवधान) मैं इसे इजाजत देने जा रही थी लेकिन जब किसी ने मुझ पर टिप्पणी कर दी है, मुझे अपनी प्रतिक्रिया व्यक्त करनी पड़ेगी और मैंने अपनी प्रतिक्रिया व्यक्त की है। यह मैं अंतिम रूप से कह रही हूँ मैं झुकने नहीं जा रही हूँ। इसलिए शोर शराबा मचाने से कोई फायदा नहीं है। मैं बदलने नहीं जा रही हूँ। (व्यवधान) मैं इजाजत नहीं दे रही हूँ। मैंने स्वीकृति दे दी होती

लेकिन जब आपने सभापति की कुर्सी पर टिप्पणी की है और उस पर किसी सदस्य ने कोई प्रतिक्रिया जाहिर नहीं की है तो मुझे जवाब देना ही पड़ेगा। बात खत्म। मैं इजाजत नहीं दे रही हूँ।

श्रीमती जयन्ती नटराजन–यह बहुत दुर्भाग्यपूर्ण है...

उप-सभापति–भाग्यपूर्ण या दुर्भाग्यपूर्ण, इसका निर्णय आप पर निर्भर है।

कुछ सदस्य–हम सब इसकी आलोचना करते हैं।

उप-सभापति–हम उन सदस्यों की आलोचना करें जो आए दिन सभापति की कुर्सी के विरुद्ध टिप्पणी करते हैं। मैं बहुत खुश और कृतज्ञ होऊँगी। अगर इन बातों को लेकर आप मुद्दा बनाते हैं तो मुझे बहुत खुशी होगी (व्यवधान)। अगर आप इस तरह की टिप्पणियों पर सदन का बहिष्कार करते हैं तो मुझे और खुशी होगी।

श्रीमती जयन्ती नटराजन–मैं बहिष्कार करने नहीं जा रही हूँ।

उप-सभापति–आपने कहा था कि आप इसकी आलोचना करेंगी (व्यवधान) मैंने इसकी इजाजत दे दी होती लेकिन इसके बाद नहीं, कृपया मुझे कार्यवाही चलाने दें।

श्री सुरेश कलमाडी–व्यवस्था के प्रश्न पर...

उप-सभापति–मैं किसी को भी प्वाइंट ऑफ आर्डर की स्वीकृति नहीं दे रही हूँ।

श्री सुरेश कलमाडी–मैंने जो टिप्पणी की है, उस पर आप इस तरह कैसे बोल सकती हैं? मैं नहीं जानता, कृपया मुझे नहीं कहें, कृपया इसे रेकार्ड से हटा दें।

उप-सभापति–मैं इसे रेकार्ड से बाहर नहीं रखूँगी।

श्री सुरेश कलमाडी–आपको इसे रेकार्ड से बाहर करना होगा, मैंने कहा था कि हम सब आपका स्वागत करते हैं।

उप-सभापति–मैं इसे रेकार्ड से बाहर नहीं रखूँगी।

उप-सभापति–लेकिन क्या यही तरीका है सभापति की कुर्सी का स्वागत करने का, मैं दस मिनट के लिए सदन की कार्यवाही स्थगित करती हूँ। जाएँ और मामले को सुलझाएँ।

12.23 मिनट पर सदन स्थगित हो गया।...

12.48 मिनट पर सदन फिर शुरू हुआ, बाइस चेयरमैन (श्री एम.ए. बेबी) आसन पर बैठते हैं।

श्री एम.ए. बेबी–अब, सदन भोजन-वास्ते 2 बजे तक के लिए स्थगित किया जाता है।

....

12.49 पर पुनः सदन स्थगित हो जाता है।

....

2.3 बजे पुनः सदन शुरू होता है।

उप-सभापति—श्रीमती सरोज खापर्डे...

श्री सुरेश कलमाडी—मैडम, सदन स्थगित करने के पूर्व आपने मुझ पर बहुत ही दुर्भाग्यपूर्ण टिप्पणी की थी, आपने मुझे* कहा था। मैं आपसे प्रार्थना करता हूँ कि आप अपने शब्द वापस ले लें।

उप-सभापति—मैंने कभी आपको* नहीं कहा (व्यवधान) क्या आप बैठेंगे? मैंने यह नहीं कहा कि आप* हैं। मैंने कहा...और यह आपके कहे जाने के उस संदर्भ में था जिसमें आपने कहा था—कि जो स्वागत होता है हाउस में, जो मैं कही वह आपके कथन के संदर्भ में ही निहित था—कि वह स्वागत* का स्वागत अगर आपकी सभ्यता है, तो मेरी सभ्यता नहीं है, यह उस 'स्वागत' के संदर्भ में था, आपके लिए नहीं। मैं पुनः कहूँगी कि यह मेरी संस्कृति (व्यवधान) श्री कलमाडी, कृपया एक मिनट।

डा. रत्नाकर पाण्डेय—यह शब्द किसके लिए इस्तेमाल...(व्यवधान)

अजीत जोगी—यह शब्द जो इस्तेमाल...(व्यवधान)

सुरेश कलमाडी—कृपया अपनी टिप्पणी वापस लें।

उप-सभापति—प्लीज श्री कलमाडी...

सुरेश कलमाडी—मैंने कहा न कि ये हास्य और मजाक में हुआ, जब मैंने कह दिया कि यह मजाक या (व्यवधान)...यह बहुत दुखद बात है कि केंद्रीय हॉल में प्रत्येक व्यक्ति इस शब्द का इस्तेमाल कर रहे हैं। (व्यवधान)

उप-सभापति—श्री कलमाडी, क्या आप अपनी जगह लेंगे? वह उस संदर्भ में था जिसमें आपने कहा—कि बारह बजे आपका स्वागत होता है। मैंने कहा कि आर आई सेड बारह बजे। दैन आई सेड, अटल जी की बात...(व्यवधान)

श्री सुरेश कलमाडी—मैंने कभी उस शब्द का प्रयोग नहीं किया।

उप-सभापति—अच्छा आपने नहीं कहा, मैं कह रही हूँ। श्री अटल जी ने जब यह कहा...(व्यवधान) प्लीज, अगर आप इधर उधर न देखें, मेरी बात सुन लीजिए।

श्री सुरेश कलमाडी—मैं आपकी बात ही सुन रहा हूँ।

उप-सभापति—आप बैठिए तो, गंभीरतापूर्वक सुन लीजिए।

उप-सभापति—आवेश में न आइए। आपने खाना खाया है या नहीं।

श्री सुरेश कलमाडी—खाना नहीं खाया हूँ।

उप-सभापति—मैंने खाना खा लिया है। जब अटल जी ने कहा कि गुरुदास दासगुप्त बोल रहे हैं, यह दूसरे लोग बोलें, तो किस नियम के तहत बोल रहे हैं। उस पर सुब्रह्मण्यम स्वामी जी ने कहा कि जिस रूल के तहत मंदिर बन रहा है, उसी रूल के तहत बोल रहे हैं। (व्यवधान) आई डोंट नो। हिंदी में उन्होंने क्या लफ्ज कहा था। कार्यवाही। मेरी हिंदी बहुत अच्छी नहीं है। तो जो मैं समझ सकी हूँ, वही कह रही हूँ, वह बात खत्म हो गई, उस पर आपने कहा, मैंने कहा कि आप अटल जी, इस हाउस के अंदर बहुत दिनों से मेम्बर हैं, आप देख रहे हैं रोज 12.00 बजे

जब मैं चेयर पर आती हूँ तो क्या होता है। मैं एक्सप्लेन करने की कोशिश कर रही थी कि आप देख रहे हैं कि इस तरह के मुद्दे उठते हैं दोनों तरफ से, इधर से ज्यादा उठते हैं, उधर से कम उठते हैं या किधर से ज्यादा उठते हैं, इसका यहाँ सवाल नहीं है। मुद्दे तो उठते हैं और आप देख रहे हैं। मैंने सिर्फ इतनी ही बात कही, तो आपने कहा कि आपका हम 12.00 बजे स्वागत करते हैं। यह आपका हम स्वागत ...(व्यवधान) ठीक है, आपने 12 नहीं कहा...(व्यवधान)।

श्री सुरेश कलमाडी—हम आपका स्वागत करते हैं।

उप-सभापति—हाँ, तो उस पर मैंने कहा कि अगर यही तरीका स्वागत का है, अगर इसी* का तरीका आपकी...(व्यवधान)

एक माननीय सदस्य—आप यह वर्ड वापस लो।

उप-सभापति—मैं कोई वर्ड वापस नहीं लूँगी।

श्री सुरेश कलमाडी—आपको इसे वापस लेना होगा। आपने यह शब्द इस्तेमाल किया है। अतः आपको वापस भी लेना पड़ेगा।

उप-सभापति—मैं कोई शब्द वापस नहीं लेती (व्यवधान) कृपया अपनी जगह लें, कृपया बैठ जाएँ। कृपया इस तरह का व्यवहार न करें।

उप-सभापति—कृपया बैठ जाएँ। मैं श्री शिवशंकर से आग्रह करूँगी कि उर्दू भाषा में कहें कि उस शब्द* का क्या मतलब है...(व्यवधान)

श्री सुरेश कलमाडी—कृपया इसे वापस लें।

उप-सभापति—मैं श्री शिवशंकर से आग्रह करूँगी कि 'तमीज' और * शब्द का मतलब स्पष्ट करें। वे एक नेता हैं...(व्यवधान)

श्री सुरेन्द्रजीत सिंह अहलुवालिया—मैडम, क्या * शब्द अनपार्लियामेंट्री नहीं है? हम इस पर आपकी रूलिंग चाहते हैं।...(व्यवधान)

डा. रत्नाकर पांडेय—आप इस सदन में...(व्यवधान) * क्यों कहा...(व्यवधान)

उप-सभापति—मैंने व्यवहार के बारे में बात कही थी। रत्नाकर पाण्डेय जी, आप हिन्दी के बड़े विद्वान हैं, व्यवहार * का होता है, इंसान * नहीं होता।

डा. रत्नाकर पाण्डेय—यह स्वयं में बहुत ही गिरा हुआ शब्द है और इससे बड़ी कोई गाली नहीं हो सकती है, इसलिए आप इसे वापस ले लें। इसे प्रतिष्ठा का प्रश्न न बनाएं।...(व्यवधान)

उप-सभापति—मैं श्री शिवशंकर से कहूँगी। मैं इसे उन पर छोड़ दूंगी। वे आपके पार्टी के नेता हैं। अगर वे कहेंगे कि यह शब्द * अनपार्लियामेंट्री है, मैं वापस ले लूँगी।

श्री सुरेश कलमाडी—और वह लहजा जिसमें आपने कहा?

उप-सभापति—और उस लहजे के बारे में क्या कहा जाए जिसमें आप बात कर रहे हैं? इसे मैं क्या कहूँ? मैं सदन में हमेशा व्यवस्था बनाए रखने की कोशिश

करती हूँ। मैं श्री शिवशंकर से कहूँगी। वे उर्दू के विद्वान हैं।

एक माननीय सदस्य—आप उनको कहिए?

उप-सभापति—उनको उर्दू उतनी नहीं आती, जितनी श्री शिवशंकर जी को आती है।...(व्यवधान)

एक माननीय सदस्य—चह्वाण साहब जानते हैं।...(व्यवधान)

उप-सभापति—चह्वाण साहब बोलें।...(व्यवधान)

डा. रत्नाकर पाण्डेय—मैडम, उस शब्द को वापस लेने से आपकी प्रतिष्ठा बढ़ेगी, कम नहीं होगी।

उप-सभापति—मेरी प्रतिष्ठा की आप चिंता न करें।

डा. रत्नाकार पाण्डेय—नहीं-नहीं, हम चिंता न करें।

उप-सभापति—न करिए, बड़ी मेहरबानी होगी।

श्री एस.बी. चह्वाण—सुबह में जो बात हुई है, वह बहुत अनफारचुनेट किस्म की बात हुई और हम लोगों को यह उम्मीद नहीं थी कि इस किस्म के शब्द का प्रयोग इस सभागृह के अन्दर होगा।

उप-सभापति—किस किस्म के वर्ड का प्रयोग?

श्री एस. वी. चह्वाण—यह लफ्ज इस्तेमाल करना। जिस ढंग से यह शब्द इस्तेमाल हुआ है, वह देखने के बाद सबके दिल में यह भावना पैदा हुई है कि चेयर की तरफ से इस किस्म की बात आना, यह नामुनासिब बात है।

उप-सभापति—और मैम्बर्स की तरफ से...(व्यवधान)

श्री एस.वी. चह्वाण—नहीं-नहीं, मैम्बर्स भी अगर गलती करते हैं तो मैम्बर्स को आप जरूर कहिए, लेकिन...(व्यवधान)

उप-सभापति—प्लीज, चह्वाण साहब बोल रहे हैं। आप जरा थोड़ी देर कष्ट करेंगे...(व्यवधान)

श्री अजीत जोगी—इससे हम सब की भावना...(व्यवधान) बोलने तो दीजिए।

श्री अजीत जोगी—हम सब की भावना को ठेस पहुँची है।

उप-सभापति—बहुत अच्छा है कि कभी तो ठेस पहुँची, अंदाजा तो हुआ है।

श्री एस.बी. चह्वाण—आपके दिल में वह भावना होगी ऐसा मुझे लगता नहीं, लेकिन फिर भी यह रेकार्ड पर रहने के बाद अगर * लफ्ज यह पार्लियामेन्ट्री ढंग से हर आदमी इस्तेमाल कर सकता है...।

अगर बात उसमें से पैदा होती है तो सभागृह के अंदर ऐसी हालत पैदा हो जाएगी कि हम जो पैदा नहीं होने देना चाहते। इसलिए मेरी आपसे रिक्वेस्ट है कि आप इसको प्रिस्टेज का मुद्दा नहीं बनाइए और इसको अगर आपने वापिस कर लिया तो मैं समझता हूँ कि सब चीज साफ हो जाएगी।

उप-सभापति—चह्वाण साहब, मैंने आज तक इस हाउस में कभी भी कोई प्रिस्टेज

का मुद्दा बनाया ही नहीं। जब मेरी रूलिंग को चैलेन्ज किया और आप उस हाउस के भी मेम्बर रहे हैं आप मुझसे सीनियर हैं। आप यह मुझे बता दीजिए कि अगर चेयर ने कुछ रूलिंग दी, आपने कुछ मांगी और उसके बाद जब मेम्बर खड़े होते हैं कि आप गलत कह रहे हैं, क्या वह भी अलाउड है?...(व्यवधान) दूसरी बात नहीं साल्वे साहब। मैं दुखी हूँ, यह व्यक्तिगत बात नहीं है, यह बात उन्हीं के द्वारा निकली है।

श्री सुरेश कलमाडी–यही मुद्दा है।

उप-सभापति–मुद्दा यह नहीं है...मैंने जो कुछ कहा...

श्री कलमाडी–आप इसे इतना बड़ा मुद्दा क्यों बना रही हैं। कृपया इसे सीमित कीजिए...।

उप-सभापति–यह मुद्दा बड़ा था। मुद्दा आज का नहीं था। कलमाडी एक मिनट, हमें स्पष्ट करने दीजिए, (व्यवधान) एक मिनट, हमें स्पष्ट करने दीजिए, (व्यवधान), मैं आवेश में नहीं आ रही हूँ। मैं क्रोध में नहीं हूँ और ना ही मैं डरी हूँ। मुझे किसी के प्रति कोई बुरी भावना नहीं है। मैं केवल एक बात कहना चाहती हूँ। जो भी उन्होंने कहा, वह आज के बारे में नहीं था। जब भी मैं सदन की अध्यक्षता करने आती हूँ तो क्या होता है, उनका कथन इसी संदर्भ में था...(व्यवधान) एक मिनट, उन्होंने कहा कि जब आप आती हैं तो आपका स्वागत होता है। आप तो थे नहीं यहाँ। आज तो आप थे नहीं, इसलिए आप बच गए इस मामले में। हाउस में इन्होंने जो बात उठाई थी, वह इस विषय में थी कि मैंने अटल जी से यह कहा था कि आप इस हाउस में मेम्बर हैं, आप देखते हैं कि 12 बजे जब मैं आती हूँ तो क्या होता है? मेरा जुम्ला भी पूरा नहीं हुआ। मैं यह बताने की कोशिश कर रही हूँ कि मैंने व्यवस्था लाने की कोशिश की और लोग इस तरह से स्पेशल मेंशन के पहले बहुत-सी बातें उठाते हैं। यह वही है जो आपके कहने के बाद भी मैंने कहा था। आपने जो बात कही थी, वह आज के विषय में नहीं कहा था। आपने रोजाना के बारे में कहा था कि हम आपका स्वागत करते हैं। यह आपके व्यवहार के संदर्भ में था।

श्री सुरेश कलमाडी–मैंने भी कहा, मैंने भी मजाक में कहा था।

उप-सभापति–अब बात हो रही है तो क्लिअर ही हो जाए। क्यों एक बात रेकार्ड में गलत छोड़ी जाए। आपने पूरे रोजाना के बिहेवियर के विषय में कहा था। मैंने भी रोजाना के बिहेवियर के विषय में ही बात कही थी। मैंने आपसे नहीं कहा।

श्री सुरेश कलमाडी–सबसे कहा।

उप-सभापति–मैंने बिहेवियर के बारे में कहा था।...(व्यवधान) टोपी जिसके सिर पर फिट हो रही है, क्यों बुरा मान रहे हैं। मैंने सिर्फ यह कहा कि वह बिहेवियर मेरी नजर में वह* का है। मेरी सभ्यता नहीं है। मैंने बिहेवियर को* कहा है। अगर

आप लैजिटिमाइज करना चाहते हैं उस बिहेवियर को तो मैं इस शब्द को वापस ले लूँगी लेकिन आपको यह कहना होगा कि आपने।...

श्री सुरेश कलमाडी—मैं कुछ नहीं कहूँगा।

उप-सभापति—मैं इसका निर्णय सदन पर छोड़ती हूँ।

श्री सुरेश कलमाडी—वापस करने जैसी कोई बात ही नहीं है। (व्यवधान)

श्री सुरेश कलमाडी—मैं कुछ नहीं कहूँगा।

उप-सभापति—मैं इसका निर्णय सदन पर छोड़ती हूँ।

श्री सुरेश कलमाडी—वापस करने जैसी कोई बात ही नहीं है। (व्यवधान)

श्री सुरेंद्रजीत सिंह अहलुवालिया—यह किस सभ्यता की बात करती हैं? ये क्या हिंदू सभ्यता है, कांग्रेस की सभ्यता है। वह कांग्रेस पार्टी के हैं।

उप-सभापति—मेरी कल्चर, मेरी जातीय कल्चर, मैं अपनी कल्चर के बारे में बोलती हूँ। अहलुवालिया जी, मेरी कल्चर के बारे में। मैं अपनी संस्कृति की बात कह रही हूँ। मेरी जाति, मेरी अपनी कल्चर। मैं एक इंसान हूँ। यह मेरी कल्चर है, मेरे घर की, मेरे खानदान की। अगर आपको इस पर भी एतराज है कि मेरे खानदान की कल्चर अच्छी नहीं है तो यह आपकी मेहरबानी है। मेरे खानदानी कल्चर की बात कर रही हूँ, आपकी बात नहीं कर रही। (व्यवधान)

श्री अजीत जोगी—ये कलमाडी जी के...(व्यवधान) का कल्चर है?

उप-सभापति—मैं तो अपनी बात करती हूँ। मैंने उनके खानदान का नाम ही नहीं लिया।

श्री सुरेन्द्रजीत सिंह अहलुवालिया—कैसे कह सकती हैं आप?

उप-सभापति—मैंने अपने...(व्यवधान)...आपने सवाल पूछा है...कलमाडी मिस्टर अहलुवालिया, बैठिए। बहस का सवाल नहीं है? आपने यह क्युश्चन मुझसे क्यों पूछा? आपने मुझसे क्युश्चन क्यों पूछा?...(व्यवधान)...अगर आप मुझसे सवाल पूछेंगे तो मैं जवाब दूंगी। आपने कहा, किस कल्चर की बात की? मैंने कहा, मेरी कल्चर की बात की। इसमें तो आपको कोई एतराज नहीं होगा।

श्री सुरेन्द्रजीत सिंह अहलुवालिया—आपने कहा यह...(व्यवधान)...कल्चर, आपकी सभ्यता है...(व्यवधान)...

श्री अजीत जोगी—आपकी कल्चर बहुत अच्छी है, सुरेश कलमाडी की कल्चर...(व्यवधान)

उप-सभापति—श्री शिवशंकर को बोलने दीजिए (व्यवधान) मैं पुनः कहती हूँ। मैं इसे पुनः दोहरा रही हूँ। मैंने इस शब्द का उपयोग कभी नहीं किया...(व्यवधान) मैं पुनः दोहराती हूँ ताकि इसे रेकार्ड में सीधे तौर पर रखा जा सके। मैंने आपके विरुद्ध कभी इस शब्द का उपयोग नहीं किया। जब मैंने कहा कि जो होता है हाउस में, जिस तरीके से आप मेरा स्वागत करते हैं मैं इसको * समझती हूँ। अगर आप

इसको ... (व्यवधान)...

श्री सुरेश कलमाडी—आप रेकार्ड देखिए...(व्यवधान)।

श्री अजीत जोगी—आपके खानदानों का कल्चर अच्छा है, हमारे खानदानों का कल्चर* है।

उप-सभापति—देखिए, आपके अहलुवालिया जी ने सवाल उठाया था। मैंने अपने खानदान की बात नहीं उठाई...(व्यवधान)...कृपया बैठ जाइए श्री जोगी...(व्यवधान)

श्री एस. एस. अहलुवालिया—वह रेकार्ड पर है। (व्यवधान)

उप-सभापति—कृपया अपनी सीट पर बैठें। (व्यवधान)

श्री एस. एस. अहलुवालिया—यह रेकार्ड पर है (व्यवधान)

श्री सुरेश कलमाडी—आपको अपने शब्द वापस लेने चाहिए। (व्यवधान)

उप-सभापति—मैं किसी शब्द को वापस नहीं लेने जा रही हूँ...(व्यवधान)

श्री सुरेश कलमाडी—आप इसे वापस ले रही हैं। (व्यवधान) हम लोग सदन की कार्यवाही आगे नहीं चलने देंगे, जब तक आप अपने इस शब्द को वापस नहीं लेंगी।

उप-सभापति—मैं पुनः दोहराती हूँ। मैंने कभी किसी सदस्य को नहीं कहा। यदि किसी सदस्य को * मैंने बुलाया तो मैं इसे वापस ले लूँगी। मैंने कभी किसी सदस्य को इस तरह नहीं कहा है...(व्यवधान)। मैंने कभी किसी सदस्य को नहीं कहा, मैं इसे वापस नहीं ले सकती। मैंने किसी व्यक्ति को नहीं कहा। (व्यवधान)

श्री सुरेश कलमाडी—आप अपने शब्द वापस लीजिए। (व्यवधान) वह वापस नहीं ले रही हैं। (व्यवधान) वह कहती हैं कि वह इसे वापस नहीं लेंगी। (व्यवधान)

श्री अजीत जोगी—आपके खानदान का कल्चर अच्छा है...(व्यवधान)

उप-सभापति—देखिए, खानदान की बात अहलुवालिया जी ने उठाई थी मिस्टर जोगी, मैंने नहीं उठाई थी।...(व्यवधान)...मैं अपनी बात कर सकती हूँ।...(व्यवधान)...शिवशंकर जी आप बोल रहे हैं।

श्री शंकर दयाल सिंह—शिव शंकर जी के बाद शंकर जी को भी याद कर लीजिए।

उप-सभापति—शिव और शंकर के बाद तो शंकर ही आएँगे। फिर सुब्रह्मण्यम साहब बैठे हैं, वे भी बोलेंगे। श्री शिव शंकर को बोलने दीजिए। मैं इस सवाल को आप ही पर छोड़ रही हूँ। (व्यवधान)

विपक्ष के नेता श्री पी. शिवशंकर—मैडम यदि आप इजाजत दें, मैं आपका अहसानमंद होऊँगा। पहले उन्हें बोलने दें, और तब मैं बोलूंगा।

श्री शंकर दयाल सिंह—उप सभापति जी, मैं माननीय विरोधी दल के नेता का बहुत शुक्रिया अदा करता हूँ कि उन्होंने मुझे बोलने का मौका दिया।

महोदया, जिस समय वाकया हुआ, मैं यहाँ नहीं था, लेकिन...(व्यवधान) सुनिए,

जिस समय यह वाकया हुआ, मैं नहीं था, लेकिन इसके साथ ही साथ अहलुवालिया साहब भी यहाँ नहीं थे।...(व्यवधान)...

उप-सभापति—अहलुवालिया साहब आप भी नहीं थे। प्लीज बैठ जाइए।

श्री शंकर दयाल सिंह—महोदया, यह घटना ठीक 12 बजे घटी। उस समय न तो भाई अहलुवालिया साहब यहाँ थे और न ही मैं था। अहलुवालिया साहब यहाँ नहीं थे फिर भी यह घटना घट जाए, मुझे तो बड़ा आश्चर्य हुआ। हमने यह बातें बाहर सुनीं।

महोदया, मैं जिस प्वाइंट आफ आर्डर के तहत खड़ा हुआ हूँ, उसके लिए आप कृपया हमारा प्वाइंट आफ आर्डर 235, 238 और 237 देख लें। इसमें मेरा कहना है कि हम लोग सबके सब इस सदन के एक माननीय सदस्य हैं। चेयरमैन को छोड़कर, मेरी समझ के अनुसार जितने भी लोग हम इस सदन में हैं, बाइस-चेयरमैन हों या जो भी लोग चेयर पर बैठते हैं, आप उनके आदेश से, सब के सब इस सदन के सदस्य की हैसियत से बैठते हैं। इसीलिए कोई भी बात होती है, निश्चित रूप से इस सदन पर उसकी इज्जत और मर्यादा का हनन हो इस तरह की बात होती है, लेकिन...

लेकिन इसमें एक बात मैं यह जानना चाहता हूँ, मेरा प्वाइंट ऑफ आर्डर है, कि मेम्बरों की ओर से कोई भी इस तरह की बात की जाती है और जिन शब्दों को लेकर अभी हम लोग विवेचन कर रहे हैं, मैं अपने मुँह पर नहीं लाना चाहता हूँ इसलिए कि उसका बहुत प्रयोग हो चुका है, लेकिन हम लोग, जितने लोग हैं, उस शब्द का प्रयोग नहीं करें। फिर भी जिन शब्दों का प्रयोग किया गया है, उस तरह की हरकत करीब-करीब हम लोगों में से बहुत लोग करते हैं, सबको नहीं कह रहा हूँ, बहुत लोग करते हैं।

मेरा जो प्वाइंट ऑफ आर्डर है, उसके तहत मैं जानना चाहता हूँ कि अगर किसी सदस्य के प्रति चेयर ने किसी तरह की बात कहकर यह कहा कि आप शांति रखिए, इस तरह की बात होती है और इसके बाद चेयर ने यह कह दिया कि मैंने यह लफ्ज इस्तेमाल नहीं किया है, मेरे कहने का भाव नहीं था यह, क्या उसके बाद भी यह जरूरी है कि चेयर को लक्षित करके बार-बार इन शब्दों को कहा जाए और चेयर के प्रति प्रतिष्ठा कम की जाए?...(व्यवधान)

श्री सुरेश कलमाडी—आप नहीं थे।

श्री शंकर दयाल सिंह—मेरी बात सुनिए।...(व्यवधान)...इसलिए हमारा यह कहना कि हम चेयर को परिलक्षित करके जो बातें कहते हैं, जब एक बार चेयर ने यह कह दिया या एक बार उप सभापति ने यह कह दिया कि मैंने उस लफ्ज का बयान नहीं किया है और मेरे कहने का अर्थ यह नहीं है तो मैं समझता हूँ कि इसके बाद माननीय सदस्य को कुछ भी जोर नहीं देना चाहिए और सदन की कार्यवाही

आगे चलनी चाहिए।

उप-सभापति—मैंने यह कहा कि मैंने उन्हें कभी नहीं कहा और रेकार्ड पर आई बात पर अडिग हूँ कि मैंने कभी उन्हें नहीं कहा (व्यवधान)

श्री सिकन्दर बख़्त—और में जमीन-आसमान का फर्क होता है।

उप-सभापति—यही तो अफसोस की बात है कि आप जमीन आसमान का फर्क समझ नहीं रहे। कलमाडी जी, आपको उर्दू नहीं आती। इसलिए समझ नहीं रहे। मराठी में इसका और मतलब होता है।

श्री सुरेश कलमाडी—उर्दू भी समझ में आती है और आपका टोन भी समझ में आता था।

उप-सभापति—आज जरा टेप रेकार्ड सुनकर टोन सबका सुन लीजिए, अच्छा रहेगा, आपको समझ में आ जाएगा...(व्यवधान)...

श्री सुरेन्द्रजीत सिंह अहलुवालिया—कल्चर...

उप-सभापति—आप बैठ जाइए, आप तो थे नहीं। आप चुप रहिए।

श्री सुरेन्द्रजीत सिंह अहलुवालिया—रेकार्ड है, चुप क्यों रहूँ?

उप-सभापति—शिवशंकर जी बोल रहे हैं, इन्हें बोलने दीजिए।

श्री पी. शिवशंकर—महोदया, कभी किसी अवसर पर इस सदन में होता है कि मेरे समेत हम लोगों में सभी जोश में आ जाते हैं।

उप-सभापति—आप मुझसे चाहते थे कि आपको सदन से बाहर भेज दिया जाए, मैंने नहीं कहा कि मैं आपको सदन से बाहर करना चाहती हूँ, मैं इसे समझती हूँ कि यह एक हमला है। (व्यवधान)...हम लोग चीजें कहते हैं। मैं वह कह रही हूँ। मैं उनका समर्थन कर रही हूँ। (व्यवधान) आप उनका समर्थन नहीं करें, जब मैं आपसे ज्यादा उनका समर्थन कर रही हूँ।

श्री पी. शिवशंकर—मुझे अपनी बात पूरी करने दीजिए। कुछ सदस्य हैं, जो कभी भी जोश में नहीं आते हैं।

कुछ माननीय सदस्य—उनके लिए हमें दुःख है।

श्री पी. शिवशंकर—और मैं अपने कर्त्तव्य में विफल हो जाऊँगा यदि मैं सिकन्दर बख़्त को नहीं कहता हूँ। बख़्त बहुत कम जोश में आते हैं, जहाँ तक वाजपेयी जी का सवाल है वह हमेशा जोश में होने का बहाना करते हैं इसीलिए महोदया कभी कभी संघर्षहीन मुद्रा की ही प्रदर्शनी भी होती है। आपको भी हम जोश दिलाते हैं। हम लोग भी जोश में आ जाते हैं। यह हमारे खेल का हिस्सा है। लेकिन हम सभी एक बड़े उद्देश्य के लिए काम कर रहे हैं। हमें किसी बात को और विवादास्पद नहीं बनाना चाहिए। हम लोग सहयोगी की भावना से काम करते हैं। यह हमें नहीं भूलना चाहिए और छोटी बातों में हम अपने को नहीं फंसा सकते हैं। इतना कहते हुए मैं कार्रवाई पुस्तिका को पढ़ना चाहूँगा कि क्या हुआ है।

श्री अटल बिहारी वाजपेयी—श्री गुरुदास दासगुप्त ने जो कुछ कहा, वह स्पेशल मेंशन में आ सकता था। अगर मेंशन के रूप में आप श्री दासगुप्त को अनुमति देतीं तो मुझे आपत्ति नहीं होती।

उस पर आपने यह फरमाया कि :

"जब मैं 12.00 बजे हाउस में आती हूँ तो मेम्बरों से मिलने की कोशिश करती हूँ।"

उप-सभापति—'मिलने' नहीं हो सकता वर्ड (शब्द)

श्री पी. शिवशंकर—...(व्यवधान)

उप-सभापति—नहीं, वह 'मिलने' तो हो ही नहीं सकता। मेम्बरों को सुनने की कोशिश करती हूँ। मिलने का तो सवाल ही नहीं, मैं यहाँ बैठी हूँ आप लोग यहाँ बैठे हैं।

श्री पी. शिवशंकर—मैडम, मैं तो बड़ा-नॉन वायलेंट आदमी हूँ आपने कह दिया। सुनने में सुनने भी मान लेता हूँ।

उप-सभापति—नहीं-नहीं, मैंने नहीं, सभी लोगों ने सुना होगा।

श्री पी. शिवशंकर—मैं बिना कोई समय गंवाये ही दे देता हूँ।

उप-सभापति—ठीक है, पर रिकार्ड भी गलत हो सकते हैं, सुनने और मिलने में फर्क हो सकता है।

श्री पी. शिवशंकर—मैं तो न आरग्यूमेंट में विलीव करता हूँ न मैं...(व्यवधान)

उप-सभापति—नहीं-नहीं ठीक है आप बोलिए।

श्री एन.के.पी. साल्वे—जिन्दगी भर वही किया मैडम (व्यवधान)

श्री पी. शिवशंकर—नहीं-नहीं जब वकील था। करता था। अब नहीं करता। तो मैडम, आपने फरमाया कि जब मैं 12 बजे हाउस में आती हूँ तो मेंबरों को सुनने की कोशिश करती हूँ।

श्री सुरेश कलमाडी—स्वागत...(व्यवधान) यही उन्होंने कहा।

उप-सभापति—ठहरिए, यदि स्वागत करने का यही तरीका है तो मैं समझती हूँ कि यह आपके स्वागत करने का एक विशेष तरीका है। मैं नहीं जानती थी कि स्वागत करने का आपकी संस्कृति का एक हिस्सा है। मेरा नहीं है, मैं. दुःखी हूँ। यह कैसे रिकार्ड पर चला गया। एक मिनट ठहरिए।

उप-सभापति—आप इसे पढ़िए।

श्री पी. शिवशंकर—मुझे अपनी बात पूरी करने दीजिए महोदया, जैसा कि हम लोग सद्‌भाव में एक महान उद्देश्य के लिए यहाँ आए हैं। कभी-कभी आप गुस्से में आ जाती हैं। हम लोगों के साथ दूसरे पक्ष के मित्र भी गुस्से में आ जाते हैं। लेकिन एक सुखद बात यह है कि सदन से बाहर निकलते ही हम इस क्षण को भूल जाते हैं। हकीकत में हम लोग जैसे हैं और उनसे तत्काल बाद बातचीत करते

हैं। यही इस सदन की संस्कृति है। अब मेरा यह कहना है। आप एक बड़े परिवार से आती हैं। हम लोगों को इसका ध्यान रहता है।

उप-सभापति—मैंने कभी इसकी चर्चा नहीं की।

श्री पी. शिवशंकर—लेकिन मैं कह रहा हूँ।

उप-सभापति—यह तभी बात आई, जब श्री अहलुवालिया ने मेरे खानदान पर सवाल किया...

श्री पी. शिवशंकर—महोदया, मैं कह रहा हूँ, मैं आपको यह कह सकता हूँ। मैं इसे नम्रता के साथ कह रहा हूँ। आप सभा पद पर बैठी हुई हैं। मैं आपसे आग्रह करूँगा कि यदि कोई सदस्य आहत महसूस कर रहा है। इसने इसे आहत किया है, जो कुछ भी है, और हमारे कुछ सदस्य, मैं आपसे आग्रह करता हूँ। आप स्वयं महानतम हो जाएँगी, आपकी शान और बढ़ जाएगी, केवल आप इतना कहें—मैं वे शब्द वापस लेती हूँ। मैं केवल आग्रह कर रहा हूँ। यह आपसे मेरी गुजारिश है। यदि इससे कुछ सदस्य आहत हैं, यह आपसे मेरी नम्र अपील है।

उप-सभापति—बहुत-बहुत आपको धन्यवाद, शिवशंकर जी। इसीलिए मैं हमेशा चाहती हूँ कि आप किसी और के कहने के बदले कुछ बातें कहें, क्योंकि आप समझते हैं कि सदन में क्या हो रहा है, आप एक गवाह हैं, और इसके हम सभी एक गवाह हैं। आप जानते हैं कि किस तरह के तनाव में हम काम करते हैं। आपने कल के पहले वाले दिन में देखा था...

श्री पी. शिवशंकर—मैं इससे इंकार नहीं कर रहा हूँ।

उप-सभापति—नहीं जब आप सदन की बात करते हैं तब मेरा भी यह अधिकार बनता है कि मैं अपनी भावनाओं को व्यक्त करूँ कि सभी किसी तनाव में काम करते हैं। आप जानते हैं बीते कल के पहले दिन में मैंने सदन की कार्यवाही स्थगित कर दी और सभी को एक साथ बैठाने की कोशिश की। यह कर्तव्य है और यह इस कुर्सी की जिम्मेदारी है कि व्यवस्था कायम रखी जाए। और मुझे भी मजाक करना आता है। मैं कोई गूंगी नहीं हूँ। मैं कभी-कभी ज्यादा मजाक करती हूँ और मेरा दावा है कि कभी आपके सदस्य इसका बुरा नहीं मानते लेकिन आज मैं अटल जी को बताने की कोशिश कर ही थी कि प्रत्येक दिन ऐसा ही होता है और मुझे कोई दुर्भावना नहीं थी। मैंने इसका बुरा भी नहीं माना। समय के सवाल पर श्रीमती जयन्ती नटराजन ने जब गुरुदास दासगुप्ता को पश्चिम बंगाल के बारे में किसी चीज के लिए व्यवधान पैदा किया तब मैंने उसे कहा कि यह महिलाओं पर अत्याचार का सवाल है और हम भी इसके साथ हैं, हम लोग इसकी रक्षा करेंगे। लेकिन पहले उन्हें अपनी बात कह लेने दीजिए और बैठ जाने दीजिए।

श्री पी. शिवशंकर—महोदया, मैं सभी चीजों को सुविधा देता हूँ।

उप-सभापति—मैंने कभी उनको आहत करना नहीं चाहा, लेकिन मैं यह चाहूँगी

कि सभी सदस्य भी उचित व्यवहार करें।

श्री पी. शिवशंकर–क्या मैं आपसे आग्रह कर सकता हूँ।

उप-सभापति–जबकि हम लोग सभी विवादों को खत्म कर रहे हैं तब यह एक अलग मुद्दा नहीं होना चाहिए...कृपया यदि आप चाहते हैं...मैंने उन्हें आहत नहीं करना चाहा। मेरी कोई दुर्भावना नहीं रही और मैं दुःखी हूँ यदि वह आहत हुए। यहाँ तक कि आप भी आहत हुए। मैं आशा करती हूँ, यह कहकर...।

श्री पी. शिवशंकर–कृपया इस शब्द को कार्यवाही से हटा दें, इसे क्यों रहने दें।

उप-सभापति–इतना कहना चाहूँगी कि मैं ले रही हूँ...

उप-सभापति–इतना कहते हुए कि मैं आशा करती हूँ कि भविष्य में...हम लोगों के पास कल का ही एक दिन मात्र शेष बचा है।

उप-सभापति–मैं नहीं जानती हूँ...(व्यवधान)...एक मिनट ठहरिए। जब हम इस विवाद को खत्म कर रहे हैं तब उसे उचित तरीके से खत्म ही करने दीजिए। यह आप जरूर स्वीकार करेंगे कि कभी-कभी सदस्यगण उत्तेजित हो जाते हैं। कभी-कभी इस बात के लिए भी वह सावधानी नहीं बरतते कि सभाध्यक्षों के लिए वह क्या कह रहे हैं–और मैं कभी गुस्से में नहीं आती हूँ। हमेशा इस तरह शब्दों का प्रयोग करती हूँ–कृपया बैठ जाइए, कृपया अपनी सीट लें। मैंने कभी ऐसा नहीं कहा, बैठ जाइए या आप इस तरह मुझसे कैसे बात कर रहे हैं, ऐसा मैंने कभी नहीं कहा और यही मेरी संस्कृति है। मैं यह कह रही हूँ...(व्यवधान)

श्री सिकन्दर बख्त–सदर साहिबा, मैं एक मिनट लेना चाहता हूँ। इस तमाम अफसोसनाक हादसे में अगर सबसे खूबसूरत लतीफा कहीं से आया है तो वह श्री सुरेन्द्रजीत सिंह अहलुवालिया की तरफ से आया है। इसमें निहायत अनपार्लियामेंट्री लफ्ज था लेकिन बहुत खूबसूरत था। गैर-हाजिरी के संबंध में उन्होंने जो बात कही थी, वही दोहरा दें। मेरे बस की बात नहीं है।

श्री पी. शिवशंकर–एक्सपंज कर दीजिए।

श्री सुरेन्द्रजीत सिंह अहलुवालिया–आप कह डालिए।

श्री सिकन्दर बख्त–उन्होंने कहा कि...(व्यवधान)।

श्री अटल बिहारी वाजपेयी–फिर वह शब्द आएगा।

श्री सिकन्दर बख्त–मगर उन्होंने बहुत खूबसूरत बात कही। वह फरमाते हैं. ...कि इस हाउस का सबसे बड़ा 'वह' मैं तो गैर-हाजिर था।

उप-सभापति–क्या 'वह' मैं तो गैर-हाजिर था।

उप-सभापति–क्या 'वह'? मैंने शिवशंकर जी से एक बात पूछी थी जिसका उन्होंने जवाब नहीं दिया कि लिट्रली मायने और 'तमीज' के बता दीजिए।

श्री सिकन्दर बख्त–देखिए, सदर साहिबा, मैंने एक गुजारिश की थी। एक

ह्यूमर के नोट पर मैं इसे खत्म करना चाहता था। अब आइन्दा इस बहस को खत्म कर दीजिए।

श्री पी. शिवशंकर–मैडम, आपके द्वारा खेद प्रकट किए जाने पर मैं इतना जरूर कहना चाहता हूँ कि आपने हमारी उम्मीद से आगे बढ़कर कदम उठाया है। तब क्या मैं आपसे इस शब्द को कार्यवाही से हटाने का आग्रह कर सकता हूँ?

श्री सुरेश कलमाडी–कृपया इस शब्द को वापस लीजिए।

उप-सभापति–यह असंसदीय शब्द नहीं है...(व्यवधान) इसका मतलब...

श्री पी. शिवशंकर–इसको बढ़ाइए मत, मैं हाथ जोड़कर आपसे अर्ज कर रहा हूँ। मैं हाथ जोड़कर आपसे प्रार्थना करता हूँ कि इसको रिमूव कर दीजिए, खत्म हो जाएगा...(व्यवधान)

उप-सभापति–इसका मतलब केवल 'तमीज' होता है। हमारी भाषा में तमीज का मतलब होता है। इसे कार्यवाही में इसका कई बार उपयोग किया जाता है। यह केवल मैं आपके ध्यान में लाना चाहती हूँ...(व्यवधान)...कृपया बैठ जाइए। मैं इसे कार्यवाही से हटा दूँगी...(व्यवधान) सुश्री सरोज खापर्डे।

श्री माखन लाल फोतेदार–अब क्या शून्य काल होगा?

उप-सभापति–मैं नहीं समझती कि 2.30 पर शून्यकाल भी हो सकता है।

श्री सुब्रह्मण्यम स्वामी–शब्द 'तहजबी' तमीज नहीं।

उप-सभापति–नहीं दोनों में कोई अन्तर नहीं है।

श्रीमती मारग्रेट अल्वा–मद्रासी, उर्दू शब्दों का उच्चारण कर रहे हैं।

उप-सभापति–मैं समझती हूँ मुझे इसके बारे में सोचना होगा। मैं आपको डिक्शनरी भेज दूँगी।

श्रीमती मारग्रेट अल्वा–यह तो पंजाबी उर्दू है।

इस पाँच घंटे की बहस का परिणाम क्या हुआ? परिणाम यह हुआ कि राज्य सभा की उपसभापति श्रीमती नजमा हेपतुल्ला ने सदन की कार्यवाही रेकार्ड से बदतमीज और बदतमीजी शब्द को निकाल दिया।

इस घटना के महज ग्यारह दिन बाद इसी उच्च सदन में एक सदस्य की झूठी सूचना को लेकर सदन का एक घंटे का बहुमूल्य समय नष्ट हुआ। 17 सितंबर 1990 को रत्नाकर पांडेय ने कहा–माननीय उप सभाध्यक्ष जी, बड़े दुःख के साथ मैं इस सदन को सूचना देना चाहता हूँ कि हमारे दूसरे सदन की साथी श्रीमती ममता बनर्जी का आज दिन में डेढ़ बजे निधन हो गया है। एक घंटे तक इस झूठी सूचना पर सदन में चर्चा चलती रही। जब यह सूचना झूठी साबित हुई तो सूचना देने वाले सदस्य रत्नाकर पांडेय ने क्षमा याचना कर ली। तो इस तरह सदन का समय जाया करता है। सदस्यों के व्यवहार में इतनी गिरावट आ गई है कि एक मर्तबा दुःखी होकर राज्यसभा के तत्कालीन सभापति डॉ. शंकर दयाल शर्मा रो पड़े थे। जब सदस्यों

के आचरण में इस कदर स्खलन आया है तो उससे जनता को क्यों न वाकिफ कराया जाए कि गम्भीर मसलों पर चर्चा के लिए 'कोरम' तक पूरा नहीं होता। राष्ट्रीय महत्त्व के मुद्दों पर गंभीर चर्चा के दौरान 'प्रहसन' भी करने से सदस्य गुरेज नहीं करते।

प्रेस दीर्घा को स्वतंत्र और निष्पक्ष रहने देने के लिए यह जरूरी है कि संसद और विधानमंडलों के विशेषाधिकारों के औचित्य पर पुनर्विचार किया जाए अन्यथा जनता सही सूचना के अधिकार से वंचित रहेगी। प्रेस परिषद ने भी कहा है कि सदन के विशेषाधिकारों को सीमित किए जाने की जरूरत है। यह सुनिश्चित किए जाने की जरूरत है कि प्रेस की स्वाधीनता पर आँच नहीं आए। सदन की अवमानना के मामलों में यह भी देखा जाना चाहिए कि अवमानना के आरोपी ने ईमानदारी का परिचय दिया है कि नहीं? प्रेस परिषद ने अपनी सिफारिश में यह भी कहा था कि सदन की कार्यवाही से निकाले गए अंशों को छापे जाने वाले मामलों में सदन प्रेस के प्रति उदारता दिखाए। अवमानना के आरोपी को विशेषाधिकार समिति की कार्यवाही में हिस्सा लेने का अधिकार होना चाहिए। आरोपी को यह भी अधिकार होना चाहिए कि पूछताछ आदि के लिए वह गवाह को बुला सके। प्रेस परिषद ने कहा कि द्वितीय प्रेस आयोग की राय के मुताबिक सदन के विशेषाधिकारों का कानून प्रेस की स्वाधीनता के हित में होना चाहिए। प्रेस परिषद ने यह भी सिफारिश की थी कि लोकसभा अध्यक्ष और राज्यसभा के सभापति सदन के विशेषाधिकारों का कानून बनाने के लिए एक संयुक्त संसदीय समिति बनाएँ और उससे प्रेस को भी जोड़ें। किंतु अभी तक इन मुद्दों पर विचार नहीं किया जा सकता है।

आचरण का प्रश्न

कभी-कभी यह आशंका खड़ी होती है कि सांप्रतिक पत्रकारिता और पत्रकारों के आचरण का प्रश्न किनारे लग गया है क्या? ऐसी आशंका तब उठती है, जब पत्रकारिता के नीतिगत सिद्धांतों की धज्जियाँ उड़ाई जाती हैं। यह तथ्य है कि कई बार अपने आचरण से पत्रकारिता और पत्रकारों ने हेकड़ी दिखाई और गुंडागर्दी की नींव डाली है। प्रमाण हैं 25 अप्रैल और 8 मई 1994 को एक हिंदी दैनिक के गोरखपुर संस्करण में प्रकाशित दो टिप्पणियाँ। इनके मार्फत संपूर्ण नारी जाति के लिए जिस ओछी भाषा में टिप्पणियाँ की गईं, उसका जोड़ मिलना मुश्किल है। महिलाओं के लिए 'मादाएँ' शब्द का इस्तेमाल करते हुए लिखा गया, "साम्यवादी-सर्वहारावादी लोग अपने पराठा-पनीर के लिए अपनी मादाओं का इस्तेमाल करते हैं।" एक कवयित्री-पत्रकार-संस्कृतिकर्मी का नामोल्लेख करते हुए उनके चरित्र हनन के मकसद से निराधार टिप्पणियाँ की गईं। मामला गोरखपुर प्रेस क्लब में गया तो उसने अखबार को खेद प्रकाश करने को कहा। अखबार ने इस तरह माफी मांगी मानो दोषी अखबार नहीं, उल्टे शिकायतकर्ता हैं। अखबार के इस आचरण से क्षुब्ध होकर उत्तर प्रदेश के संस्कृतिकर्मी और बुद्धिजीवी 17 मई को अपना विरोध जताने के लिए उस अखबार के लखनऊ आफिस के बाहर धरना पर बैठ गए तो अखबार ने पुलिस और प्रशासन की सहायता से संघर्षरत संस्कृतिकर्मियों-बुद्धिजीवियों के साथ अभद्र व्यवहार किया, मार-पीट, झूठे मुकदमे आदि गैर कानूनी कार्रवाइयाँ कीं और गैर कानूनी ढंग से हथकड़ी पहनाकर संस्कृतिकर्मियों को हवालात पहुँचाने का षडयंत्र रचा। पत्रकारिता में ऐसे लोगों का अभाव नहीं है जो निजी कुंठा और भड़ास निकालने के लिए 'अखबार' को हथियार बनाते हैं। जान-बूझकर अंट-शंट चीजें छापते हैं। दुर्भावना, कुंठा, और अपमानजनक सामग्री छापने की प्रवृत्ति इधर बढ़ती हुई देखी जा रही है। प्रेस द्वारा पत्रकारिता के नीतिगत सिद्धांतों की धज्जियाँ उड़ाने पर अपमान दंश झेलने के बावजूद संबंधित पक्ष आम तौर पर चुप्पी ओढ़ लेता है। सोचता है कि क्या सिरदर्द मोले?

रोज की हाय-हाय में ही व्यस्त रहता है। कई कारणों से खामोश हो जाना ही वह श्रेयस्कर मानता है। कुछ मामले प्रेस परिषद या अदालत तक पहुँच जाते भी हैं तो सिर्फ निंदा कर मामले को खत्म कर दिया जाता है या फिर मामूली सजा भर होती है। यहाँ निंदा एवं सजा के दो उदाहरण दिए जा रहे हैं। एक नागपुर से, दूसरी हैदराबाद से। हैदराबाद में 13-10-95 को बैठकर भारतीय प्रेस परिषद ने पत्रकारिता के नीतिगत सिद्धांतों के उल्लंघन के लिए पांच अखबारों की निंदा करने का फैसला किया। वे अखबार थे–बंबई का 'द डेली', उत्तरप्रदेश का 'बरेली दर्शन', हरियाणा का 'मजदूर मोर्चा', गुवाहाटी का असमिया साप्ताहिक 'बुधवार' और राजस्थान का 'दिव्य समाचार लहरी'। इन अखबारों की निंदा करने का फैसला कर हैदराबाद में भारतीय प्रेस परिषद की बैठक खत्म हो गई। प्रेस परिषद के अनुसार 'द डेली' को 'भ्रष्ट न्यायाधीश' शीर्षक से संपादक के नाम पत्र में मानहानि पूर्ण सामग्री छापने का दोषी पाया गया। इसी तरह पाक्षिक 'बरेली दर्शन' ने भी मनगढ़ंत और मानहानिपूर्ण समाचार छापा। परिषद ने इस खबर को गोपनीयता का गंभीर उल्लंघन भी बताया। प्रेस परिषद ने 'मजदूर मोर्चा', 'बुधवार' और 'दिव्य समाचार लहरी' को भी इसी तरह की निराधार और भ्रामक खबरें छापने का दोषी पाया। इसके साथ ही प्रेस परिषद ने 18 मामलों में अखबारों को शिकायतकर्ताओं के जबाव छापने का निर्देश दिया।

उधर मुंबई हाईकोर्ट की नागपुर बेंच ने 13 अक्टूबर 1995 को स्थानीय मराठी अखबार 'तरुण भारत' के संपादक लक्ष्मण राव जोशी को अदालत की अवमानना के आरोप में शाम को कोर्ट उठने तक की कैद की सजा दी। संपादक को एक व्यक्ति के बयान के आधार पर खबर छापने का दोषी पाया गया था। जबकि उस व्यक्ति को बरी कर दिया गया। खबर में आरोप लगाया गया था कि कुछ न्यायाधीश नागपुर के एक प्रमुख वकील के यहाँ रात्रि भोज में शामिल हुए जबकि उस वकील और उसके भाइयों पर बलात्कार और हत्या के मामले में शामिल होने का आरोप था। यह आरोप रिपब्लिकन पार्टी के नेता डब्लू. के. गनार ने एक प्रेस कांफ्रेंस में लगाया था। इसे नागपुर के तकरीबन सभी अखबारों ने छापा। अवमानना का मामला डब्लू. के. गनार और 'तरुण भारत', 'नागपुर टाइम्स', 'नागपुर पत्रिका', 'जनवाद', 'लोकमत समाचार' एवं 'हितवाद' के खिलाफ दायर किया गया। कोर्ट ने बताया कि 'हितवाद' की रपट ठीक से लिखी गई थी और उसमें अवमानना की कोई बात नहीं थी। श्री गनार और दूसरे संपादकों ने बिना शर्त माफी माँग ली पर 'तरुण भारत' के संपादक ने माफी नहीं माँगी। तो उन्हें अदालत ने कोर्ट उठने तक कैद की सजा दी। तो इस तरह आचरण का दोषी पाए जाने पर दंड के प्रावधान तो हैं पर ये पत्रकारिता में कदाचार की रोकथाम के लिए क्या पर्याप्त हैं? इस पर गौर किया जाना चाहिए।

प्रेस और पत्रकारों से संबंधित भारतीय दंड संहिता में जो कानून हैं, उन पर नजर दौड़ाएँ तो देश की अखंडता और संप्रभुता के संबंध में 1963 में भारतीय संहिता के अनुच्छेद (192) में संशोधन कर अधिनियम बनाया गया कि ऐसे प्रकाशन पर रोक लगाई जा सकती है जिससे देश की एकता, अखंडता और सम्प्रभुता पर किसी प्रकार की आँच आती हो या भारत के किसी हिस्से को संघ से अलग होने के लिए उकसाया जाता हो। इस कानून के तहत दोषी व्यक्ति को तीन साल की कैद या जुर्माना या दोनों किए जा सकते हैं। इस कानून के तहत पत्र-पत्रिका के दफ्तर पर छापे मारकर तलाशी भी ली जा सकती है। पत्र-पत्रिका की प्रतियाँ जब्त की जा सकती हैं। प्रकाशन बंद भी किया जा सकता है। भारतीय दंड विधान की धारा 292 से 294 में नैतिकता और सदाचार के हित में वाक् और अभिव्यक्ति की स्वाधीनता पर प्रतिबंध लगाने का प्रावधान है। इन धाराओं के तहत सार्वजनिक स्थानों पर अश्लील प्रकाशनों को बेचने, प्रचार या प्रदर्शन करने, अश्लील कृत्य करने, अश्लील गीतों या भाषणों पर रोक लगाई जा सकती है। औषधि एवं जादूगरी (आपत्तिजनक विज्ञापन) अधिनियम 1954 के तहत अनुचित और आकर्षक विज्ञापन पर रोक लगाई जा सकती है।

संविधान के प्रथम संशोधन अधिनियम 1951 के तहत अपराध उद्यीपन कानून बना। इसके अंतर्गत किसी को अपराध करने के लिए भड़काने या उकसाने पर प्रतिबंध है। इस कानून के अंतर्गत किशोर वयस्क अपराध भावना और क्रिया, लाटरी, आपत्तिजनक सामग्री आदि पहलुओं पर भी गौर किया जा सकता है। युवकों के लिए हानिप्रद प्रकाशन कानून 1957 में लागू किया गया। इसके तहत ऐसे प्रकाशनों पर रोक लगाई जा सकती है जो बालकों और किशारों के लिए हानिकारक हों या अपराध, हिंसा, क्रूरता और घृणा के भाव जगाते हों। इसी कानून के तहत विभिन्न पत्र-पत्रिकाओं में प्रकाशित होने वाली पहेलियों के पुरस्कारों के बाबत 'पुरस्कार प्रतियोगिता कानून 1955' बना। 1971 में अदालत की अवमानना का नया कानून बना कर ऐसे प्रकाशनों पर प्रतिबंध लगा दिया गया जिसमें जान बूझकर अदालत के फैसले, निर्देश या प्रक्रिया आदि की अवहेलना की गई हो। इस कानून के तहत अदालतों पर जजों के प्रति निंदाजनक या उनके प्राधिकार को कम करने वाले, पक्षपात का लांछन लगाने वाले, अदालत की कार्यवाही में दखल देने वाले, अदालती प्रक्रिया में बाधा पहुँचाने वाले प्रकाशनों पर रोक लगा दी गई। इस कानून के तहत छह महीने तक की कैद या दो हजार रुपए का जुर्माना या दोनों किए जा सकते हैं लेकिन अदालती कार्यवाहियों के उचित प्रकाशन, न्यायिककृत्य की उचित आलोचना और जज के खिलाफ ईमानदारी से की गई शिकायत से अदालत की अवमानना नहीं होती। पर ऐसी सामग्री कत्तई नहीं छापनी चाहिए जिससे जज को निष्पक्ष विचार करने में बाधा पहुँचे। प्रेस से निर्दोष प्रकाशन और उसका विवरण देने की ही अपेक्षा की जाती है।

मानहानि–ऐसा प्रकाशन जो किसी व्यक्ति की प्रतिष्ठा को नुकसान पहुँचाए, उसे मानहानि कहते हैं। किसी अखबार या पत्रिका में किसी के बारे में असत्य और अपमानजनक सामग्री छापी जाती है तो वह मानहानि का मामला बनता है और भारतीय दंड विधान की धारा 499 के तहत अपराध माना गया है। लेकिन मानहानि के बारे में दस अपवाद भी हैं–

1. सत्य बात का लांछन, जिसका लोकहित में प्रकाशन अपेक्षित है, मानहानि नहीं है।
2. किसी लोक सेवक के आचरण या चरित्र के बारे में सद्‌भावना पूर्वक विचार व्यक्त करना मानहानि नहीं है।
3. किसी सार्वजनिक महत्त्व के सवाल पर किसी व्यक्ति के आचरण पर सद्‌भावपूर्ण विचार व्यक्त करना मानहानि नहीं है।
4. अदालत की कार्यवाही के नतीजे का सही-सही प्रकाशन मानहानि नहीं है।
5. अदालत द्वारा किसी दीवानी या फौजदारी के मामले पर दिए गए फैसलों के गुण दोष पर सद्‌भावपूर्ण विचार व्यक्त करना या साक्षियों व अन्य संबद्ध व्यक्तियों के तद्‌विषयक आचरण पर विचार करना मानहानि नहीं है।
6. किसी लोक कृति के गुण दोष या तद्‌विषयक आचरण पर सद्‌भावपूर्वक विचार व्यक्त करना मानहानि नहीं है।
7. किसी व्यक्ति की, उस पर विधि सम्मत अधिकार रखने वाले व्यक्ति द्वारा की गई निंदा मानहानि नहीं है।
8. किसी व्यक्ति पर, उस पर विधि समस्त अधिकार रखनेवाले व्यक्ति द्वारा आरोप लगाना मानहानि नहीं है।
9. लोकहित में किसी व्यक्ति पर अपने या अन्य के हितों की सुरक्षा के लिए लांछन लगाना मानहानि नहीं है।
10. लोक कल्याण या भलाई के लिए सद्‌भावपूर्वक किसी को हिदायत देना मानहानि नहीं है।

धारा 499 के तहत चार स्पष्टीकरण भी हैं–(1) मरणोपरांत किसी व्यक्ति पर ऐसा आरोप लगाना, जिससे जीवित रहने पर उसकी प्रतिष्ठा पर आँच आती या उसके सगे-संबंधियों की भावनाओं को ठेस पहुँचे, मानहानि है। (2) किसी कंपनी, संस्था या व्यक्तियों के समूह पर सदैव स्थिति में आक्षेप लगाना मानहानि है। (3) व्यंग्य में लगाया गया आक्षेप भी मानहानि है। (4) यदि प्रत्यक्ष या परोक्ष रूप से किसी व्यक्ति के नैतिक या बौद्धिक चरित्र या शारीरिक स्वास्थ्य को हेय बनाने के लिए लांछन लगाए जाएं तो मानहानि है।

एक अन्य कानून है कापी राइट कानून 1957 और एकांतता के कानून। इसके तहत किसी रचना के प्रकाशित करने के पूर्व लेखक की अनुमति न लेना इस कानून

का उल्लंघन है। वैसे व्यवहार में कापी राइट समाचार का मुद्दा नहीं है। फिर रचना के पत्र-पत्रिका में प्रकाशनार्थ तैयार किए गए सारांश के कारण मुकदमा नहीं चल सकता। एकांतता कानून में किसी नागरिक की एकांतता पर आघात करना कानून की दृष्टि में दंडनीय है।

पत्रकारों की नौकरी, काम के घंटे, ग्रेच्युटी भुगतान व अन्य सेवा शर्तों से संबंधित श्रमजीवी पत्रकार अधिनियम 1955[1] में बना। इसमें 1963, 1968, 1974 और 1978 में संशोधन कर इसे व्यापक बना दिया गया। इसी अधिनियम में समय-समय पर वेतनमंडल के गठन की भी व्यवस्था की गई। इसी क्रम में 1979 में सुप्रीम कोर्ट के सेवानिवृत्त न्यायाधीश जी.डी. पालेकर की अध्यक्षता में एक पंचाट का गठन किया गया था। इस पंचाट की सिफारिशें कुछ संशोधनों के साथ केंद्र सरकार ने मंजूर कर लीं। इसे पालेकर अवार्ड कहा गया। उसके बाद 1985 में न्यायमूर्ति यू. एन. बच्छावत की अध्यक्षता में दूसरे वेतन बोर्ड का गठन किया था। बच्छावत आयोग की सिफारिशें भी कुछ संशोधनों के साथ मंजूर कर ली गईं। 1994 में मणिसाना वेतन बोर्ड का गठन हुआ। उसकी सिफारिशें भी 2000 ई. में मान ली गईं। इससे पत्रकारों की सेवाशर्तों, वेतन आदि में सुधार तो हुआ है पर कई समाचारपत्र-श्रमजीवी पत्रकार कानून से बचने के रास्ते भी ढूँढ़ लेते हैं। पत्र मालिक देश में व्यापक बेरोजगारी का फायदा उठाते हैं और कानूनों की धज्जियाँ उड़ाते हैं। कुछ जगह तो नौकरी देने के साथ इस्तीफे भी लिखवाकर ले लिए जाते हैं ताकि जब इच्छा हो बगैर किसी झंझट के हटाया जा सके।

प्रेस से ही संबंधित एक और कानून है प्रेस और पुस्तक पंजीकरण अधिनियम 1867[2]। इस अधिनियम के प्रावधानों के तहत समाचारपत्रों के प्रकाशन को सुनिश्चित किया जाता है और उसकी नियमितता पर निगरानी रखी जाती है। यह तो रही प्रेस कानून की बात पर।

भारतीय प्रेस और पत्रकारों के लिए कोई ठोस आचार संहिता नहीं है। हालाँकि उस दिशा में काफी विकास हो चुका है। और पत्रकारों के संगठनों ने खुद के लिए खुद ही आचार संहिताएँ बनाई हैं (भले पालन न करें)। वैसे आचार संहिता और आत्मानुशासन की आवश्यकता का बराबर एहसास किया जाता रहा है। हिन्दी पत्रकारिता के शुरू होने के भी काफी पहले हमारे ऋषि मुनियों ने अभिव्यक्ति व आचरण की स्वतंत्रता संबंधी अनुशासन आदेश दिए थे। कहना न होगा कि ये अनुशासन आदेश पत्रकारों के लिए आचार-संहिता के मजबूत आधार बन सकते हैं। 'तैत्तरीय उपनिषद' में ऋषियों ने कहा है--सत्यं वद् (यानी सत्य बोलो), स्वाध्यान्मा प्रमदः (स्वाध्याय-अध्ययन से आलस्य न करो), सत्यान्न प्रमदितव्यम्--जिस कार्य से

1. श्रमजीवी पत्रकार अधिनियम की मुख्य बातें परिशिष्ट में देखिए।

स्वयं अपना और अन्य प्राणियों का कल्याण हो, उसमें आलस नहीं करना चाहिए।

हिंदी पत्रकारिता ने जब आँखें खोलीं तो उसमें भी आत्मानुशासन था। हिंदी का पहला अखबार 'उदंत मार्तण्ड' का मकसद ही लोकहित था। आजादी के पूर्व के अधिसंख्य पत्र एक मिशन को लेकर निकले। उनमें स्वभावतः आत्मानुशासन था। महात्मा गांधी ने भी कहा था कि समाचारपत्रों का सही अर्थों में लाभ तभी होगा, जब उनमें आत्मानुशासन हो। आत्मानुशासन यानी आचार संहिता की दिशा में पहला ठोस कदम उठाया गया, आजादी के बाद, जब तीन अक्टूबर, 1952 को प्रथम प्रेस आयोग का गठन हुआ। प्रथम प्रेस आयोग को छोटी-बड़ी पत्र-पत्रिकाओं, समाचार समितियों और फीचर सिण्डीकेटों के नियंत्रण, प्रबंधन व आर्थिक हालत पर विचार करना था। उसे इस पर भी गौर करना था कि एकाधिकार और शृंखला-पत्रों का समाचार और विचार पर कितना असर है? प्रेस की मालिकाना कंपनियाँ, विज्ञापन और अन्य बाहरी दबाव क्या हैं? पत्रकारों की नियुक्ति, प्रशिक्षण, काम की स्थिति और उनके आर्थिक स्तर की रक्षा की स्थिति क्या है? प्रेस, कागज और मशीन आदि के विभिन्न पहलू, सरकार और प्रेस सम्बन्ध, प्रेस सलाहकार और सम्पादकों तथा पत्रकारों की संस्थाओं और प्रेस की स्वतंत्रता, कानूनों में ऐसे संशोधन जो प्रेस की स्वतंत्रता के लिए आवश्यक जान पड़ें—आदि पर भी उसे गौर करना था।

प्रथम प्रेस आयोग ने 14 जुलाई 1954 को प्रेस जगत की जाँच और सुझाव, भारतीय पत्रकारिता का इतिहास और प्रश्नावलियाँ, परिशिष्ट विज्ञापन, अर्थव्यवस्था और पाठक आदि पर अपना प्रतिवेदन प्रस्तुत किया। इसके साथ ही उसने यह भी सिफारिश की कि प्रेस परिषद् की स्थापना की जाए। पत्रकारों की आचारसंहिता के मूल सूत्रों का गठन किया जाए। अखबार का मूल्य पृष्ठानुसार नियम पर निर्धारित किया जाए। अखबार में चालीस फीसदी से ज्यादा विज्ञापन न हो। विज्ञापन परिषद, प्रेस रजिस्ट्रार की नियुक्ति, समाचार समितियों के 'निगम' की स्थापना हो। प्रेस उद्योग पर अन्य उद्योगों-मालिकों का प्रभाव कम किया जाए। एकाधिकार की प्रवृत्ति पर रोक लगे। पत्रकारों के हितार्थ उद्योग, नियम, वेतन और काम के घंटों का निर्धारण हो। केन्द्रीय सरकार पत्र-पत्रिकाओं की जांच और व्यवस्था का काम सुनिश्चित करे।

इस आयोग की संस्तुतियों के आधार पर 1956 में समाचारपत्रों के रजिस्ट्रार कार्यालय की स्थापना हुई। प्रेस परिषद् कानून 1965 में बना। जुलाई 1966 में प्रेस परिषद की स्थापना हुई। 1966 में प्रथम भारतीय प्रेस परिषद के अध्यक्ष बने न्यायाधीश जे.आर. मधालकर। परिषद के अध्यक्ष सुप्रीम कोर्ट या हाईकोर्ट के जज ही होते हैं। अध्यक्ष के अलावा इसके कुल 28 सदस्य होते हैं। इसमें संसद के पांच सदस्य (तीन लोकसभा से और दो राज्य सभा से), इसके अलावा बार कौंसिल, साहित्य अकादमी, विश्वविद्यालय अनुदान आयोग के भी एक-एक प्रतिनिधि इसके सदस्य होते हैं। बाकी पत्रकार और प्रेस मालिकों के प्रतिनिधि होते हैं।

प्रथम प्रेस आयोग की संस्तुतियों के मुताबिक भारतीय प्रेस परिषद को पत्र-पत्रिकाओं के लिए आचार संहिता बनानी थी। आचार संहिता बनाते समय उसे इन पर ध्यान रखते हुए विचार करना था—प्रेस जनमत बनाने का मुख्य साधन है। वह अपने इस कर्तव्य का पालन एक न्यासी के रूप में करे। प्रेस मूल मानवीय और सामाजिक अधिकारों को समुचित सम्मान दे। सही समाचारों का संकलन, विवरण का प्रकाशन करे और प्रेस द्वारा टीका-टिप्पणी करने का समुचित अधिकार सुरक्षित हो। तनाव और हिंसा भड़काने वाले समाचारों से बचे। समाचार तोड़-मरोड़ कर न दे। प्रेस अपने समाचारों के लिए जिम्मेदारी कबूल करे। अपुष्ट खबरों के बारे में स्वयं यह संकेत दे कि अमुक-अमुक खबरें किन सूत्रों से और किस अवस्था में प्राप्त हुईं। प्रेस को अपने समाचार सूत्र का उद्घाटन करने के लिए बाध्य नहीं किया जाए, किंतु न्यायालय और प्रेस परिषद को आवश्यक होने पर सूत्र जानने का अधिकार हो। पत्रकार व्यावसायिक आचरण को वरीयता दें। अपने व्यक्तिगत हितों को प्रश्रय न दें। गलत समाचार का निराकरण तत्परता से करें और खंडन या प्रतिवाद समुचित ढंग से प्रकाशित करें। पत्रकार अपने व्यवसाय की प्रतिष्ठा के अनुकूल आचरण करें और अपनी प्रतिष्ठा का नाजायज फायदा उठाने की चेष्टा न करें। लालच में आकर न कोई समाचार दें और न किसी समाचार को दबाने की चेष्टा करें। व्यक्तिगत विवादों को, जिनका समाज के हित से कोई संबंध नहीं हो, उजागर न करें, निजी जीवन के संबंध पर कोई अफवाह न फैलाएँ और निजी मामलों को तब तक उजागर नहीं करें, जब तक समाज के व्यापक हित में उनका प्रकाशन अनिवार्य न हो। निराधार आरोप लगाने से परहेज करें। साहित्यिक चोरी को गंभीर व्यावसायिक अपराध मानें। संकटग्रस्त और आक्रांत परिवारों के समाचार, फोटो इत्यादि समझ-बूझ कर दें। संकटग्रस्त लोगों को सूचनाएँ देने के लिए बाध्य न करें, जिसके कारण उनका कष्ट बढ़े।

प्रेस परिषद की स्थापना के उद्देश्य में मूल बातें थीं—समाचारपत्रों की स्वतंत्रता की रक्षा करना, व्यवसाय के उच्च स्तर के अनुसार पत्रकारों के लिए आचार-संहिता बनाना, समाचारपत्र और पत्रकार, समाचार और लेख के प्रकाशन में भाषा, लालित्य और सार्वजनिक सुरुचि के उल्लंघन रोकने और नागरिकता के कर्तव्यों और अधिकारों के प्रति पूर्ण निष्ठा का परिचय दें, इसकी व्यवस्था करना, लेखनी के माध्यम से पत्रकारों को राष्ट्र-सेवा के लिए प्रेरित करना, सार्वजनिक हित से संबंधित समाचारों के संकलन और वितरण में रोड़ा अटकाने वाली परिस्थितियों पर नजर रखना, पत्रकारों के प्रशिक्षण की सन्तोषजनक व्यवस्था, समाचारपत्रों की सहायता के लिए समाचार संकलन और वितरण के लिए सामान्य अभिकरण की स्थापना करना, पत्रकारिता से संबंधित सभी वर्गों के कर्मचारियों के बीच सहयोग और सामंजस्य की स्थापना करना, समाचारपत्र

व्यवसाय में एकाधिकार को रोकने और पत्रकारिता संबंधी तकनीकी खोज को प्रोत्साहन देना।

प्रेस परिषद का कार्यकाल तीन वर्षों के लिए होता है। यह पत्रकारों और अखबारों के विरुद्ध मिलने वाली शिकायतों की पड़ताल करती है। दोषी पाए जाने पर वह अखबार या संबद्ध पत्रकार की निंदा या भर्त्सना भी करती है। लेकिन उसे किसी पत्रकार या अखबार को दंडित करने का अधिकार नहीं है। हालाँकि भारतीय संविधान में संसद, सांसदों, विधायकों और विधानमंडलों की मर्यादा के उल्लंघन करने, देश की प्रभुता, अखंडता, सुरक्षा और विदेशों से मैत्रीपूर्ण संबंधों पर आघात पहुँचाने और अपमानजनक या मानहानि वाली रचनाएं लिखने पर पूर्णतः प्रतिबंध है। इसका उल्लंघन करने वालों को दंडित किए जाने का भी प्रावधान है।

अपनी स्थापना के बाद लगातार दस वर्षों तक प्रेस परिषद ने आचार संहिता बनाने की दिशा में काफी काम किया पर 1975 में देश में इमरजेंसी लागू हो गई। इमरजेंसी लागू करते समय अखबारों पर कई तरह के प्रतिबंध लगा दिए गए। आपात्काल में पत्र-पत्रिकाओं और पत्रकारों के लिए यह आचार संहिता स्वीकार की गई कि :

1. अपने कर्तव्य के निर्वहन में पत्रकार मूलभूत मानवीय तथा सामाजिक अधिकारों की ओर पूरा ध्यान रखेंगे और समाचार के प्रस्तुतीकरण और विचारों के प्रतिपादन में सद्भावना एवं न्यायपरायणता को अपना व्यावहारिक उत्तरदायित्व मानेंगे।
2. पत्रकार और समाचारपत्र राज्य और जनता की उन गतिविधियों पर प्रकाश डालने और उनको प्रोत्साहित करने का प्रयास करेंगे जिनसे राष्ट्रीय एकता और सुदृढ़ता, भारत की अखण्डता तथा आर्थिक और सामाजिक प्रगति को बल मिलता है।
3. पत्रकार और समाचार-पत्र उन समाचारों और उन टिप्पणियों को प्रकाशित नहीं करेंगे जिनसे ऐसे तत्त्वों को बल मिलता हो, जिससे नागरिक उथल-पुथल, विद्रोह और बगावत की आशंका हो। हिंसा की खुले शब्दों में निन्दा करनी चाहिए।
4. पत्रकार या समाचारपत्र यह सुनिश्चित करें कि समाचार तथ्यात्मक हों। किसी भी तथ्य को तोड़ा-मरोड़ा नहीं जाएगा। न ही ऐसे समाचार प्रकाशित किए जाएँगे जो असत्य हों या अविश्वसनीय हों।
5. ऐसे काल्पनिक समाचार, जो उत्तेजनात्मक हों या अर्थ का अनर्थ करते हों, प्रकाशित नहीं किए जाएँगे। गलत समाचारों या टिप्पणी का संशोधन प्रमुखता से किया जाएगा।

6. विश्वासों का आदर किया जाएगा। व्यावसायिक गोपनीयता की रक्षा होगी।
7. पत्रकार अपने पद एवं प्रतिष्ठा का उपयोग गैर-पत्रकार प्रयोजनों के लिए अथवा गैर पत्रकारीय उद्देश्यों के लिए, सूचना एकत्रित करने के लिए नहीं करेंगे। ना ही अपने व्यावसायिक आचरण को व्यक्तिगत स्वार्थ से प्रभावित होने देंगे।
8. पत्रकार किसी भी समाचार या टिप्पणी का प्रकाशन करने के लिए किसी प्रकार का प्रलोभन या रिश्वत स्वीकार नहीं करेंगे।
9. पत्रकार और समाचारपत्र लोकहित के अतिरिक्त किसी भी वाद-विवाद में नहीं पड़ेंगे।
10. पत्रकार और समाचार-पत्र अफवाह या गप्प या व्यक्तियों के निजी जीवन से सम्बन्धित संदिग्ध समाचारों का प्रकाशन नहीं करेंगे।
11. समाचार-पत्र ऐसी सामग्री (विज्ञापन सहित) भी प्रकाशित नहीं करेंगे जो अश्लील हों या जिनसे दुष्कर्म या अपराध या गैर-कानूनी गतिविधियों को प्रोत्साहन मिलता हो।
12. पत्रकार और समाचार-पत्र लोकतंत्र, धर्मनिरपेक्षता और समाजवाद के राष्ट्रीय उद्देश्यों को बढ़ावा देंगे और उनको प्रतिबिम्बित करेंगे।
13. पत्रकार और समाचार-पत्र ऐसे दंगों के समाचार या विस्तृत विवरण प्रकाशित नहीं करेंगे जो किसी जाति, समुदाय, वर्ग, धर्म, क्षेत्रीय या भाषायी मामलों से जुड़े हों। ना ही आधिकारिक दृष्टि के बिना ऐसे मामलों में शामिल गुटों की संख्या या पहचान का विवरण प्रकाशित करेंगे।
14. पत्रकार और समाचार-पत्र ऐसी सूचना या टिप्पणी प्रकाशित नहीं करेंगे जिनसे भारत की संप्रभुता, अखण्डता, सुरक्षा या विदेशों से मैत्री-संबंधों को आघात पहुँचता हो।

आपात्काल में प्रेस पर लगे प्रतिबंध का प्रचंड विरोध हुआ। बाद में सरकार को उसकी भारी कीमत भी चुकानी पड़ी, सत्ता खोकर। आपात्काल में सरकार ने एक अध्यादेश जारी कर प्रेस परिषद अधिनियम को ही खत्म कर दिया था। 1978 में जब जनता पार्टी केंद्र में आई तो उसने 'प्रेस परिषद अधिनियम' फिर से बहाल किया। तब से वह अनवरत काम कर रही है। वह हर साल अपना वार्षिक प्रतिवेदन केंद्र सरकार को प्रस्तुत करती है। इसमें उसकी संपूर्ण गतिविधियों और कार्यवाहियों का लेखा-जोखा होता है। इमरजेंसी में प्रेस पर लगे प्रतिबंध और पत्रकारों के लिए बनी आचार संहिता के विरोध की वजह यह भी थी कि काफी पहले 1953 में 'अखिल भारतीय समाचारपत्र संपादक सम्मेलन' ने पत्रकारों के लिए आचार संहिता घोषित कर ही दी थी फिर सरकार की ओर से सरकारी आचार संहिता थोपने का औचित्य

ही क्या था? समाचारपत्र संपादक सम्मेलन की 15 सूत्रीय आचार संहिता में कहा गया था :

1. समाचारपत्र लोकमत निर्माण के प्रमुख साधन हैं। पत्रकारों को एक न्यासी की तरह काम करना चाहिए और मानव-शांति व लोक-हित की रक्षार्थ और सेवार्थ सदैव तत्पर रहना चाहिए।
2. पत्रकारों द्वारा मूल मानवीय तथा सामाजिक अधिकारों को उचित सम्मान दिया जाना चाहिए। अपनी वृत्ति या पेशे को पुनीत कर्तव्य मानकर समाचार लेखन के समय संवाददाता को हमेशा निष्ठावान एवं न्याय-निष्ठ होना चाहिए।
3. जातीय, धार्मिक और आर्थिक भेदों से उत्पन्न सामाजिक खिंचावों के समाचार देते समय अथवा उन पर टिप्पणी करते समय पत्रकारों को विशेष तौर से अपने ऊपर काबू रखना चाहिए।
4. पत्रकार को यह ध्यान रखना चाहिए कि जो कुछ प्रकाशित हो रहा है, उसमें तथ्य की एक भी गलती न हो, कोई भी तथ्य तोड़ा-मरोड़ा न जाए और न कोई आवश्यक तथ्य छिपाया जाए।
5. जो भी समाचार या विचार प्रकाशित हो, उसका उत्तरदायित्व स्वीकार किया जाए। यदि जिम्मेदारी न लेनी हो तो उसका पूर्व उल्लेख किया जाए।
6. विश्वास का सदैव सम्मान किया जाए। व्यावसायिक गोपनीयता को अवश्य संरक्षण दिया जाना चाहिए।
7. गलत बातों या समाचारों का शीघ्र स्वेच्छा से खण्डन करना चाहिए।
8. पत्रकार अपने पद एवं प्रतिष्ठा का गैर-पत्रकार प्रयोजनों के लिए उपयोग नहीं करेंगे।
9. पत्रकार अपने व्यावसायिक आचरण को व्यक्तिगत स्वार्थ से प्रभावित नहीं होने देंगे।
10. किसी बात या घटना को छिपाने या न छिपाने के लिए रिश्वत माँगने या स्वीकार करने से बढ़कर और कोई पाप नहीं है।
11. समाचारों व तथ्यों का संकलन, उचित टीका-टिप्पणी करने व प्रकाशन की स्वतंत्रता की रक्षा में प्रत्येक पत्रकार को सदैव तत्पर रहना चाहिए।
12. पत्रकार अपने सहयोगियों के प्रति अपने दायित्व के बारे में सचेत रहकर कोई ऐसा कार्य न करें, जिसमें उनके साथी पत्रकार अपनी आजीविका से वंचित हों।
13. समाचारपत्रों में व्यक्तिगत वाद-विवादों को स्थान देना, जिसमें जनहित का अभाव हो, पत्रकारिता व्यवसाय के सम्मान के विरुद्ध माना जाए।
14. किसी के निजी जीवन की बातों के बारे में अफवाहों या अन्य बातों को छापना व्यवसाय-विरुद्ध है। व्यक्तिगत जीवन संबंधी सत्य तथ्य भी तब

तक प्रकाशित नहीं किए जाएँगे, जब तक उनका प्रकाशित होना जनहित में आवश्यक न समझा गया हो।

15. समाचारपत्र वैसी सामग्री प्रकाशित नहीं करेंगे जिससे दुष्कर्म और अपराध को प्रोत्साहन मिलता हो।

नेशनल यूनियन ऑफ जर्नलिस्ट्स (एनयूजे) ने आपातकाल के दौरान केन्द्र सरकार की पहल पर बनी आचार संहिता को खारिज कर दिया था। उसने अपनी आचार संहिता बनाई थी। इसे एनयूजे के घोषणा पत्र के रूप में जाना जाता है जो 1981 में आगरा अधिवेशन में स्वीकृत हुआ। घोषणा पत्र में कहा गया है–

हम भारत के श्रमजीवी पत्रकार विश्वास करते हैं कि–

जनता के व्यापक हित में निष्पक्ष और सम्यक् तरीके से समाचारों तथा टिप्पणियों का प्रकाशन किया जाना चाहिए।

प्रेस की आजादी और सूचना देने का अधिकार परस्पर अविच्छिन्न रूप से जुड़े हुए हैं और जनतांत्रिक प्रक्रिया के अनिवार्य अंग हैं। अतः इन्हें हर व्यक्ति द्वारा संरक्षण तथा शक्ति मिलनी चाहिए;

प्रेस और समाज एक दूसरे के साथ तभी तेजी से विकसित हो सकते हैं, जब हर व्यक्ति को स्वतंत्र रूप से मौलिक मानवाधिकार प्राप्त होगा, अतः इन अधिकारों को उचित मानकर इनकी रक्षा की जानी चाहिए;

पत्रकारों के अधिकारों के साथ व्यक्तिगत तथा पेशागत प्रतिष्ठा एवं अखंडता को सर्वोच्च मानकर इनकी रक्षा की जानी चाहिए;

पत्रकारों के अधिकारों के साथ व्यक्तिगत तथा पेशागत प्रतिष्ठा एवं अखंडता के सर्वोच्च मानदण्ड कायम रखने की उनकी जिम्मेदारी भी जुड़ी हुई है;

भय ओर पक्षपात के विरुद्ध मुहिम की बात ही नहीं, बल्कि उस मुहिम में शरीक होते हुए दिखना भी जरूरी है। अतः पत्रकारों के लिए बेहतरीन रहन-सहन तथा सेवा शर्त सुनिश्चित की जानी चाहिए।

विश्वास की इसी आधार-भूमि पर खड़े होकर हम घोषित करते हैं और वचन देते हैं कि हम–

1. तथ्यों के संग्रह और प्रकाशन तथा स्वस्थ आलोचना के अधिकार की हर कीमत पर रक्षा करेंगे।
2. पूरी ईमानदारी के साथ समाचार देंगे और उसकी व्याख्या करेंगे, जरूरी तथ्यों को नहीं दबाएंगे तथा सभी दबावों को ताक पर रखकर संबंधित पक्षों के साथ न्याय के नियम का पालन करेंगे।
3. किसी भी सत्ता द्वारा लादी गई सेंसरशिप में न सहभागी होंगे, न ही उसे उचित ठहराएंगे और खुद दूसरों पर इस तरह की व्यवस्था थोपने की कोशिश नहीं करेंगे।

4. जनहित की रक्षा करेंगे और मौलिक मानवाधिकारों के पक्षधर रहेंगे।
5. न दूसरों के शोषण के शिकार होंगे, न ही व्यक्तिगत फायदे के लिए अपने पद का उपयोग करेंगे। व्यक्तिगत मामलों से पेंशे की संहिता को प्रभावित नहीं होने देंगे। पत्रकारिता की पेशागत प्रतिष्ठा के प्रति जन-विश्वास कायम रखने की कोशिश करेंगे और ऐसे ही काम अपने हाथ में लेंगे जो इसकी प्रतिष्ठा के अनुरूप हों।
6. जब तक जनहित में आवश्यक नहीं होगा, व्यक्तिगत भावनाओं और निजी अधिकारों पर जान-बूझकर चोट नहीं करेंगे लेकिन सरकारी तथा अन्य प्रभावशाली व्यक्तियों के जन-विरोधी कार्य-कलापों को उजागर करने के अपने अधिकारों के साथ कोई समझौता नहीं करेंगे।
7. समाचारों को प्रकाशित करने या रोकने के लिए किसी प्रकार की लालच या घूस को गंभीर अपराध समझेंगे।
8. अपनी जिम्मेदारी का निर्वाह करने के बाद पत्रकारों पर और प्रेस पर देश के किसी भाग में किसी भी प्रकार के हमले का व्यक्तिगत और सांगठनिक ढंग से प्रतिरोध करेंगे।
9. काम की बेहतरी ओर स्तरोन्नयन के लिए सतत प्रयास करेंगे।
10. विश्वास का समादर करेंगे और गोपनीयता कायम रखेंगे।
11. जनता को जानने के अधिकार से वंचित किए बगैर सांप्रदायिक उभार या सामाजिक तनाव से संबंधित घटनाओं के बारे में आत्म-संयम का परिचय देंगे।
12. अपने कार्यों, जिम्मेदारियों तथा प्रतिष्ठा के अनुरूप बेहतर सेवा-शर्तों तथा उच्चतर वेतन-स्तर प्राप्त करने के लिए एकजुट होकर लड़ेंगे और सहयोगी पत्रकारों की आर्थिक स्थिति एवं पेशागत हितों को कहीं से चोट नहीं पहुँचाएंगे।

''दिल्ली पत्रकार संघ' ने भी 1982 के अपने सम्मेलन में पत्रकारों के लिए एक 15 सूत्रीय आचार-संहिता घोषित की थी : अपने विचारों या समाचारों के प्रकाशन या उनके प्रस्तुतीकरण में संपादक संस्थान के अंदर या बाहर किसी से प्रभावित नहीं होगा। समाचारपत्र सत्तारूढ़ दल, उसकी सरकार या किसी अन्य राजनीतिक दल अथवा व्यक्ति का प्रचार माध्यम नहीं बनेगा। दलों से जुड़े समाचारों को दबाएंगे या तोड़ेंगे-मरोड़ेंगे नहीं। साम्प्रदायिक तनाव भड़कने की आंशका अथवा शत्रु देश को मदद पहुँचाने की सम्भावना वाली खबरों के अलावा, संपादक किन्हीं तथ्यों के प्रस्तुतीकरण में अवरोध उत्पन्न नहीं करेंगे। निराधार, सनसनीखेज, दुर्भावनापूर्ण समाचार नहीं छापे जाएँगे। विवादास्पद अथवा संदिग्ध समाचारों के प्रकाशन से पूर्व पुष्टि की जाएगी। निजी जीवन से संबंधित समाचार जनहित में होने पर ही प्रकाशित

किए जाएँगे। प्रत्येक समाचारपत्र में एक परामर्शदात्री कर्मचारी परिषद होगी, जिसमें सम्पादकीय विभाग और प्रेस के सभी विभागों के लोग रहेंगे। यह परिषद समय-समय पर इस बात की समीक्षा करेगी कि आचार-संहिता के अनुसार पत्र का प्रकाशन हो रहा है अथवा नहीं। संपादक और सम्पादकीय विभाग के अन्य सहयोगी, समाचारपत्र मालिक और सम्पादक के बीच विवाद के मामले भी इसी परिषद के समक्ष रखे जाएंगे, ऐसी परिषद का गठन होने तक कोई भी विवाद पत्रकारों की एक उपयुक्त संस्था के सुपुर्द किया जाएगा। सम्पादक या संपादकीय विभाग के किन्हीं सदस्य के साथ राजनीतिज्ञों, शासकीय अधिकारियों अथवा किसी अन्य व्यक्ति का कोई विवाद एतदर्थ गठित एक विधायी संस्था के सामने ले जाया जाए। समाचार-पत्र के प्रबंधन के दृष्टिकोण के विपरीत विचार रखने वाले राजनीतिज्ञों के विचारों के प्रकाशन में तोड़-मरोड़ या दबाने जैसा रुख नहीं अपनाया जाएगा। संसद या विधानसभा अथवा विदेशी राजनेताओं द्वारा दिए गए भाषणों को सही परिप्रेक्ष्य में प्रकाशित किया जाएगा। राजनेता और सार्वजनिक समारोहों के अन्य आयोजक उनकी सभाओं, रैली आदि की रिपोर्टिंग करने वाले पत्रकारों तथा प्रेस छायाकारों को संरक्षण देंगे, उनके साथ दुर्व्यवहार नहीं करेंगे। किसी समाचार के प्रकाशन की प्रतिक्रियास्वरूप घेराव या दबाव का कोई अन्य हथकंडा नहीं अपनाया जाएगा। केंद्रीय एवं राज्य सरकारों के सूचना अधिकारी तथा अन्य अधिकारी समाचारपत्रों की समाचार एकत्र करने की जवाबदेही महसूस करेंगे और इस संहिता के अनुसार समाचारों के स्वतंत्र प्रवाह में बाधक नहीं बनेंगे। तदनुसार जिन दो स्थितियों में सरकार समाचार का प्रकाशन, प्रसारण रुकवाना चाहती है, उसकी अपरिहार्यता के संबंध में संपादक को संतुष्ट करना होगा। वित्तीय संस्थान और विज्ञापनदाता संपादकीय नीति को प्रभावित करने की चेष्टा नहीं करेंगे। किसी समाचार के गलत होने की स्थिति में उसका प्रतिवाद भेजा जाएगा, जिसे संपादक उचित रूप में प्रकाशित करेंगे। यदि आवश्यक हुआ तो वे अपनी टिप्पणी भी साथ में देंगे। ऐसे प्रकाशन के लिए जिम्मेदार पत्रकार से उसका प्रतिवाद, खंडन या खेद प्रकाश छापने से पूर्व संपादक द्वारा परामर्श किया जाएगा। कानून में उपयुक्त संशोधन किए जाएं, जिससे पत्रकार को अपनी सूचना का स्रोत प्रकट न करने के लिए विधायी संरक्षण प्राप्त हो सके। जब तक संसदीय विशेषाधिकार पूरी तरह परिभाषित नहीं हो जाते, संबंधित संवैधानिक प्रावधानों को इस तरह संशोधित किया जाए कि संसद या विधान मंडलों की कार्यवाही के प्रकाशन संबंधी सभी विवाद एक उपयुक्त समिति को सौंपे जाएँ। जब तक ऐसी समिति का गठन नहीं होता, विशेषाधिकार हनन के किसी मुद्दे पर कार्यवाही के पूर्व पत्रकारों को सदन के समक्ष अपना बचाव करने का अवसर दिया जाए। संसद और विधान मंडलों की कार्यवाही का प्रकाशन देश की लोकतांत्रिक प्रक्रिया का एक आवश्यक अंग है ताकि जनता अपने द्वारा चुने हुए प्रतिनिधियों के व्यवहार के बारे में जान सके। अतएव पीठासीन अधिकारियों

को सदन की कार्यवाही की रिपोर्टिंग में जान-बूझ कर अवरोध नहीं आने देना चाहिए। यहां तक कि कार्यवाही से विलोपित हिस्सों का भी प्रकाशन होने देना चाहिए, जिससे पाठक और अन्य लोकतांत्रिक संस्थाएँ और मतदाता संसदीय व्यवहार का ज्ञान प्राप्त कर सकें। पत्रकार, समाचारपत्र और व्यावसायिक संगठन का यह कर्तव्य होगा कि वे सूचना का स्वतंत्र प्रवाह सुनिश्चित करें। यूनेस्को द्वारा प्रस्तावित नई अंतर्राष्ट्रीय सूचना व्यवस्था के संदर्भ में यह और भी महत्त्वपूर्ण होगा। प्रेस की स्वतंत्रता तथा पत्रकारिता की उच्चतम परम्पराओं और अन्य मान्यताओं को प्रभावित करने वाले मामलों में पत्रकार व्यक्तिशः और व्यावसायिक संगठन अन्य संगठनों की सहायता और सहयोग प्राप्त करने के लिए स्वतंत्र होंगे।

1922 में स्थापित इंडियन जर्नलिस्ट्स एसोसिएशन (आईजेए) द्वारा स्वीकृत आचार संहिता में कहा गया है कि (1) एक श्रमजीवी पत्रकार ऐसा कोई काम नहीं करेगा जिससे उसकी खुद की, उसके अखबार की, उसके पेशे की या संगठन की विश्वसनीयता खत्म होती हो।

(2) कोई श्रमजीवी पत्रकार अनुचित तरीके से प्रोन्नति या दूसरे पत्रकार की जगह नहीं लेगा।

(3) किसी पत्रकार द्वारा अपने सहयोगी की प्रकाशन सामग्री की चोरी या उसकी अनुमति के बगैर उसका इस्तेमाल गैर पेशेवर आचरण है।

(4) कोई श्रमजीवी पत्रकार अपने सहयोगियों के साथ उसी तरह का व्यवहार करे, जिस तरह के व्यवहार की अपेक्षा वह अपने उच्चाधिकारियों से रखता है।

(5) हमेशा श्रमजीवी पत्रकारों में पेशे से जुड़े साथियों की मदद की भावना रहनी चाहिए। बेरोजगार पत्रकारों को काम दिलाने का यत्न भी उन्हें करना चाहिए।

(6) हर श्रमजीवी पत्रकार को निष्पक्ष टिप्पणी-आलोचना के अधिकार और सूचना व तथ्य एकत्र करने, उन्हें प्रकाशित करने की स्वतंत्रता के सिद्धांत की रक्षा करनी होगी।

(7) किसी श्रमजीवी पत्रकार को ईमानदारी पूर्वक समाचार, तस्वीरें और दस्तावेज हासिल करने चाहिए। दस्तावेजों व तथ्यों का गलत इस्तेमाल नहीं करना चाहिए।

(8) हर श्रमजीवी पत्रकार को अपने पत्र या संवाद एजेंसी के प्रति पूरी तरह अपने व्यक्तिगत उत्तरदायित्व का पालन करना चाहिए। पेशे की गोपनीयता उसे भंग नहीं करनी चाहिए।

(9) समाचार या तस्वीर प्राप्त करने के लिए संवाददाता या फोटोग्राफर ऐसा कोई काम नहीं करेंगे, जिससे किसी की खासकर निर्दोष-दबे-कुचले लोगों की भावनाओं को ठेस पहुँचे या उनका अपमान हो।

नेशनल यूनियन आफ जर्नलिस्ट्स (एन.यू.जे.), दिल्ली पत्रकार संघ और आईजेए की ओर से प्रस्तावित आचार संहिताएँ इमरजेंसी में निर्धारित की गई सरकारी आचार संहिता का जवाब थीं। इस बीच न्यायमूर्ति के. मैथ्यू की अध्यक्षता में द्वितीय प्रेस आयोग का गठन हो चुका था। द्वितीय प्रेस आयोग ने अप्रैल 1982 में अपना प्रतिवेदन प्रस्तुत किया जिसमें उसने प्रेस एवं सरकार के मध्य सद्भावनापूर्ण संबंध स्थापित किए जाने के प्रयास, लघु और मध्यम समाचारपत्रों के विकास के लिए समाचारपत्र विकास आयोग के गठन, समाचारपत्र उद्योग का अन्य उद्योगों एवं व्यावसायिक हितों से पृथकीकरण, पत्र मालिकों तथा सम्पादक के मध्य न्यासधारियों की नियुक्ति, पृष्ठानुसार मूल्य निर्धारण के नियमन, लघु, मध्यम और बड़े समाचारपत्रों के लिए समाचार तथा विज्ञापन के आनुपातिक निश्चयन, समाचारपत्र उद्योग की विदेशी धन के प्रभाव से मुक्ति, पत्र-पत्रिकाओं में भविष्यवाणियों के प्रकाशन पर रोक, पत्र-पत्रिकाओं में प्रकाशित विज्ञापनों में नारी छवि के दुरुपयोग पर प्रतिबन्ध, पत्र सूचना कार्यालय के पुनर्गठन और प्रेस कानून में परिवर्तन पर जोर दिया था। यह तो रही भारतीय प्रेस में आचार संहिताओं की चर्चा। विदेशों में भी प्रेस के लिए आचार संहिताएँ बनी हैं। साठ से ज्यादा देशों ने अपने यहाँ प्रेस और पत्रकारों के लिए आचार संहिताएँ तय की हैं।

अमेरिकी पत्रकारों के एक प्रतिनिधि संगठन ने अपनी आचार संहिता में कहा है—पत्रकारों का कर्तव्य है कि वे सदा सत्य और नैतिकता का समर्थन करें। हमारा विश्वास है कि संचार माध्यमों का ध्येय है—जनता को सही जानकारी देना, जिसके आधार पर वे विचार-विमर्श कर सकें और हम इस काम में संविधान की धाराओं के अंतर्गत ही जानकारी एकत्रित करें और उसका प्रसार करें। जनता को न्याय के प्रति प्रेरित करें और संवैधानिक कर्तव्य के अंतर्गत सत्य की खोज करें, वही सत्य जिसे जानने का अधिकार जनता को है। अपने दायित्व को निभाने में पत्रकारों को सूझबूझ, निष्पक्षता और सच्चाई से काम करना चाहिए।

अमेरिकन सोसायटी आफ न्यूज पेपर एडीटर्स ने अपनी अलग कार्यनीति तय की कि समाचारों या लेखों में जो कुछ दिया गया हो, उसके अनुकूल ही शीर्षक होगा। समाचारों में टीका-टिप्पणी नहीं होनी चाहिए। टीका-टिप्पणी जहाँ हो, वहाँ लेखक का नाम भी होना चाहिए। कई बार पाठक निम्न स्तर की निन्दा-चर्चा पढ़ना अधिक पसंद करते हैं। ऐसी स्थिति में लोकहित को ही सामने रखना चाहिए, भले ही इसके लिए ग्राहकों को निराश करना पड़े। भूल-सुधार के लिए सदा तत्पर रहना चाहिए। समाचारपत्रों का सर्वप्रथम कर्तव्य, लोकमत का प्रतिनिधित्व और मानवीय जीवन को उसकी समूची सार्थकता के साथ प्रतिबिम्बित करना है। पत्रकार न केवल समाज की जानकारी के लिए घटनाओं के विवरण को छापता है, अपितु वह समाज का प्रतिनिधि और परामर्शदाता भी होता है। सार्वजनिक हित ही एक ऐसा ध्येय

है, जिससे प्रेरित होकर कोई समाचारपत्र निर्भीकता से बड़ी से बड़ी शक्ति का मुकाबला कर सकता है। प्रेस की स्वतंत्रता समस्त मानवता का जन्म सिद्ध अधिकार है और पत्रकार इस अधिकार का सतर्क और निडर प्रहरी है। पत्रकारिता को सार्थक बनाने के लिए यह आवश्यक है कि पत्रकार अपने पाठकों से कभी विश्वासघात न करे। यही नहीं, उसकी लेखनी से वही शब्द निकले, जिसके सत्य और न्यायसंगत होने की गवाह उसकी अंतरात्मा हो।

ब्रिटिश पत्रकारों की आचार संहिता में कहा गया है : सहयोगी पत्रकारों से आप स्वयं वैसा ही अच्छा व्यवहार कीजिए, जैसा कि आप उनसे अपेक्षा करते हैं। अप्रतिष्ठा, अदालत की मानहानि और कापी राइट का ध्यान हमेशा रहे। अदालती कार्यवाही प्रकाशित करते समय भी सभी पक्षों के साथ न्यायोचित व्यवहार हो।

आस्ट्रेलिया के पत्रकारों के लिए बनाई गई आचार संहिता में कहा गया है :

(1) समाचार प्रकाशित करने और टीका-टिप्पणी करने में पूरी ईमानदारी बरतिए। (2) जरूरी तथ्यों को छिपाइए मत, उल्लेख न करके या गलत बात पर जोर देकर सच को तोड़िए-मरोड़िए मत। (3) किसी भी दशा में विश्वासघात मत कीजिए। (4) सहयोगियों से सदैव भ्रातृत्व का व्यवहार कीजिए। (5) सहयोगी का कोई अनुचित उपयोग मत कीजिए। (6) घूस कभी मत लीजिए। (7) न्याय-बुद्धि पर व्यक्तिगत स्वार्थ को कभी न प्रभावी होने दीजिए। (8) समाचार, चित्र या दस्तावेज हासिल करने के लिए सिर्फ उचित मार्ग का सहारा लीजिए। (9) कोई व्यक्तिगत वार्ता या चित्र छापने से पहले देने वाले को यह स्पष्ट कर दीजिए कि उसका इस्तेमाल पत्र में किया जा रहा है। (10) अपने आचरण से अपने व्यवसाय की प्रतिष्ठा और पूर्णता के प्रति जनता का विश्वास हासिल कीजिए।

इस प्रकार हम पाते हैं कि देश ही नहीं, विदेशों में भी प्रेस के लिए निर्धारित आचार संहिताओं में खबरों में निष्पक्षता, सच्चाई और संतुलन पर जोर दिया गया है। भारत में पत्र-पत्रिकाओं और दूसरे संचार माध्यमों के लिए अलग-अलग आचार संहिता की आवश्यकता रही है। भारत में रेडियो और टी.वी. पर सरकारी नियंत्रण रहा है। इन सरकारी प्रचार माध्यमों के लिए अलग आचार संहिता है। उसके तहत मित्रदेशों, धर्म या जाति विशेष, सरकार या संविधान और किसी राजनीतिक पार्टी की आलोचना पर प्रतिबंध है। उन खबरों का प्रसारण वर्जित है जो हिंसा फैलाएँ, कानून या व्यवस्था बिगाड़ें। वे खबरें भी नहीं प्रसारित की जा सकतीं जिनमें संविधान के प्रति निरादर हो। संचार माध्यमों में एक फिल्मों पर सेंसर बोर्ड के जरिए प्रतिबंध लगाने का प्रावधान है।

इस बीच आकाशवाणी और दूरदर्शन पर से सरकारी नियंत्रण उठाने और उनकी स्वायत्तता की जरूरत भी महसूस की गई है। दूरदर्शन और आकाशवाणी को स्वायत्तता देने के मकसद से संसद में प्रसार भारतीय विधेयक लाया गया। संसद के दोनों सदनों

में 30 अगस्त 1990 को यह विधेयक पारित हुआ और 11 सितंबर 1990 को राष्ट्रपति ने इसे मंजूरी दी।

काम और व्यवहार को देखते हुए ऐसा प्रतीत होता है कि आज कतिपय पत्रकारों को पत्रकारिता के नीतिगत सिद्धांतों की रत्तीभर भी परवाह नहीं। उनके लिए अपने मालिक का हित सधवाना ही उनकी 'आचार संहिता' बन गई है। इसीलिए तो आज के पत्रकार कोरे पत्रकार नहीं रहे। उससे इतर काम भी करने लगे हैं। सत्ता की दलाली इसमें मुख्य है। मंत्रियों से काम कराना, पोस्टिंग ट्रांसफर कराना और सत्ता को खुश रखने वाली खबरें छापना और अपने मालिक का हित सधवाना उनका मुख्य काम होता गया है। पत्रकारिता उनकी दूसरी वरीयता है। सरकार में पैठ रखनेवाले पत्रकार को ही कतिपय मालिक पसंद भी करते हैं क्योंकि वह मालिक का कई रूपों में हित सधवाता रहता है। अधिकांश अखबार वे उद्योगपति निकाल रहे हैं जो अन्य उद्योगों के पूरक के रूप में पत्र प्रकाशन उद्योग को देखते हैं। या फिर, सरकार पर दबाव बनाने के लिए, अपने उद्योग के फलने-फूलने के लिए निकालते हैं। पटना में तो एक पत्रकार सिर्फ इसलिए एक दैनिक के स्थानीय संपादक बना दिए गए क्योंकि उनकी बिहार सरकार में पैठ थी। वे सरकार पर अखबार के विज्ञापन के बकाया पैसे रुकवा सकते थे। खुश रहने पर सरकार से तमाम सुविधाएँ भी मुहैया करवा सकते थे। सरकारी-गैर-सरकारी विज्ञापनों ने इधर अखबारों को बेतरह प्रभावित करना शुरू किया है। विज्ञापन छपा है या विज्ञापन एजेंसी ने जोर देकर कहा तो उससे संबद्ध खबर की डिस्प्ले बेहतर होती है।

एक अखबार के मालिक और उद्योगपति ने अपनी कंपनी के शेयरों की खरीददारी के समर्थन में अपने समाचारपत्र में एक खबर छाप दी। जबकि और किसी पत्र में यह खबर नहीं थी। पर अपने अखबार में ही खबरें छापकर उन्होंने अपनी कंपनी की साख बढ़ा ली। अखबार मालिक संकेत भी दे, तदनुसार कुछ पत्रकारों का आचरण शुरू हो जाता है। यह खतरनाक संकेत है। कई कोणों से पत्रकारों के आचरण में जो स्खलन आया है, उसके कुप्रभावों को रोकने के लिए जरूरी है कि ऐसे उपाय किए जाएँ जिससे नीतिगत सिद्धांतों और आचार संहिताओं का पूरी तरह सम्मान हो। अखबार मालिकों की ओर से संपादकीय स्वतंत्रता को प्रभावित करने की प्रवृत्ति पर रोक लगे। विज्ञापनदाताओं के हस्तक्षेप को भी रोका जाए। शासन-प्रशासन द्वारा पत्रकारों को प्रभावित करने की कोशिश बंद की जाए। साथ ही पत्रकारिता में पवित्रता, आत्मानुशासन, आत्मसंयम और आत्मनियंत्रण को विकसित किया जाए। पूर्वाग्रह और भेदभावपूर्ण विवरण देने की प्रवृत्ति पर अंकुश लगे। औचित्य-अनौचित्य का विवेक के साथ फैसला किया जाए। यह ध्यान रखा जाए कि अभिव्यक्ति की स्वतंत्रता का मतलब कुछ भी लिखना या छापना नहीं है—उसमें स्वार्थसिद्धि की जगह लोकहित

व लोकशिक्षण को सामने रखा जाए। अपनी कमजोरियों को साफ-साफ रेखांकित किया जाए। पत्रकारिता का गैर पत्रकारीय प्रयोजनों के लिए इस्तेमाल बंद किया जाए। आत्मालोचना के लिए सदैव प्रस्तुत रहा जाए, तभी आचरण की पवित्रता अक्षुण्ण रह सकेगी।

संदर्भ

1. प्रथम प्रेस आयोग की रिपोर्ट
2. द्वितीय प्रेस आयोग की रिपोर्ट
3. भारतीय दंड संहिता
4. पत्रकार संगठनों की समय-समय पर प्रकाशित रिपोर्टें।

उपहार संस्कृति

समकालीन पत्रकारिता के एक हिस्से ने अपने को 'उपहार संस्कृति' के हवाले हो जाने दिया है। बल्कि आधुनिक सुख-सुविधाओं-साधनों के आगे घुटने भी टेक दिए हैं। ऐसे पत्रकारों में भोग-लिप्सा और धन इकट्ठा करने की ललक बढ़ती जा रही है। आचरण का ही यह दूसरा पक्ष है। हालत यहाँ तक पहुँच गई है कि 'उपहार' न मिलने पर कई तरह की खबरें खासकर वाणिज्य की खबरें छापी ही नहीं जातीं। विभिन्न वाणिज्यिक प्रतिष्ठान और कंपनियां अपने पब्लिक इश्यू (आम निर्गम) जारी करने या नए उत्पादों को 'लांच' करने के लिए पाँच सितारा होटलों में प्रेस कांफ्रेंस करती हैं। संक्षिप्त प्रेस कांफ्रेंस के बाद पांच सितारा होटलों में पत्रकारों को दिव्य भोजन कराए जाते हैं, 'हैंड आउट' (विज्ञप्ति) दिए जाते हैं और इसके साथ ही उपहार भी। उपहार में चांदी के सिक्के, गिफ्ट वाउचर, सूटकेस, अटैची, बैग, घड़ी, पेनसेट या ऐसा ही कुछ दिया जाता है। गिफ्ट वाउचर दो सौ से पाँच सौ रुपए तक का होता है। इतना होने के बाद एक साथ कई अखबारों में यह सूचना आ जाती है कि फलां कंपनी आमनिर्गम जारी करने जा रही है, अमुक तारीख से वह पूंजी बाजार में आ रही है। वह इतने रुपए के शेयर जारी करेगी। या फिर फलां कंपनी का फलां नया उत्पाद आया है। इस तरह व्यावसायिक प्रतिष्ठान या कंपनी को अपने नए उत्पाद या शेयर बाजार में आने की सूचना को व्यापक रूप से प्रचार मिल जाता है। बढ़िया उपहार देने पर अच्छा 'कवरेज' भी हो जाता है। रोज किसी न किसी प्रतिष्ठान की प्रेस कांफ्रेंस होती रहती है।

जब संवाददाता, भले उनकी तादाद कितनी भी हो, उपहार कबूल कर रहे हैं तो उनसे किस नैतिकता की अपेक्षा की जाए? ऐसे पत्रकार सुविधाओं और उपहारों के आगे जब अपने को नीलाम करते हैं या नीलाम करने को आकुल-व्याकुल रहते हैं, तो उनके स्वतंत्र और निष्पक्ष होने की बात करना भी बेमानी नहीं है?

यहाँ एडीटर्स गिल्ड की एक रिपोर्ट का उल्लेख उचित होगा।[1] रिपोर्ट के मुताबिक

एडीटर्स गिल्ड के सदस्यों को लखनऊ के एक व्यवसायी ने बताया कि उन्होंने एक प्रेस कांफ्रेंस आयोजित की थी। प्रेस कांफ्रेंस के पहले उनके जन संपर्क अधिकारी ने उनसे कहा कि यदि खिलाने-पिलाने के अलावा कुछ 'उपहार' पत्रकारों को नहीं दिए गए तो अखबारों में कुछ भी नहीं छपेगा। व्यवसायी ने पत्रकारों को नकद राशि देने से मना कर दिया पर उन्होंने एक महंगी शर्ट प्रेस कांफ्रेंस में मौजूद हर पत्रकार को भेंट की जबकि इस शर्ट का उत्पादन वह व्यवसायी महाशय स्वयं नहीं करते थे। खैर समाचारपत्रों में उनके उत्पाद का थोड़ा प्रचार जरूर हुआ पर उनके सलाहकारों ने उन्हें बताया कि यदि नकदी दी गई रहती तो उन्हें ज्यादा प्रचार मिलता। तो एडीटर्स गिल्ड की रिपोर्ट के मुताबिक समकालीन पत्रकारिता की यही करुण स्थिति है। एडीटर्स गिल्ड की यह रिपोर्ट उत्तर प्रदेश के तत्कालीन मुख्यमंत्री मुलायम सिंह यादव के 'हल्ला बोल अभियान' को लेकर जांच के बाद तैयार की गई थी। मुलायम सिंह ने 'दैनिक जागरण' और 'अमर उजाला' के खिलाफ हल्ला बोला था। इसी सिलसिले में एडीटर्स गिल्ड का एक दल जाँच करने गया। एडीटर्स गिल्ड ने पाया कि दोनों अखबारों के मालिकों ने कई-कई सुविधाओं के लिए सरकार के चौखट पर जाकर हाथ फैलाए थे। एडीटर्स गिल्ड की इस रिपोर्ट में कहा गया है कि सरकारी स्तर पर कई पत्रकारों ने तमाम तरह की सुविधाएँ ली हैं। सरकारी अफसरों के तबादले में भी कुछ पत्रकारों की भूमिका होती है। इसमें मौजूदा चढ़ावे की दर दो लाख रुपए तक है।

जहाँ तक विदेशी दूतावासों का प्रश्न है तो ऐसा देखा जाता है कि जो देश अपने यहाँ घुमाने-फिराने, मौज-मस्ती करने की व्यवस्था करते हैं और उपहार देते हैं, उनकी खबरें अखबारों में महत्त्वपूर्ण जगह पा जाती हैं। बाकी देश अस्पृश्य से हो जाते हैं। विदेशी खबरों के मामले में सभी देश समान तवज्जो नहीं पाते तो उसके मूल में यही बात है। पत्रकारों को सरकार की तरफ से भी कई तरह की सुविधाएँ प्राप्त हैं। बड़ी पत्र-पत्रिकाओं, छोटी महत्त्वपूर्ण पत्र-पत्रिकाओं व इलेक्ट्रानिक मीडिया के कुछ संवाददाताओं को भारत सरकार का पत्र-सूचना कार्यालय मान्यता प्रदान करता है। राज्य सरकारों के जनसंपर्क विभागों से भी प्रादेशिक अखबारों व सरकारी मीडिया के संवाददाताओं को मान्यता (एक्रिडिशन) दी जाती है। मान्यता प्राप्त पत्रकार तमाम तरह की सुविधाओं के हकदार होते हैं। केन्द्र का पत्र सूचना कार्यालय अपने मान्यता प्राप्त पत्रकारों की सूची राज्यों को भेजता है। पत्र सूचना कार्यालय द्वारा मान्यता प्राप्त पत्रकारों को केंद्र सरकार टेलीफोन, सरकारी मकान, कार-स्कूटर आदि के आवंटन और सस्ती रेलयात्रा आदि में मदद मुहैया कराती है। राष्ट्रपति या प्रधानमंत्री के दौरे खासकर विदेशयात्रा के साथ पत्रकारों की टीम भी जाती है। इन पत्रकारों को विशेष सुविधाएँ दी जाती हैं। विभिन्न सरकारी, अर्द्धसरकारी और व्यावसायिक प्रतिष्ठानों के जनसंपर्क विभाग अपने नए उत्पादों आदि के प्रचार के लिए संबद्ध क्षेत्रों तक प्रेस पार्टियाँ ले जाते हैं। वहाँ प्रेस पार्टी के रहने, खाने-पीने के साथ 'उपहार' की

भी व्यवस्था रहती है। कई राज्य सरकारों ने मान्यता प्राप्त पत्रकारों के लिए सस्ती दर पर बस यात्रा की सुविधाएँ दी हैं। उत्तर प्रदेश के पत्रकारों को यह सुविधा मिलती है। वहाँ राज्य सरकार सस्ती दरों पर जमीन (मकान बनाने के लिए) भी देती है। उत्तर प्रदेश के कई जिलों में पत्रकार कालोनियाँ बन गई हैं। वैसे उत्तर प्रदेश पत्रकारों को खुश रखने की दिशा में कुछ ज्यादा ही उदार रहा है। मुलायम सिंह जब उत्तर प्रदेश के दूसरी दफा मुख्यमंत्री बने तो उन्होंने अपने अठारह महीने के कार्यकाल में अपने विवेकाधीन कोष से अपनी पार्टी के कार्यकर्ताओं, विधायकों, नेताओं, आला अफसरों, साहित्यकारों के अलावा पत्रकारों को भी 'खैरात' बांटी। कार्यकाल के दो वितीय वर्षों में विवेकाधीन कोष से मुलायम सिंह को सिर्फ 30 लाख रुपए खर्च करने का अधिकार था। पर उन्होंने राज्य कोष से 40 करोड़ 34 लाख रुपए बांटे और उसके लिए उन्होंने राज्य आकस्मिकता निधि से भी पैसे निकाले और अंधाधुंध खर्च किए। सरकारी पैसे की लूट में शामिल होकर कतिपय पत्रकारों ने भी कोई 'लज्जा' महसूस नहीं की। किसी ने इलाज कराने के नाम पर पैसे लिए तो किसी ने स्कूल खोलने के नाम पर। किसी ने विदेश यात्रा के नाम पर पैसे लिए तो किसी ने मकान की मरम्मत के नाम पर, तो किसी ने पत्रिका प्रकाशन के नाम पर। मायावती सरकार ने दो अगस्त 1995 को राज्य विधानपरिषद में विवेकाधीन कोष से पैसे पाने वालों की सूची रखी थी। वह सूची अधूरी थी। मुख्यमंत्री की तरफ से सूची रखते हुए सदन के नेता राम केवल चौधरी ने कहा था कि सूची के बड़े आकार को देखते हुए सिर्फ उन लोगों के नाम रखे जा रहे हैं जिन्हें 50 हजार से अधिक रुपए मिले। सूची के मुताबिक सबसे ज्यादा दस लाख पचास हजार रुपए एक अखबार के संपादक को दिए गए। उसके बाद एक संवाद समिति के संपादक का नाम है जिन्हें दस लाख रुपए मिले। यह धनराशि उनके न्यास को दी गई। एक अंग्रेजी दैनिक के पत्रकार को अपने माता-पिता के नाम पर स्कूल बनाने के लिए दस लाख मिले। मुलायम सरकार ने फैजाबाद प्रेस क्लब को दस लाख, लखनऊ प्रेस क्लब, इटावा, जौनपुर और देहरादून प्रेस क्लब को पांच-पांच लाख, इलाहाबाद प्रेस क्लब और कलकत्ता प्रेस क्लब को तीन-तीन लाख रुपए और कानपुर प्रेस क्लब को दो लाख रुपए दिए। एक अखबार के संपादक ने मीडिया सेंटर बनाने के लिए दस लाख रुपए लिए जबकि एक हिंदी पाक्षिक के लखनऊ ब्यूरो प्रमुख ने अपने स्कूल के नाम पर चार किस्तों में पांच लाख रुपए लिए। एक हिंदी दैनिक के ब्यूरो प्रमुख ने भी स्कूल के लिए दो किस्तों में पांच लाख रुपए लिए। इस दैनिक के ही एक अन्य पत्रकार को एक साहित्यिक संस्था के लिए डेढ़ लाख, दिल्ली से छपने वाले एक दैनिक के संवाददाता की संवाद एजेंसी को ढाई लाख, दिल्ली से एक प्रकाशन समूह से ही जुड़ीं एक पत्रकार को 75 हजार, वाराणसी से छपने वाले अखबार को दो लाख, आकाशवाणी के एक संवाददाता को 25 हजार, उनकी पत्नी को डेढ़ लाख,

एक अंग्रेजी दैनिक के पत्रकार को एक लाख, एक उर्दू अखबार के संपादक को एक लाख, दो अन्य पत्रकारों को 50-50 हजार, इटावा की एक पत्रकार को एक लाख रुपए मिले। यह सूची अधूरी थी। इसमें मुलायम द्वारा बांटी गई 40 करोड़ 84 लाख रुपए की खैरात में से सिर्फ 31,37,83,000 रुपए का ही ब्यौरा सदन को दिया जा सका। इस मामले पर भी बहुत जद्दोजहद रही। कुछ संपादकों और पत्रकारों ने पूरी सूची न पेश करने के लिए दबाव बनाया। संपादकों के दबाव में ही भाजपा विधायक सुंदरलाल दीक्षित ने वह सवाल वापस ले लिया जिसमें पत्रकारों के लिए टैक्सियों और होटलों पर सूचना विभाग के खर्चे का हिसाब पूछा गया था। ऐसा इसलिए किया गया क्योंकि उस हिसाब में एक अँग्रेजी दैनिक के लखनऊ संस्करण के स्थानीय संपादक के बिल तकरीबन एक लाख रुपए के थे जबकि उन्हीं तिथियों पर संपादककजी ने अपने अखबार से भी यात्राभत्ता झटक लिया था।

यही नहीं, मुलायम सिंह से पत्रकारों ने सिर्फ पैसे ही नहीं लिए, आकर्षक और बेशकीमती प्लाट और मकान भी हथिया लिए। और इसके लिए सभी कायदे-कानूनों को ताक पर रख दिया गया। बगैर विज्ञापन या लाटरी निकाले यानी नियम-कानूनों को धत्ता बताते हुए मुलायम ने दर्जन भर पत्रकारों और उनके रिश्तेदारों को बेशकीमती भूखंड दिला दिए। मुलायम सिंह को खैरात बाँटने का कोई अफसोस नहीं। उन्होंने ऐलान किया है कि फिर मुख्यमंत्री बनने पर वे फिर पैसे बांटेंगे। हद है!

सरकार से बेजा फायदा उठाने वाले पत्रकारों की सूची जब जारी हुई तो उन पत्रकारों को भी पछतावा नहीं हुआ। उनकी तरफ से बल्कि यह मांग उठी कि उत्तर-प्रदेश ही क्यों, दिल्ली और दूसरी जगह भी पैसे खाने वाले पत्रकारों की जाँच की जानी चाहिए। और सिर्फ पत्रकारों ही क्यों, अखबार मालिकों ने जो सरकारी फायदे लिए, उसकी जाँच की माँग भी की जानी चाहिए। दरअसल यह मांग मूल मामले को भटकाने की चेष्टा ही थी। कोई जाँच तो नहीं हुई पर चौथे खंभे की साख जितनी गिरनी थी, गिर चुकी थी। पर पत्रकार इस तरह बेहयाई पूर्वक सरकार से पैसे और अतिरिक्त सुख सुविधाएँ भविष्य में न लें, इस बाबत उपाय ढूँढ़ने की इच्छा शक्ति पत्रकारों या उनके संगठनों ने नहीं दिखाई। स्थिति का एक दुखद पक्ष यह भी है। ध्यान देने की बात है कि सरकारी सुविधाएँ सिर्फ इसलिए दी जाती हैं कि पत्रकार और पत्र पत्रिकाएँ सुगमतापूर्वक अपने दायित्व और कर्तव्य का पालन कर सकें। पत्र-पत्रिकाओं को सरकार की तरफ से सरकारी विज्ञापन, अखबारी कागज, अखबारी मशीनों के आयात के रूप में आर्थिक सुविधाएँ दी जाती हैं। प्रेस क्लबों के लिए जमीन, अनुदान या कर्ज भी दिए जाते हैं। कम मूल्य पर अखबारों को अपनी इमारत खड़ी करने के लिए जमीन और कर्ज भी दिए जाते हैं। सरकारी मदद लेकर बने हुए कुछ भवनों में तमाम कंपनियों को भाड़े पर कमरे दिए गए हैं। उत्तर प्रदेश के एक वरिष्ठ पत्रकार ने सस्ती दर पर मकान बनाया और उसे बेचकर पैसे कमा लिए। एक पत्रकार कालोनी

में तो मकान भाड़े पर भी दिया गया है। जिन पत्र-पत्रिकाओं या पत्रकारों ने सरकारी सुविधाओं का दुरुपयोग किया, उनके विरुद्ध कोई कार्रवाई भी नहीं की गई। जब पत्रकारों के एक वर्ग में ज्यादा से ज्यादा सुविधाएँ लेने के लिए भागमभाग मची हो तो क्या प्रेस अपना मान-सम्मान-मर्यादा बचा पाएगा? आज तमाम सरकारी सुविधाओं और 'उपहारों' के मद्देनजर अपने भीतर झाँकने और आत्मनिरीक्षण करने पर जोर नहीं दिया गया तो क्या 'हेठी' वाली स्थिति से उबरा जा सकेगा?

लेकिन यह भी सही है अतिरिक्त सुविधाएँ या 'उपहार' सभी पत्रकार नहीं लेते पर बदनामी तो पूरे पत्रकारिता जगत की होती है। आज जनता में पत्रकार को आदर और ऊँचा पीढ़ा प्राप्त है तो ऐसे भी पत्रकार हैं जिनकी जनता में पुलिस के दलाल, शासन-प्रशासन के पिछलग्गू, भ्रष्ट नेताओं और तस्कर के सहयोगी की छवि है जिनकी वे प्रशंसा के पुल बाँधते हैं या जिससे नाखुश हैं, उसकी बखिया उधेड़ कर अपने 'पत्रकार-दायित्व' की इतिश्री मान लेते हैं। ऐसा द्वंद्व हमेशा रहा है। पत्रकारिता को इसी में से राह बनानी पड़ी है। आज भी बना रही है।

यह धारणा भी भ्रान्त है कि चूंकि पहले के पत्रकार संघर्ष और अभावों में रहे, अतः आज भी उनका जीवन वैसा ही होना चाहिए। पत्रकारों का जीवन स्तर निश्चित रूप से ऊपर उठना चाहिए। उसे बेहतर वेतन और सुविधाएँ-साधन मुहैया कराए ही जाने चाहिए पर साथ ही सुविधाओं-साधनों की पवित्रता का भी ध्यान तो रखना ही चाहिए। इस पर सुनिश्चित किया जाना चाहिए कि साधनों का बेजा इस्तेमाल वह न करे।

सत्ता के एक प्रभावशाली और कतिपय संपन्न तबके के द्वारा हमेशा प्रलोभनों के जरिए पत्रकारों के उचित अनुचित इस्तेमाल होते रहे हैं। कतिपय पत्रकार प्रलोभनों के आगे भटकते भी रहे हैं। इसके बावजूद इस राष्ट्र के पत्रकारों ने अपना जमीर नहीं छोड़ा। उन्होंने पूरे दम-खम के साथ अपने दायित्व को निभाया है।

संदर्भ

1. सौजन्य : हरिवंश, प्रधान संपादक, 'प्रभात खबर'

अश्लीलता, हिंसा, सांप्रदायिकता और मीडिया की भूमिका

आजकल अधिकतर पत्र-पत्रिकाओं में अधनंगी माडलों की तस्वीरें छापने की होड़ सी लगी है। सौंदर्य प्रतियोगिताओं व माडलिंग संबंधी उत्तेजक और भड़कीले फोटो छापने का क्या मतलब हो सकता है? कहना न होगा, ऐसी तस्वीरें बिक्री बढ़ाने के लिए छापी जाती हैं। आज मीडिया के लिए औरत नुमाइश की चीज हो गई है। बहशी आँखों के सामने परोसी जा रही हैं सुंदरियां।

1995 में मुंबई के पत्रों में जूते का एक विज्ञापन छपा था। उसमें देश के दो प्रसिद्ध माडल मधु सप्रे और मिलिंद सोमण पूर्ण नग्नावस्था में एक दूसरे से चिपके हैं। मुंबई के ही पत्रों में एक और विज्ञापन फिल्म 'क्रिमिनल' को लेकर छपा। यह विज्ञापन खबर के रूप में था। इसका शीर्षक था—मनीषा कोइराला की हत्या। यह भी लिखा गया कि मनीषा को मुस्लिम कट्टरपंथियों ने जान से मारने की धमकी दी है। वह तो गनीमत थी कि कुछ हुआ नहीं, वर्ना इस पर तो सांप्रदायिक दंगा भड़क सकता था। इसके पहले सिंहानिया की जे.के. ग्रुप कंपनी ने कंडोम के विज्ञापन में संभोग का दृश्य ही दिखा दिया जबकि एक पत्रिका ने अपने दूसरे विज्ञापन वाले पृष्ठ पर कंडोम भी चिपकवा दिया। इसी से अंदाजा लगाया जा सकता है कि उत्पाद बेचने के लिए व्यापारियों का एक वर्ग कितने घृणित तरीके अपना सकता है। यही नहीं, यह भी संदेह होने लगा है कि अब क्या देश के दिमाग को विज्ञापन एजेंसियाँ चलाएंगी? फिल्मी पत्रिकाओं और सत्य कथाओं की बात छोड़ भी दें तो जो महिला पत्रिकाएँ हैं, वे भी सुंदर युवतियों की अर्धनग्न, अश्लील और कामुक तस्वीरें धड़ल्ले से छाप रही हैं। सेक्स अपराध पर विशेषांक पर विशेषांक निकाल रही हैं। कहा जा रहा है कि विश्व में पामेला बोर्डेस सरीखी स्त्रियों की कमी नहीं है। इसलिए प्रिंट मीडिया को नंगा-भौंडा प्रदर्शन कर एक खास वर्ग के प्रिय पाठकों को संतुष्ट

करने और उनकी भूख मिटाने में कोई कठिनाई नहीं हो रही है। पूजा भट्‌ट के पोनोग्राफिक चित्र और अंजलि कपूर के सेमी न्यूड फोटो सेशन पर मरी जाती है प्रिंट मीडिया। आज न ऐसे चित्रों की कमी है न उन्हें छापने वालों की, न उन्हें चाहने वाले पाठकों की। जो पत्र-पत्रिकाएँ ऐसे पाठकों की रुचि का परिष्कार करने का जहमत उठाती हैं, उनका प्रसार वही ढाक के तीन पात रहता है। पर वे बिकाऊ माल का प्रवक्ता होने से मना कर देती हैं। गनीमत है ऐसी चुनिंदा पत्र-पत्रिकाएँ भी रह गई हैं। पर ज्यादातर पत्र-पत्रिकाओं ने प्रसार बढ़ाने के लिए अश्लीलता का शार्ट कट का रास्ता ही चुना हुआ है।

सिर्फ अश्लीलता, सेक्स, बलात्कार, लूट, हत्या की कथाएँ छापकर लाखों में बिकनेवाली पत्र-पत्रिकाएँ पहले अंग्रेजी में ही थीं। अब हिन्दी में भी हैं। टीवी की पहुँच भी व्यापक है। गाँव-गाँव, घर-घर तक। टीवी लगातार औरत को 'जड़ देहवाद' के रूप में स्थापित कर रहा है। नारी जहां सेक्स आब्जेक्ट बन, विज्ञापन की वस्तु हो गई है तो मीडिया भोग्या वस्तु (औरत) को विज्ञापनों में परोस रही है। टीवी के आयातित कार्यक्रमों ने 'अश्लीलता' के प्रदर्शन की प्रतिस्पर्धा और बढ़ा दी है। 'फेयर एंड लवली' की युवती अपनी त्वचा की निखरी रंगत का एहसास 'उनकी' आँखों से करती है। टीवी रोज कई बार बताता है कि करिश्मा कपूर की सुंदरता का राज 'लक्स' है। कोई भी विज्ञापन हो, सुंदरियों के बगैर नहीं दिखाया जा सकता। कोई सजी संवरी सुंदरी साबुन के इस्तेमाल के लिए जब 'दाग ढूँढ़ते रह जाएँगे' कहे और साबुन या सर्फ की माँग बढ़ जाए तो जाहिर है वह बिक्री में सहायक सिद्ध हो रही है। तभी तो टायर के विज्ञापन में भी नंग-धड़ंग लड़कियाँ हाजिर हैं। सवाल यह है कि यदि चंचल शोख अदाओं वाली सजी-संवरी-निखरी युवती बिकाऊ माल में सहयोगी बन गई और मीडिया उसका इस्तेमाल कर रहा है तो क्या समाज में भी ये ही चीजें नहीं दिखतीं? समाज में 'वासना' हावी होने लगी है तभी तो छेड़-छाड़ और बलात्कार की घटनाएँ बढ़ी हैं जिनसे आज के अखबार रंगे रहते हैं। यदि विज्ञापनों के जरिए मीडिया औरत को भोग्यावस्तु बनाकर पेश करता है तो क्या यह भी सच नहीं है कि समाज में भी औरत यही समझी जाती है? विज्ञापनों के लिए या कवर पर तस्वीरें छपाने के लिए 'माडल' बनीं सुंदरियों ने खुद ही तो अपने को प्रस्तुत किया है। विज्ञापनों के लिए सुंदरियाँ क्यों अपने आधे कपड़े उतारकर तस्वीरें उतरवाती हैं? हर तरह के विज्ञापनों में उनका इस्तेमाल हो रहा है तो यह भी उतना ही सच है कि हर जगह वे ही अपनी दहकती काया को पेश कर रही हैं। स्त्रियों के नंगेपन को दिखाकर लोगों को आसानी से आकृष्ट किया जा सकता है, सो किया जा रहा है। जब कोई हसीन युवती जलक्रीड़ा करते हुए कोई साबुन अपनी अर्द्ध नग्न देह में लगाती है तो दूसरे दिन से उसकी मांग बढ़ जाती है। तो इस खरीद-बिक्री में औरत की भी भूमिका है। आज उन्हें अपनी कीमत लगाने की पूरी छूट है।.विज्ञापनों

से माला-माल होने का बड़ा जरिया है माडलिंग। व्यवसायी और सुंदरियाँ एक दूजे का जमकर इस्तेमाल कर रही हैं। कोई भी सामान या उत्पादन आसानी से बेचने के लिए औरत खुद ही नुस्खा बन गई है। ऐसे में मीडिया से औरत की कौन तस्वीर बनाने की अपेक्षा की जाए? इस प्रसंग में जो कानून हैं वे 'कुछ' भी करने में अक्षम सिद्ध हो रहे हैं।

अश्लीलता की तरह ही हिंसा को बढ़ाने में भी मीडिया की भूमिका की बात की जाती है। कोई अखबार ऐसा नहीं जिसके पहले पृष्ठ से लेकर आखिरी पृष्ठ तक हिंसा और अपराध की खबरों से न अटे पड़े हों। यदि शहर में शांति है तो वह खबर नहीं बनती लेकिन यदि हिंसा हुई, कोई अपराध हुआ तो वह खबर बन जाती है। पूरे शहर की लड़कियाँ सुरक्षित हैं, यह खबर नहीं है पर किसी किशोरी के साथ बलात्कार हुआ तो वह खबर है। हिंसा इसलिए भी खबर है क्योंकि उसमें 'बिकाऊपन' है। हिंसा अपने में एक व्यापक शब्द है। इसलिए उसके इस्तेमाल में भी व्यापकता है।

जब इंदिरा जी की हत्या के बाद पूरा देश 31 अक्टूबर 1984 से तीन नवंबर 1984 तक 'हा', 'हा' कर जल रहा था, तब मीडिया फिल्म की रील की तरह यह बता रही थी कि किस-किस तरह सैकड़ों लोगों को मौत के घाट उतारा गया, करोड़ों की लूट हुई, अरबों की संपत्ति आग के हवाले हुई। ये सारे विवरण बड़ी रूमानियत के साथ पेश किए जा रहे थे। गृह मंत्री ने 1 नवंबर, 1984 को बयान दिया, "अब पर्याप्त हिंसा हो चुकी है।" दंगाई गला-फाड़ कर चिल्ला रहे थे, आसमान गुंजा रहे थे–"खून का बदला खून से लेंगे" और यह सब सुर्खियों में छप रहा था। यह तथ्य है कि तब अधिसंख्य पत्र लोमहर्षक वर्णन कर करुणा, पश्चाताप और सोच-विचार की जगह उन्माद और हिंसा ही फैलाते रहे। पत्रकारिता पर तब उन्माद, घृणा, विद्वेष और प्रतिहिंसा के प्रतिरोध की जिम्मेदारी थी, जिससे उसने आँखें चुराई। चंद पत्र ही थे, जिन्होंने हिंसक होने की जगह सोच-विचार, सद्भाव और मूल्यों की दिशा में प्रेरित होने की सामग्री दी।

पत्रकारिता इस सच्चाई से मुँह नहीं मोड़ सकती कि अश्लीलता, उन्माद और हिंसा को उसने मोहक शैली में पेश कर जनता में उसके प्रति रुचि और रस पैदा किया। संप्रेषण की दृष्टि से रसरुचि महत्त्वपूर्ण होता गया और लोकरुचि के परिष्कार की बात गौण। लेकिन यह सच्चाई है कि जीवन में हिंसा का इस कदर कभी प्रवेश नहीं हुआ था। लेकिन जब अधिसंख्य जनता हिंसामुखी है तो मीडिया का उससे मुँह फेरना तथ्य से पीछे हटना नहीं होगा?

जैसा पहले कहा कि हिंसा में 'बिकाऊपन' है, इसीलिए भारत की सरकारी इलेक्ट्रानिक मीडिया टीवी के 72 फीसदी कार्यक्रमों में हिंसा होती है। कहीं हिंसा हो, वह खबर 'मिस' नहीं हो सकती। कश्मीर में हो या पूर्वोत्तर में। चेचन्या में हो

या बोस्निया में या सराजेवो में हो। कभी-कभी हिंसा के व्यापक कवरेज के पीछे ठोस मकसद भी होते हैं। कुवैत की लड़ाई को अमेरिकी टेलीविजन पर इसलिए व्यापक रूप से प्रचारित किया गया ताकि हथियारों के लिए अमेरिकी जनमानस का समर्थन हासिल किया जा सके।

अश्लीलता व हिंसा फैलाने में जिस तरह कमोबेश योग रहा है मीडिया का, उसी भांति सांप्रदायिकता फैलाने में भी उसका योग रहा है। 2002 ई. में गुजरात की हिंसा के दौरान दो अखबारों 'गुजरात समाचार' और संदेश ने खुलेआम वे लगातार हिंदू ध्रुवीकरण का काम किया।

अभी पिछली दफा जब अलीगढ़, जो दंगों के लिए कुख्यात है, के जवाहरलाल नेहरू मेडिकल कालेज एंड हास्पीटल से एक गलत खबर निकली कि वहाँ के सभी हिंदू मरीजों को जहर देकर मार डाला गया।[1] इस खबर के छपते ही वहाँ सांप्रदायिक हिंसा भड़क उठी। मगर हुआ क्या था? प्रेस कौंसिल के मुताबिक फसाद के दौरान हास्पीटल के सामने से दो लोग गुजर रहे थे। उनमें एक हिंदू था, दूसरा मुसलमान। वहीं कुछ दंगाई इस ताक में थे कि कोई हिंदू निकलेगा तो उसका कत्ल कर देंगे। दोनों को दंगाई हिंदू समझकर उन पर टूट पड़े। इसके बाद हास्पीटल वाले दोनों को उठा ले गए। प्राथमिक चिकित्सा की गई। संयोगवश जो हिंदू था, बस्ती जिले का रहने वाला, वह तो बच गया पर जो मुस्लिम था, वह मारा गया। मगर अखबार में खबर छपी कि अस्पताल के तमाम हिंदू मरीजों को मार डाला गया।

इसके पूर्व तीस अक्टूबर और दो नवंबर 1990 को अयोध्या में कार सेवा के दौरान हुई हिंसक घटनाओं को उत्तर प्रदेश के प्रमुख हिंदी अखबारों ने जिस तरह बढ़ा-चढ़ाकर लिखा, वह दरअसल पत्रकारिता की अविस्मरणीय त्रासदी है। अखबारों ने लिखा कि 30 अक्टूबर और दो नवंबर को अयोध्या में सैकड़ों-हजारों लोग मरे। पर कोई अखबार 25-30 मृतकों की सूची भी नहीं छाप पाया। इस तरह अखबारों ने जहाँ अपनी विश्वसनीयता को किनारे किया, वहीं उन्होंने अपनी साम्प्रदायिक भूमिका की शर्मनाक मिसाल भी पेश की। यहाँ यह गौरतलब है कि इन दैनिकों ने उस वक्त शिव सेना के मुख पत्र सामना, पांचजन्य और आर्गेनाइजर जैसी भूमिका निभाने में भी गुरेज नहीं किया। 1990 के नवंबर के प्रथम सप्ताह के उत्तर प्रदेश के हिंदी दैनिकों के पन्ने पलटें तो लगता है मानों झूठ लिखने की, सनसनी और उन्माद फैलाने की उनमें होड़ लगी है। इन अखबारों ने ऐसा क्यों किया? इसकी तह में जाएँ तो पाएँगे कि उस वक्त प्रदेश ही नहीं, पूरे देश में 'अयोध्या ज्वर' फैला था। उसके बारे में जानने की उत्सुकता थी अधिसंख्य पाठकों में। यानी 'बिकाऊ माल' के ओछे समर्थक बने ये अखबार।

अयोध्या के सवाल पर 'पांचजन्य', 'आर्गेनाइजर' और 'सामना' ने भी साम्प्रदायिक उन्माद फैलाने में कोई कोरकसर नहीं उठा रखी। उर्दू प्रेस भी कहाँ पीछे रहने वाला

था? अधिसंख्य उर्दू दैनिक और साप्ताहिक बाबरी मस्जिद, मुस्लिमों के साथ भेदभाव और मुस्लिम विश्व की खबरों से भरे पड़े रहे हैं।

यह तथ्य है कि धर्म और संप्रदायवाद को भले 'बिकाऊ माल' के रूप में इस्तेमाल किया गया—पर ऐसा किया गया और यह प्रिंट मीडिया, सरकारी मीडिया और सिनेमा तीनों प्रचार माध्यमों द्वारा किया गया है।

सवाल सिर्फ अयोध्या का नहीं है। देश में जहाँ-जहाँ जब भी साम्प्रदायिक दंगे हुए, उस दौरान भी दंगों को बैनर बनाकर जरूर छापा गया पर प्रचार माध्यमों ने उस किसी व्यक्ति को हीरो बनाने की जरूरत महसूस नहीं की जिसने दंगे में किसी की जान बचाई हो। संचार माध्यमों का विस्तार जिस गति से हो रहा है, उसमें ऐसा प्रतीत होता है कि भविष्य का समाज सूचना से चलेगा, राजनीति से नहीं। और ऐसे में मीडिया का विवेकहीन प्रयोग किया जाए तो वह आग में घी का काम करेगी ही। अधिसंख्य उर्दू प्रेस जहाँ मुस्लिमों के दिलों में दूसरे कोटि के नागरिक होने का जहर घोल रहे हैं वहीं कुछ कलाकार और संपादक भी हिंदू संप्रदायवाद को मदद पहुँचा रहे हैं। एक संपादक ने लिखा, "लता मंगेशकर का गला हिंदू गला है।" क्या संपादक की यह टिप्पणी संप्रदायवाद को बढ़ावा देने वाली नहीं है? इससे भी दो कदम आगे बढ़कर 'रामायण' सीरियल के संगीतकार रवींद्र जैन 'अयोध्या आंदोलन' का खुला समर्थन करते हैं और वे जगह-जगह जाकर गीत-भजन गाकर राम जन्म भूमि के आंदोलन से सक्रिय रूप से जुड़ते हैं। क्या कलाकार की ऐसी भूमिका होनी चाहिए?

लेकिन एक सच्चाई यह भी है कि सांप्रदायिकता बढ़ाने में मीडिया की जो भूमिका है, वह उतनी नहीं जितनी हुकूमत और इससे अपना स्वार्थ साधनेवाले तत्त्वों की। क्योंकि यदि मीडिया न रहे तो क्या संप्रदायवाद भी नहीं रहेगा? सो सिर्फ मीडिया ही इसके लिए दोषी नहीं, हालांकि जो दोष उसमें हैं, उन्हें भी उसे कदापि नहीं वरण करना चाहिए क्योंकि मीडिया का धर्म समरसता, समानता, सद्भाव बढ़ाने का होना चाहिए। संप्रदायवाद के विरुद्ध उसे तनकर खड़ा होना चाहिए। पर ऐसा नहीं हो सका है।

संप्रदायवाद को बढ़ावा देने में आंचलिक भाषाओं की पत्र-पत्रिकाओं की भी भूमिका रही है। साधु सिंह 'हमदर्द' की 'अजीत' पत्रिका का दृष्टिकोण आम तौर पर सांप्रदायिक ही रहा है। पंजाबी प्रेस में ऐसी पत्र-पत्रिकाएँ कट्टरता और संप्रदायवाद फैलाकर पंजाबी नागरिकों के दिलों में विष फैलाती रही हैं। ऐसी पत्रिकाओं ने पंजाब में सांप्रदायिकता को पैना बनाए रखने का काम किया है। संप्रदायवाद पहले भी था। हिंदी पत्रकारिता का जब आरंभ हुआ, उस समय भी। बल्कि उसके पहले भी पर कभी भी उसे मीडिया ने प्रश्रय नहीं दिया। भारतेंदु युग के लेखकों-पत्रकारों ने अपने जागरूक विवेक से धर्मांधता और सांप्रदायिकता की वजहों की पड़ताल की। उसके बाद हिंदी पत्रकारिता में गणेश शंकर विद्यार्थी जैसे कृती रचनाकार का आगमन होता है।

गणेश शंकर विद्यार्थी की कृती भूमिका :

साम्प्रदायिकता और मीडिया की भूमिका पर चर्चा अधूरी और बेमानी है यदि गणेश शंकर विद्यार्थी का उल्लेख न हो। महज 41 वर्ष की कुल जिंदगी में उन्होंने कौमी तहजीब की अद्वितीय मिसाल पेश की। प्रेमचंद की तरह उर्दू, फारसी और अंग्रेजी के गहरे जानकार विद्यार्थी जी की हिंदी में रुचि आरंभ से ही थी। पंडित सुंदरलाल का 'कर्मयोगी' इतना उग्र पत्र था कि उसे पढ़ना तक अपराध माना जाता था। उसके पाठक होने के अपराध में विद्यार्थी जी को अपनी नौकरी से हाथ धोना पड़ा। इससे ब्रिटिश साम्राज्यवाद के विरुद्ध उनकी भावना और उग्र हो गई। 1911 में वे 'सरस्वती' से जुड़े। इस अखबार में वे 1913 तक रहे। 1913 में ही उन्होंने अपना मशहूर पत्र 'प्रताप' निकाला। उनकी लेखनी स्वदेशी आंदोलन को गति देने के लिए ही चलती। 1917 में 'प्रताप' में उनके बयान से उनके साम्प्रदायिकता विरोधी विचारों का पता चलता है, ''पंडित हों या मौलवी, धर्म हो या कर्म, मातृभूमि के हित के विरुद्ध हमें किसी की भी व्यवस्था मान्य नहीं। मातृभूमि का अपराधी, चाहे हिंदू हो या मुसलमान, कोई भी हमारे तिरस्कार या उपेक्षा से आराम नहीं पा सकता।'' सांप्रदायिकता विरोधी संघर्ष चलाने के संबंध में उन्होंने कहा था, ''हिन्दू-मुस्लिम वैमनस्य समाप्त करने का एक तरीका है कि ग्राम संगठन के कार्य को हाथ में लेकर बिना भेदभाव के भारत के दीन किसानों की सेवा की जाए। उसी तरह शहरों की मिलों में काम करने वाले लाखों मजदूरों के संगठनों की भी आवश्यकता है। किसानों और मजदूरों का युग अब आ गया है। थोथी राजनीति से अब काम नहीं चलेगा।'' यानी वे मानते थे कि किसानों और मजदूरों की एकता ही साम्प्रदायिकता रोक सकती है। विद्यार्थी जी किसानों और मजदूरों की भूमिका को निर्णायक भूमिका मानते थे। जमीदारों के विरुद्ध 1920 में चले रायबरेली के किसान आंदोलन का विद्यार्थी जी ने पूरा साथ दिया। 1923 में उन्होंने कहा था, ''मैं सिर्फ ब्रिटिश साम्राज्यवाद के विरुद्ध नहीं हूँ। मैं तमाम तरह के शोषण के विरुद्ध हूँ चाहे वह अफसरशाही का हो, जमीदारों का हो या उच्च जाति का हो।'' असहयोग आंदोलन में हिस्सा लेने पर उन्हें जेल हुई।

भगतसिंह को मौत की सजा होने पर हर जगह हड़ताल हुई। कानपुर में भी हुई। अंग्रेजी हुकूमत ने इन हड़तालों को तोड़ने के लिए धर्म का सहारा लिया। दंगे भड़क गए। तब विद्यार्थी जी ने कहा था, हिंदू राष्ट्र नहीं हो सकता। मुसलमानों को भी समझ लेना चाहिए कि यह उनका देश है। उन्होंने धार्मिक शिक्षा की मुखालफत की। उनका कहना था कि नैतिक और धार्मिक शिक्षा में भेद किया जाना चाहिए।

विद्यार्थी जी ने लिखा, ''धन्य हैं वे देश और वे जातियाँ, जिन्हें स्वेच्छाचारिता के खिलाफ घोर संग्राम करना पड़ा और जिन्हें इस प्रकार की स्वाधीनता के विकास के क्षितिज को अधिक बढ़ाने का अवसर प्राप्त हुआ। स्वत्व की बेदी पर सिर चढ़ाने

का साहस उन्हीं को हुआ जिनमें कर्तव्य का भाव था, जिन्हें निरंकुशता से घृणा थी और उसका मूलोच्छेदन करना जो अपना धर्म समझते थे और जिनमें प्राणों के लिए तनिक भी मोह न था।'' इसी से अंदाजा लगाया जा सकता है कि स्वत्व के सवाल पर उनकी धारणा कितनी उदाग्र थी।

पत्रकारिता में हो रहे स्खलन पर बहुत आहत मुद्रा में गणेशशंकर विद्यार्थी ने लिखा–''जिन लोगों ने पत्रकार कला को अपना काम बना रखा है, उनमें बहुत कम लोग ऐसे हैं जो अपने चित्त को इस बात पर विचार करने का कष्ट उठाने का अवसर देते हैं कि हमें सच्चाई की भी लाज रखनी चाहिए, केवल अपनी मक्खन रोटी के लिए दिनभर में कई रंग बदलना ठीक नहीं है।'' विद्यार्थी जी इसलिए भी दुःखी हो गए थे कि अब बहुत से समाचारपत्र सर्वसाधारण के कल्याण के लिए नहीं रहे, सर्वसाधारण उनके इस्तेमाल की वस्तु होते जा रहे हैं। आचरण में क्षरण पर उन्होंने इस तरह खेद प्रकट किया था : उन्नति समाचार-पत्रों के आकारों-प्रकारों में हुई है। खेद की बात है उन्नति आचरणों की नहीं हुई। कार्य करने के तरीके पर उनका दृष्टिकोण बिल्कुल साफ था। 'प्रताप' के संपादक ने लिखा था कि काम करने के दो मार्ग हैं। एक तो यह कि आगे बढ़ा जाए, लेकिन आदि से लेकर अंत तक नैतिक आधार न छोड़ा जाए। दूसरा यह कि काम हो और फिर चाहे जिस तरह, नैतिक आधारों के बल से या उन्हें छोड़कर। पहले ढंग से काम करने वाले अपनी दृष्टि में अपने नैतिक सिद्धांतों को रखते हैं। वे उन उसूलों के बल पर जीते हैं और उन्हीं पर मरने के लिए तैयार रहते हैं। वे उसूलों पर शहीद होकर अपनी लाशों का जीना तैयार करते हैं और ऊपर चढ़ने की लालसा रखने वाले पथिक को इस जीने पर कदम रखते हुए आकाशचुंबी चोटी पर पहुँच जाने का प्रबल संदेश देते हैं।...पहला ढंग मन को ऊपर चढ़ने के लिए मार्ग देता है, दूसरा अंत में उसे नीचे उतरने के लिए विवश करता है। पहला समाज में विश्वास और निर्भयता का साम्राज्य स्थापित करता है, दूसरा मनुष्य को मनुष्य पर बिल्कुल अविश्वास करना सिखाता है और समाज में भय और कायरता का संचार करता है।...आदर्श पर मरना और उसके लिए जीना उन लोगों की दृष्टि में केवल मूर्खता है जिन्हें सुगमता प्रिय है और जो हाथ के पास का लाभ ही देख सकते हैं और जिनकी संख्या आज दिन-ब-दिन बढ़ती ही जाती है। कहना न होगा, विद्यार्थी जी पहले रास्ते के ही पथिक थे। 25 मार्च 1931 को कानपुर में दंगे की खबर सुनकर वे अपने घर से बेधड़क निकल पड़े थे। उन्होंने धर्म-उन्मादियों के चंगुल से करीब डेढ़ सौ मुसलमानों को बचाकर उन्हें उनके घरों में पहुँचाया। आखिर में कुछ धर्म उन्मादियों ने उन पर हमला किया, इस हमले में साम्प्रदायिक सद्भाव की रक्षार्थ वे शहीद हो गए। यह है संपादक की भूमिका! जवाहरलाल नेहरू ने कहा, ''हिंदू मुस्लिम एकता के सवाल पर हमारे देश ने जो कुर्बानी दी है, उनमें यह सबसे ऊँची है।''

विद्यार्थी जी के बाद संपादक की ऐसी प्रखर भूमिका का लोप होता गया। खासकर स्वातंत्र्योत्तर पत्रकारिता में स्थिति में तेजी से बिखराव आया। और स्वतंत्र भारत में यदि संप्रदायवाद बढ़ा तो मीडिया और हुकूमत की नाकामी की वजह से। अब सांप्रदायिक तत्त्वों ने थोक के भाव पत्रकारिता को भी अपना मंच बना लिया है। एम. जे. अकबर ने एक गोष्ठी में कहा था, ''आज सांप्रदायिकता का कारण जनता शासनकाल के दौरान राष्ट्रीय स्वयं सेवक संघ के लोगों का पत्र-पत्रिकाओं, दूरदर्शन और रेडियो में घुसकर स्थान बनाना रहा है। कोई प्रचार माध्यम सांप्रदायिकता से मुक्त नहीं और वे हिंदू राष्ट्रवाद की भावभूमि बना रहे हैं।'' लेकिन उर्दू प्रेस की भूमिका पर श्री अकबर कुछ नहीं कहते। संप्रदायवाद के संदर्भ में उर्दू प्रेस भी समान रूप से जिम्मेदार है।

जहाँ तक उर्दू प्रेस की बात है तो 'जामा-ए-जहांनुमा' से 1822 में उर्दू पत्रकारिता शुरू हुई। ईस्ट इंडिया कंपनी की मदद से निकलने के बावजूद इस पत्र ने ब्रिटिश साम्राज्यवाद का विरोध लोक जागरण के लिए किया था। फिर उर्दू में ही सर सैयद की पत्रिका 'तहजीबुल अखलाक' ने मुसलमानों को धर्मांधता, अशिक्षा और कट्टरता के अभिशाप से बाहर निकलने की शिक्षा दी। आजादी के पहले 'आर्यसमाज की सरगर्मियाँ' जैसे मुद्दे होते थे उर्दू प्रेस के पास। पर आजादी के बाद ही उर्दू पत्रकारिता 'प्रतिक्रिया की पत्रकारिता' में तब्दील हो गई। उर्दू प्रेस ने मुसलमानों की समस्याओं को बढ़ा-चढ़ाकर छापा। आजकल तो अधिसंख्य उर्दू पत्र-पत्रिकाओं में या तो मुस्लिम देशों की खबरें होंगी या उर्दू या मुसलमानों के साथ भेदभाव की खबरें या फिर गुजरात या अयोध्या। मुसलमानों में असुरक्षा की भावना उर्दू प्रेस की ही देन है।

अधिसंख्य उर्दू पत्र-पत्रिकाएँ आज भी संप्रदायवाद को बढ़ावा देने में ही अपनी रुचि दिखा रही हैं। बहुत कम पत्र हैं जो धर्मनिरपेक्षता के प्रति अपनी प्रतिबद्धता प्रदर्शित करते हों। हिंदी में कम से कम ऐसे पत्रों की संख्या काफी है। एक उर्दू पत्र के संपादक की टिप्पणी है, यदि हम जज्बाती चीजें न छापें तो कोई पढ़ेगा ही नहीं। यानी यहाँ भी संप्रदाय या धर्म को 'कामोडिटी' के रूप में इस्तेमाल किया जा रहा है। और बिक्री बढ़ाने के लिए विकृति फैलाई जा रही है।

यह तो रही प्रिंट मीडिया की झलक। आइए, सरकारी मीडिया पर आते हैं। अपने यहाँ आकाशवाणी के मजहबी गीतों से ही सुबह होती है और दूरदर्शन? वह सांप्रदायिकता ही नहीं, पिछड़ापन, भाग्यवाद, अवैज्ञानिक सोच, धर्मांधता का भी प्रसारण कर रहा है। टीवी ने हमारी पूरी सभ्यता को ही मानो नष्ट भ्रष्ट कर दिया। टीवी ने 'रामायण' और 'महाभारत' तक को लगा जैसे धार्मिक दृष्टिकोण से ही दिखाया। कई बार ऐसा लगता है कि टीवी के जरिए आदमी को धार्मिक रूढ़ियों में कैद किया जा रहा है। टीवी, रेडियो पर कोई सीरियल ऐसा क्यों नहीं दिखाया गया जिसमें धार्मिक कट्टरता, जड़ता, अंधविश्वास ओर पांखड का विरोध हो। यह तो किया नहीं गया।

उल्टे प्राचीन संस्कृति के नाम पर उसे आधुनिक कलेवर में एक तरह की जड़ता और धर्मांधता का ही प्रदर्शन किया जा रहा है।

कहने को कहा जा सकता है कि सारे कार्यक्रमों पर टीवी का नियंत्रण नहीं होता, प्रायोजक जैसा चाहते हैं, करते हैं। लेकिन पैसों के लिए टीवी को प्रायोजकों के हाथों गिरवी रखने की कौन सी मजबूरी है? टीवी है तो भारत सरकार का। करदाताओं का ध्यान रखने का यह मतलब तो नहीं कि सब कुछ उन्हीं पर छोड़ दिया जाए। अंततः टीवी है तो जन माध्यम। जनता की ही जिम्मेदारी है कि वह सुनिश्चित करे उस पर वे चीजें ही दिखाई जाएँ जिसका समाज पर सेहतमंद प्रभाव पड़े।

जहाँ तक तीसरे प्रचार माध्यम—सिनेमा की बात है तो उसने भी अन्य प्रचार माध्यमों की तरह अश्लीलता, हिंसा, धर्म और साम्प्रदायिकता को 'कामोडिटी' के रूप में इस्तेमाल किया। सिनेमा संप्रदायवाद को कई कोणों से फैलाने में मदद करता है। शायद ही कोई देवी-देवता, संप्रदाय ओर धर्म स्थान हो जिसकी महिमा बताने के लिए फिल्म न बनी हो। हर तीर्थ स्थान और देवी देवता पर फिल्में बनी हैं। ये फिल्में चली भी हैं। धार्मिक लोगों की संवेदना को ऐसी फिल्मों ने खूब भुनाया है। फिल्मों में दंगे दिखाए जाते हैं पर उनके कारण नहीं।

साम्प्रदायिक सद्‌भाव पर जो फिल्में बनती हैं उनमें सर्वधर्म सद्‌भाव संबंधी सतही संदेश दिए जाते हैं। दिखाया जाएगा कि हीरो किसी दुर्घटना में घायल हो गया और उसके लिए तमाम मठों, मस्जिदों, गिरिजाघरों और मंदिरों में पूजा-अर्चना हो रही है, इतने में हीरो चंगा हो जाता है, मृत्यु के मुँह से बाहर निकल आता है। यानी साम्प्रदायिकता की समस्या को सिनेमा यथार्थवादी दृष्टि से उठाने, यथार्थवादी समाधान प्रस्तुत करने, दर्शकों को चैतन्य और सचेत बनाने के बजाय उन्हें वह अतार्किक और अंधविश्वासी बनाता है। हिंदी सिनेमा वैसे आज नग्नता और हिंसा का भी पर्याय हो चुका है। फिल्म वाले कहते हैं कि हिंसा, मारधाड़ और विकृत सेक्स की डिमांड है। इसलिए इसके बगैर कोई फिल्म चल ही नहीं सकती। सो दर्शकों की डिमांड बताकर क्रूरतम हिंसा और विकृत नग्नता परदे पर परोसी जा रही है।

सार यह है कि अश्लीलता और हिंसा की तरह धर्म या संप्रदाय को 'कामोडिटी' बनाने के पीछे आज के समाज के अधिसंख्य लोगों की धर्म के प्रति आस्था का होना है। जैसे लोग अश्लील व हिंसामुखी हैं। धर्म और संप्रदाय अलग-अलग होते हैं। धर्म निजी आस्था की वस्तु है, सार्वजनिक कर्मकांड या प्रदर्शन की नहीं। फिर हुकूमत की वजह से ही धर्म, संप्रदायवाद को बढ़ावा मिल रहा है क्योंकि हमें मार्क्स का यह कथन नहीं भूलना चाहिए कि किसी भी समय में समाज के व्यापक हिस्से की विचारधारा वही होती है जो उसके शासक वर्ग की होती है।

हिंदी पत्रकारिता की भाषा : कुछ अहम प्रश्न

आज आम तौर पर माना जाता है कि पत्र-पत्रिकाओं की भाषा इतनी सरल और सुबोध होनी चाहिए कि आमजन, कम पढ़े-लिखे और विद्वान—हर वर्ग की समझ में आ जाए। मूल में तो यही धारणा है। इसमें पत्रकारिता में भाषा को गौण करने की ध्वनि नहीं है। पर हुआ यह है कि पूरी की पूरी हिंदी पत्रकारिता घुमा-फिराकर सिर्फ दस हजार शब्दों का इस्तेमाल कर रही है, नब्बे हजार शब्द अप्रासंगिक बना दिए गए हैं। हिंदी पत्रकारिता की भाषा, हिंदी की भाषा रह भी गई है? यह भी एक प्रश्न है क्योंकि आज की अधिसंख्य पत्र-पत्रिकाएँ हिंदी, उर्दू, फारसी, अंग्रेजी और स्थानीय बोलियों के सम्मिश्रण से निकल रही हैं। सरलीकरण के नाम पर खिचड़ी पक रही है। आचार्य हजारी प्रसाद द्विवेदी ने अत्यंत पीड़ा के साथ कहा था, ''अगर हम जो जी में आया, वही इस गरीब भाषा के सिर लादते चले जाएँगे तो एक दिन वह इन शब्दों के भार से ही अचल हो जाएगी।''[1] आज दूसरी भाषाओं का भार तो बढ़ गया है पर अपने ही शब्दों को अस्पृश्य मान लिया गया है। भाषा का संस्कार-अनुशासन और शुद्धता का आग्रह आज तिरोहित हो गया लगता है। हिंदी में निकलने वाली कोई पत्र-पत्रिका यदि अपनी भाषा के प्रति उदासीन हो तो यह कैसे माना जाए कि अपने भाषा-भाषियों के हित की चिंता उसे होगी, क्योंकि कोई भाषा और उसे बोलने वालों के हित अलगाकर नहीं देखे जा सकते। हिंदी पत्रकारिता की भाषा को अनुवादों ने भी कम नहीं प्रभावित किया। यू.एन.आई., पी.टी.आई. आदि संवाद एजेंसियों की खबरों के अक्षरशः अनुवाद की प्रवृत्ति बढ़ गई है। अधिकांशतः अंग्रेजी का पूरा तार पढ़कर अपनी भाषा में लिखने का जहमत प्रायः नहीं उठाया जाता। एक उदाहरण—

''इसी व्यवस्था को कायम रखा जाए, मंत्री ने कहा'' (दिस अरेंजमेंट मस्ट-बी मेटेंड, मिनिस्टर आस्क्ड)। कई पत्रों में खबर होती है—अमुक जगह में एक सड़क दुर्घटना में सात लोग मारे गए। यह 'सेबेन किल्ड इन रोड मिशप' का अनुवाद है।

जबकि यह बिलकुल गलत है। क्योंकि सड़क दुर्घटना में लोग मारे नहीं जाते। उनकी मृत्यु होती है। अक्षरशः अनुवाद की प्रवृत्ति ने कई समस्याएँ पैदा कर दी हैं। कभी-कभी तो गलत अनुवाद भी छाप दिए जाते हैं, भले अर्थ का अनर्थ हो जाए। और रही-सही कसर वर्तनी ने पूरी कर दी। आज हर पत्र-पत्रिका की अपनी अलग बर्तनी है।

समकालीन हिंदी पत्रकारिता में वर्तनी को लेकर बड़ी अराजकता है। साम्प्रतिक दौर की अनेक पत्र-पत्रिकाएँ भाषा और वर्तनी पर न जागरूक हैं न गंभीर। विभिन्न पत्र-पत्रिकाएँ एक ही शब्द नाना ढंग से लिख रही हैं। इसके फलस्वरूप जहाँ पाठकों में भ्रम बढ़ा है, वहीं भाषा को चौपट करने में भी उनकी पीड़क भूमिका है। एक ही शब्द नाना ढंग से लिखने के चलते शुद्धता और एकरूपता का लोप होता जा रहा है।

एकरूपता का पत्रकारिता में किस कदर अभाव है, इसका अंदाजा इसी से लगाया जा सकता है कि दिल्ली से छपनेवाले दो बड़े अखबारों में एक 'नवभारत टाइम्स', एजेंसी, प्रतिशत, उड़ीसा, जायेगी और जायेंगे लिखता है तो दूसरा 'जनसत्ता' इन्हें क्रमशः एजंसी, फीसदी, ओड़ीशा, जाएगी और जाएंगे लिखता है। 'नवभारत टाइम्स' गोर्वाचोफ और चंद्रास्वामी लिखता है तो 'जनसत्ता' गोवाचेव और चंद्रस्वामी। कुछ अन्य पत्र-पत्रिकाएं गोर्वाचोव भी लिखती हैं। 'जनसत्ता' एलान लिखता है तो 'इंडिया टुडे' ऐलान। बंगला भाषा को 'जनसत्ता' बांग्ला लिखता है तो दूसरे अखबार बंगाली या बंगला या बांगला लिखते हैं। इसी तरह कोई उड़ीया, तो कोई उड़िया तो कोई ओड़िया लिखता है। इसी तरह असमी को कुछ अखबार असमिया भी लिखते हैं।

स्थानों के नामों के अलग-अलग इस्तेमाल ने भी अनेकरूपताओं को बढ़ावा दिया है। कुछ पत्र-पत्रिकाएँ बंगलौर लिखती हैं तो कुछ बैंगलोर तो कुछ बंगलूर। इसी तरह मुंबई-बंबई, मदुरै-मुदरई—मदुरा, गुवाहाटी-गौहाटी, इंफोल-इंफाल-इंफल, बर्द्धवान-वर्दमान, मेदिनीपुर-मिदनापुर, थाने-थाणे-ठाणे, लंदन-लंडन, मास्को-मस्क्वा, बीजिंग-पेइचिंग-पेकिंग, काहिरा-कैरो, रोमानिया-रूमानिया, अमरीका-अमेरिका, अर्जेंटीना-अर्जेंटाइना-आर्जेंतीना, मिस्र-इजिप्ट, काठमांडू-काठमाड़ौ लिखा जाता है। कुछ अखबार अंतर्राष्ट्रीय तो कुछ अंतरराष्ट्रीय लिखते हैं। आदि, आदि। अनेकरूपता की समस्या के पीछे सबसे बड़ी भूमिका अनुवाद की है। अनुवाद करते समय अंग्रेजी उच्चारण के प्रभाव में अशुद्धियाँ लिखी जाती हैं। अनुवाद की ही देन है कि बंगाल काँग्रेस नेता सोमेन मित्र को सौमेन मित्र, हितेश्वर सैकिया को हितेश्वर साइकिया, कमल गुहा को कमल गुहो या कमल गुह, मिठुन चक्रवर्ती को मिथोन चक्रोवर्ती, कमल हासन को कमला हासन या कमला हसन लिखा जाता है। इसी तरह किश्न चंदर को कृष्ण चंद्र लिख दिया जाता है।

व्यक्तिवाचक संज्ञाओं की वर्तनी की समस्या से निपटने के लिए अनुवाद करते समय अशुद्धियों तथा अनेकरूपताओं से बचने का एक उपाय तो यह हो सकता

है कि एक शब्द के लिए एक ही प्रचलित वर्तनी का इस्तेमाल हो। संपादकाचार्य पंडित बाबू राव विष्णु पराड़कर के संपादन में 5 सितंबर, 1920 को 'आज' का प्रकाशन, वाराणसी से आरंभ हुआ तो पराड़कर जी के साथ तब श्री प्रकाश जी संयुक्त संपादक थे। पराड़कर जी का भाषा और व्याकरण की शुद्धता के प्रति बहुत आग्रह था। 'आज' के जरिए उन्होंने सैकड़ों नए शब्द हिंदी को दिए जो आज भी प्रचलन में हैं। 'सर्वश्री, श्री, राष्ट्रपति, मुद्रास्फीति उन्हीं के दिए शब्द हैं। पराड़कर जी ने 'आज' के लिए वर्तनी के कुछ नियम स्थिर किए थे। वे नियम काफी हद तक अभी भी 'आज' में लागू हैं। इसमें मुख्य था कि विभक्ति और प्रत्यय को साथ लिखा जाएगा, जैसे—

'राष्ट्रपतिने देशवासियोंसे एकता बनाए रखनेकी अपीलकी' इस शीर्षक में राष्ट्रपति और ने, देशवासियों और से, रखने और की, अपील और की मिलाकर लिखे गए हैं।

'आज' में अब भी विभक्ति और प्रत्यय संयुक्त लिखने का नियम है, जैसे—

'राज्यपालने विधानसभा अध्यक्षको सत्र बुलानेका निर्देश दिया'। या

'विपक्षने नरसंहार करके दोषियोंके विरुद्ध कार्रवाईकी माँगकी'। यहाँ जो कार्रवाई है, यह 'आज' की वर्तनी है। 'आज' कार्रवाई, अंतर्राष्ट्रीय, अंतर्राज्यीय, संघटन (संगठन नहीं), परराष्ट्र (विदेश नहीं), स्वराष्ट्र (गृह नहीं) आदि लिखता है।

ये शब्द पराड़कर जी के चलाए हुए हैं। 'आज' की वर्तनी के मुताबिक आरोप किया जाता है, लगाया नहीं जाता है। भाषण भी किया जाता है, दिया नहीं जाता। जैसे—विपक्षने सरकारपर हेर-फेरका आरोप किया, मंत्रीने भाषण किया आदि आदि।

1991 में जब हम 'जनसत्ता', कलकत्ता से जुड़े तो हमें 'जनसत्ता' की अपनी वर्तनी दी गई। यह वर्तनी 1983 में दिल्ली से जब 'जनसत्ता' का प्रकाशन प्रारंभ हुआ तो उसके संपादक प्रभाष जोशी ने निश्चित की थी, जो निम्नवत है :

1. हिंदी वर्तनी में 'य' के वैकल्पिक रूपों के बारे में काफी अराजकता है। उसमें एकरूपता के ख्याल से और छपाई की सुविधा को ध्यान में रखते हुए हम ये की जगह ए और यी की जगह ई का प्रयोग करेंगे। क्रिया रूपों को हम ऐसे लिखेंगे : आए, गए, आएगा, पाएगा, जाएगा, आइए, दीजिए आदि। विशेषण भी वैसे ही लिखे जाएँगे : जैसे नई, पराई, पराए आदि। अपव्यय के लिये न लिखकर हम के लिए लिखेंगे। संज्ञा रूप लतायें, मातायें, कन्यायें आदि क्रमशः लताएं, माताएं, और कन्याएं हो जाएँगे।
2. हम आम तौर पर अनुस्वार का प्रयोग करेंगे। नियम के रूप में इसका अपवाद एक तो पंचमाक्षर हैं जिनके साथ अनुस्वार नहीं जाता : जैसे—अन्न, तण्णीर, मम्मट आदि शब्दों में। इसके अलावा य-वर्ग के व्यंजनों वाले अनेक शब्द जैसे—सम्पर्क, कन्या, अन्य, अन्वय, संन्यास आदि। हिन्दी में भी हम

अनुस्वार नहीं लगाएँगे। लेकिन संहार, संवाद आदि शब्दों में अनुस्वार चल सकता है।

3. हम चंद्रबिंदु का प्रयोग नहीं करेंगे। इसका अपवाद केवल 'हँसना' होगा।
4. जब तक उर्दू के शब्द का उर्दू के ही संदर्भ में इस्तेमाल नहीं किया जा रहा हो, तब तक नुक्ता नहीं लगाया जाएगा।
5. हलंत के बारे में भी यही व्यवहार होगा। संस्कृत के शब्दों को संस्कृत के ही संदर्भ में इस्तेमाल किया जा रहा हो, तब ही उसका प्रयोग होगा।
6. एक वचन 'वह' को आदरसूचक रूप देने के लिए 'वे' का प्रयोग प्रचलित है। हम उसी का पालन करेंगे।
7. दुःख, छः आदि शब्दों में विसर्ग को छोड़ दिया जाएगा। छः को छह लिखेंगे।
8. जिन व्यक्तिवाचक संज्ञाओं से किसी स्थान या व्यक्ति का बोध होता है उनका रूप विभक्तियों के जुड़ने के कारण नहीं बदलेगा। जैसे, ढाके की मलमल, पटने का गाँधी मैदान की जगह ढाका की मलमल या पटना का गाँधी मैदान ही सही है।
9. संबंध कारक विभक्तियों के प्रयोग के बारे में इस बात का ख्याल रखा जाना चाहिए कि जिन दो शब्दों के बीच संबंध बताया गया हो, वे विभक्ति के पास हों जैसे, 'शिक्षा मंत्रियों की दिल्ली में बैठक' के बजाय दिल्ली में शिक्षा मंत्रियों की बैठक' लिखा जाना चाहिए।
10. देहात, जमीन, मानव, समय, वारदात जैसे शब्दों के बहुवचन रूप गलत हैं।
11. याने, यानि लिखना गलत है। सही शब्द यानी है।
12. वाक्य में जब के बाद ही तब आना चाहिए। अँग्रेजी से अनुवाद के प्रभाव में तब पहले इस्तेमाल करके फिर जब लाने की आदत छोड़नी चाहिए।
13. हिंदी वाक्य कर्त्ता पर टिका होता है। कर्मवाच्य रूप केवल क्रिया पर जोर देते समय ही रखा जाना चाहिए। अँग्रेजी से अनुवाद के प्रभाव में वाक्य को अनावश्यक कर्म पर टिकाने की आदत पड़ गई है। उदाहरण के लिए 'मंत्री के द्वारा बैठक बुलाई गई है' लिखा जाने लगा है जबकि सही रूप 'मंत्री ने बैठक बुलाई है' होगा। ऐसे वाक्यों में द्वारा के प्रयोग से सदा बचना चाहिए।
14. हेतु, एवं, तथा शब्दों के अनावश्यक प्रयोग से बचा जाए।
15. अनेक शब्दों को नाहक दीर्घ बनाया जाने लगा है। सही रूप ये है : दिखाई, निचाई, ऊँचाई आदि।
16. अंगरेजी, जरमनी आदि शब्दों की जगह अंग्रेजी, जर्मनी शब्द चल गए हैं, हम उन्हें इसी रूप में लिखेंगे।

17. 'जबकि' के इस्तेमाल को कम से कम किया जाए।
18. कार्यवाही और कार्रवाई शब्दों के अलग-अलग अर्थ रूढ़ हो गए हैं। कार्यवाही प्रक्रिया के अर्थ में इस्तेमाल होता है जैसे बैठक की कार्यवाही तीन घंटे चली। कार्रवाई कोई कदम उठाने के लिए इस्तेमाल होता है जैसे : जिला परिषद अपने फैसलों पर इस नौ अगस्त से कार्रवाई करेगी।
19. राजनीति संज्ञा के रूप में इस्तेमाल होता है और राजनैतिक विशेषण के रूप में। राजनीतिज्ञ शब्द को राजनीति विद्या पंडित का अर्थ बताने के लिए सुरक्षित रखना चाहिए।
20. 'वाला', 'कर' आदि शब्दों को संज्ञा या क्रिया पदों के साथ मिलाकर लिखना चाहिए जैसे घरवाला, खाकर, जाकर आदि। लेकिन 'पहुँच कर' अलग-अलग लिखा जा सकता है।
21. 'सार्वजनिक प्रतिष्ठानों' अथवा 'सार्वजनिक उद्योगों' के लिए सरकारी प्रतिष्ठान, सरकारी उद्योग लिखा जाना चाहिए।
22. कृषि उत्पादन के लिए उपज अथवा पैदावार लिखा जाए। औद्योगिक व खनिज उत्पादन आदि के संदर्भ में उत्पादन लिखा जाए।
23. लोकतंत्र, प्रजातंत्र, जनतंत्र और गणतंत्र समानार्थी शब्द हैं। किन्तु एकरूपता की दृष्टि से 'लोकतंत्र' शब्द ही इस्तेमाल किया जाएगा। गणतंत्र दिवस के संदर्भ में तो गणतंत्र का प्रयोग होगा ही, जब गणतंत्र के विशेष अर्थ को बताना हो, तब भी गणतंत्र शब्द का इस्तेमाल किया जाएगा।
24. सभा, समारोहों, कार्यक्रमों आदि की खबर देते हुए 'शुरू' का इस्तेमाल अक्सर अनावश्यक होता है। जैसे, '10 अक्टूबर से राम लीला शुरू होगी' की जगह '10 अक्टूबर से रामलीला होगी' काफी है।
25. किश्त और किस्त के अंतर को ध्यान में रखना चाहिए।
26. दुर्घटना और प्राकृतिक आपदाओं में लोग मरते हैं। 'बस ट्रक टक्टर में तीन मारे गए' प्रयोग गलत है। 'मारे गए' का प्रयोग युद्ध, संघर्ष अथवा पुलिस गोली कांड जैसी स्थितियों में ही उचित है। व्यक्ति की गरिमा के ख्याल से 'एक मरा' की जगह 'एक की मृत्यु' लिखा जाना चाहिए। 'चार मरे' प्रयोग सही है।
27. रेलगाड़ी के लिए केवल रेल शब्द का प्रयोग नहीं किया जा सकता। रेल का अर्थ पटरी होता है न कि रेलगाड़ी।
28. निर्णय, निश्चय, संकल्प किया जाता है, लिया नहीं जाता।
29. अदालती फैसलों, निर्वाचित संस्थाओं के अध्यक्ष तथा पीठासीन अधिकारियों के फैसलों को 'निर्णय' लिखा जाए, 'निश्चय' नहीं।
30. हत्या के पहले जघन्य, नृशंस आदि विशेषण जोड़ना अनावश्यक है। हत्या

अपने आप में ही जघन्य और नृशंस है।

31. हथियारबंद डकैत गलत है। डकैत हमेशा हथियारबंद ही होते हैं।
32. 'अभूतपूर्व' का प्रयोग कम से कम किया जाए। संसद, विधानसभाओं में अभूतपूर्व हंगामा, शोरगुल आदि का प्रयोग आम हो गया है। इस विशेषण का प्रयोग अति विशेष स्थितियों के लिए बचा कर रखना चाहिए।
33. नामों के साथ उपाधि अथवा श्री आदि लगना अनावश्यक है। श्री, श्रीमती आदि का प्रयोग केवल उपनामों के साथ होगा। जैसे, बलराम जाखड़ तथा श्री जाखड़।
34. सोना 24 कैरेट, सोना स्टैंडर्ड समानार्थी शब्द हैं। इनमें से किसी एक का ही इस्तेमाल करना चाहिए। सोना 22 कैरेट, सोना आभूषण भी समानार्थी हैं और उनमें से कोई एक ही इस्तेमाल किया जाना चाहिए। एकरूपता की दृष्टि से सोना 24 कैरेट और सोना 22 कैरेट का इस्तेमाल किया जा सकता है। चांदी के भावों के बारे में भी एकरूपता अपनानी चाहिए।
35. हम भाव और दाम शब्द का ही इस्तेमाल करेंगे। दाम जब वस्तु की इकाई का जिक्र हो।
36. गरी, नारियल, खोपरा गोला, पर्यायवाची शब्द हैं। इनके लिए गोला का इस्तेमाल किया जा सकता है।
37. गोल आदि की संख्या लिखते समय टीम और खिलाड़ी के नाम के बाद ही जीत या हार के अनुरूप गोल संख्या लिखी जाए। जैसे अमुक खिलाड़ी 2-0 से जीता या अमुक खिलाड़ी 0-2 से हारा। अमुक टीम/खिलाड़ी ने अमुक/खिलाड़ी को हराकर जीत हासिल की, प्रयोग गलत है। फलां को हराया अथवा पर जीत हासिल की लिखा जाना चाहिए।
38. प्रातः, अपराह्न, सायं, रात्रि की जगह सुबह, दोपहर, शाम, रात शब्दों का इस्तेमाल किया जाना चाहिए।
39. अक्सर उद्धरण चिह्नों को बंद करते समय उन्हें विराम चिन्हों से पहले लगा दिया जाता है। यह गलत है। उदाहरण के लिए उसने कहा, "पास आओ"। सही नहीं है। सही है, उसने कहा, "पास आओ।"

प्रसंगवश, 'दिनमान' के संपादक सच्चिदानंद हीरानंद वात्स्यायन 'अज्ञेय' ने भी पत्रिका के लिए वर्तनी के नियम स्थिर किए थे। हालाँकि पत्रिका भी इस नियम को पूरी तरह नहीं मानती थी। अब वह पत्रिका बंद हो गई है। फिर भी अज्ञेय द्वारा स्थिर वर्तनी के नियम को जानना चाहिए। वे थे–

1. विभक्तियां सर्वनाम के साथ लिखी जाएँ–यथा : मैंने, हमने, तुमने, उसका, उसके, किससे, जिससे, उससे।
2. क्रियापद 'कर' मूल क्रिया से मिलाकर लिखें–यथा : जाकर, जमकर, हंसकर,

मारकर, पीटकर, उठकर।

3. चंद्रबिंदु के स्थान पर अनुस्वार का ही प्रयोग किया जाए—यथा : हंसना, मां, पहुंचना।
4. अनुस्वार का प्रयोग—आधा न की जगह अनुस्वार का ही प्रयोग हो—सम्बन्ध, अन्त, वीरेन्द्र को संबंध, अंत, वीरेंद्र लिखा जाए। उर्दू शब्दों में न की जगह अनुसार ही पर्याप्त है जैसे इंकार, इंसान। अपवाद : अन्य, साम्य, सम्मान, इन्फा।
5. 'त' का प्रयोग—कार्यकर्ता, परिवर्तन, महत्वपूर्ण, नेतृत्व आदि शब्दों में एक ही 'त' रहेगा। जबकि इयत्ता, महत्ता, उत्तर जैसे शब्दों में त्त ही लिखा जाएगा।
6. उर्दू और अंग्रेजी के शब्दों में नुक्ते का इस्तेमाल नहीं किया जाए, यथा—अंग्रेजी, जहर, फिलहाल, सिर्फ, गजल। अपवाद—(क) जहाँ केवल एक नुक्ते के कारण अर्थ बदलता हो, सिर्फ वहीं नुक्ता लगाएँ, जैसे-जलील और ज़लील। (ख) यदि कहीं अरबी-फारसी का उद्धरण, शेर या वाक्य विशेष आता है तो शत-प्रतिशत आश्वस्त होने पर नुक्ते का इस्तेमाल किया जा सकता है।
7. हाइफन का बहुत सीमित उपयोग हो—(क) द्वंद्व समास में : राम-लक्ष्मण, मां-बाप, भाई-बहन, (ख) उपमा में : चांद-सा मुखड़ा, झील-सी गहरी आंखें।
8. क्रियापदों में 'ये', 'यी' और 'ए', 'ई' का प्रयोग—जिस क्रिया का रूप लिंग भेद के कारण बदले, वहाँ या, यी, ये का प्रयोग होगा, जैसे—राम गया, सीता गयी, वे गये (स्त्रियों के लिए हो, तो वे गयीं)।
9. आज्ञाबोधक वाक्यों में—जाइए, खाइए, पीजिए, बैठिए अथवा मंगाएं, बुलाएं, पहुंचाएं।
10. क्रिया जब संज्ञा के रूप में प्रस्तुत हो, तो ई लिखें। यथा—सिलाई खराब है, पढ़ाई-लिखाई चौपट हो गयी, मेरी पढ़ाई चल रही है। लेकिन किताब पढ़ायी गयी, नकल करायी गयी, लिखा जाये।
11. संस्कृत के शब्दों में जहाँ यी का उपयोग होता है, वहाँ ई का इस्तेमाल उचित नहीं। यथा : स्थायी, अनुयायी।
12. आदरसूचक दें—ये (इंदिरा गांधी) अमेरिका गई थीं।
13. उद्धरण चिह्न—बड़े संवाद के लिए दोहरा उद्धरण चिन्ह, वाक्यांशों व छोटे उद्धरणों के लिए एकल उद्धरण चिह्न यथेष्ट है।
14. व्यक्तियों के नाम—(क) नाम के प्रथम दो पद एक साथ लिखें, तीसरा जातिसूचक पद अलग लिखें यथा : चरणसिंह, हेमवतीनंदन बहुगुणा, विश्वनाथप्रताप सिंह। (ख) यथासंभव पूरा नाम लिखें—भैरवदत्त पाण्डेय न कि बी.डी. पांडेय।
15. प्रदेशों के नाम मिलाकर लिखें—उत्तरप्रदेश, मध्यप्रदेश, अरुणाचलप्रदेश,

आंध्रप्रदेश, हिमाचलप्रदेश।

'प्रभात खबर' के प्रधान संपादक हरिवंश ने भी अपने पत्र समूह के लिए अलग वर्तनी तय की। इस तरह हर अखबार अलग-अलग वर्तनी में निकल रहा है। पत्रिकाओं के लिए भी यही बात सही है। इससे भाषा की समृद्धि में कोई सार्थक योगदान होता है? यह एक अहम प्रश्न है।

विभिन्न पत्र-पत्रिकाएँ एक ही शब्द को नाना प्रकार से लिख रही हैं। इससे अनेकरूपताओं और अशुद्धियों को बढ़ावा मिलता है। जबकि चाहिए यह कि अनुवाद करते समय भी जो नाम हो, वही लिखा जाए—इससे अशुद्धियों से किंचित बचा जा सकता है। फिर एक शब्द की एक ही सर्वाधिक प्रचलित मानक वर्तनी का इस्तेमाल किया जाए क्योंकि प्रत्येक पत्र के लिए अलग-अलग वर्तनी का कोई औचित्य नहीं।

विज्ञप्त तथ्य है कि पत्र-पत्रिकाएँ पाठकों के विचारों को ही नहीं, उनकी भाषा को भी गहरे प्रभावित करती हैं। पत्र-पत्रिकाएँ भाषा-शिक्षा देने का दावा नहीं करतीं फिर भी पाठक पत्र-पत्रिकाओं के माध्यम से भाषा और शब्दों के प्रयोग सीखते हैं। वर्तनी की अराजकता ने जाहिर तौर पर भाषा को भी चौपट किया है। यही नहीं, बहुत कम पत्र हैं जिनसे शब्दावली, वाक्य विन्यास, व्याकरण संबंधी ज्ञान प्राप्त हो। भाषा-शिक्षण का कार्य तो दूर, अधिकांश पत्र-पत्रिकाएँ वर्तनी की समस्या से उबरने की दिशा में भी गंभीर और सजग नहीं दिख रही हैं।

लघु पत्रिका आंदोलन

हिंदी पत्रकारिता के विकास का इतिहास राष्ट्रीय पुनर्जागरण, स्वाधीनता संग्राम, सांस्कृतिक पुनरुत्थान, कठोर तप, संघर्ष, त्याग और बलिदान का इतिहास है। पत्रकारिता को आगे बढ़ाने के लिए हिंदी के पत्रकारों ने आजीवन संघर्ष किया। हिंदी पत्रकारिता के विकास के आरंभिक काल में इतनी समृद्धि नहीं थी। व्यवसायिकता में जकड़ जाने के कारण ही हिंदी पत्रकारिता आज अपने वास्तविक मुकाम पर नहीं पहुँच सकी है। व्यावसायिक पत्र-पत्रिकाएँ बुद्धिजीवियों के नए क्रांतिकारी विचारों के लिए मंच नहीं बन सकती थीं, न ही बनीं। इन्हीं स्थितियों में छोटी पत्रिकाओं का प्रादुर्भाव हुआ। सांस्कृतिक पुनरुत्थान के साथ ही जातीय अभीप्सा छोटी पत्रिकाओं की खासियत रही है। 28 मार्च 1874 ई. में भारतेन्द्र हरिश्चन्द्र ने 'कवि वचनसुधा' में स्वदेशी का प्रतिज्ञा पत्र प्रकाशित किया था और विलायती कपड़ा नहीं पहनने का संकल्प किया था। यह पूरे हिंदी जगत के लेखकों, पत्रकारों का संकल्प था। लाख आपदाएँ आईं, पर यह संकल्प क्षीण नहीं हुआ। 1900 में शुरू हुई 'सरस्वती' ने भाषा, साहित्य और संस्कृति के विकास को अपना लक्ष्य बनाया तो 'सार सुधानिधि', कर्मवीर', 'मतवाला' और 'आज' ने जातीय चेतना की भूमिका को। ये पत्र राजनीतिमुखी होने के बावजूद भाषा-साहित्य संस्कार के विशेष आग्रही थे। 1909 में 'इन्दु' पत्रिका ने स्वच्छंद साहित्य की नींव डाली जिसे 'मतवाला' ने गति दी। 'मतवाला' को सूर्यकान्त त्रिपाठी 'निराला', शिवपूजन सहाय, नवजादिक लाल और बेचन शर्मा 'उग्र' का संपादन सहयोग मिला। 1921 में लखनऊ से निकली 'माधुरी' पत्रिका को प्रेमचन्द, शिवपूजन सहाय, शांतिप्रिय द्विवेदी का संपादन सहयोग मिला था, जिससे वह ऐतिहासिक महत्त्व की साहित्यिक पत्रिका बन गई। 1928 में बनारसी दास चतुर्वेदी के संपादन में निकली 'विशाल भारत' मासिक पत्रिका और 1930 ई. में मुंशी प्रेमचन्द के संपादन में निकली 'हंस' को अपने वक्त के कृती साहित्यकारों का सहयोग मिला। शिवपूजन सहाय के संपादन में निकलनेवाली 'मौजी' और 'आदर्श' को भी ख्याति-लब्ध रचनाकारों

का सहयोग प्राप्त था। इसके बाद साहित्य को विभिन्न कोणों से समृद्ध करने वाली पत्रिकाएँ हैं–'चाँद', 'सुधा', 'मनोरमा', 'मर्यादा', 'वीणा', 'विश्वभारती पत्रिका', 'हिमालय', 'स्वदेश', 'संगम', 'नई धारा', 'आलोचना', 'समालोचना', 'प्रतीक', 'साहित्यकार', 'त्रैमासिक साहित्य', 'अवंतिका', 'नया समाज', 'कल्पना', 'कहानी', 'ज्ञानोदय', 'राष्ट्रवाणी', 'आजकल', 'वसुधा', 'नया पथ', 'कृति', 'नई कहानियाँ', 'नागरी प्रचारिणी पत्रिका', 'संघर्ष', 'सर्वोदय', 'जन' और 'राष्ट्र धर्म' आदि। 'दिनमान', 'साप्ताहिक हिन्दुस्तान' और 'धर्मयुग' व्यावसायिक पत्रिकाएँ रहने के बावजूद हिंदी पत्रकारिता में उल्लेख्य हैं। राजनीतिक-सामाजिक मुद्दों के अलावा साहित्य-संस्कृति पर भी इनमें सामग्री रहती थी। 'सारिका' भी साहित्य की चर्चित पत्रिका रही। 'प्रतीक', 'कवि', 'लहर', 'इकाई', 'निकष' और 'कहानी' पत्रिकाओं ने संवाद का बेहतर माहौल बनाया। हिंदी आलोचना की समृद्धि में 'आलोचना' की महत्त्वपूर्ण भूमिका रही। सरकारी पत्रिकाओं में 'आजकल', 'त्रिपगथा', 'भाषा', 'गगनांचल', 'समकालीन भारतीय साहित्य', 'उत्तर प्रदेश', 'पूर्वग्रह', 'इन्द्रप्रस्थ भारती' भी चर्चित रही हैं। साहित्य में प्रगतिशील आंदोलन के दौर में कई छोटी पत्रिकाएँ निकलीं। रचना और विचार के क्षेत्र में नई जमीन तैयार करने वाली लघु पत्रिकाओं की भूमिका हर काल में महत्त्वपूर्ण रही। क्षीण साधन के सहारे और प्रतिकूल स्थितियों से जूझता, कई उतार-चढ़ाव देख चुका लघु पत्रिका आंदोलन ही आज पश्चिमी आधुनिकता के गहरे सामाजिक, आर्थिक, सांस्कृतिक परिणाम की इंगिति दे रहा है। लघु पत्रिकाएँ ही अंतर्राष्ट्रीयकरण और उदारीकरण के चौंकाने वाले नतीजों से लोगों को सावधान कर रही हैं। प्रतिकूल परिस्थितियों से जूझतीं आज अनेक छोटी-पत्रिकाएँ–'अक्षरा', 'साक्षात्कार', 'पहल', 'सर्वनाम', 'दस्तावेज', 'वागर्थ', 'समकालीन सृजन', 'साक्षात्कार', 'विषय-वस्तु', 'वातायन', 'पुरुष', 'अब', 'निष्कर्ष', 'कतार', 'जतन', 'पल प्रतिपल', 'संदर्श', 'अलाव', 'परिवेश', 'साम्य', 'वसुधा', 'कलम', 'उत्तरशती', 'प्रयोजन', 'अभिव्यक्ति', 'नई रचना', 'जनयात्रा', 'साखी', 'संबोधन', 'विपक्ष', 'दस्तक', 'प्रसंग, 'प्रयास', 'तर्जनी', 'समास', 'कालबोध', 'संचेतना', 'इरा', 'आह्वान', 'कहानीकार', 'युगावलोकन', वसुंधरा', 'आम आदमी', 'कथानक', 'कथ्यरूप', 'कथा', 'समकालीन तीसरी दुनिया', 'समकालीन जनमत', 'समकालीन परिभाषा', 'सामयिक परिदृश्य', 'मुहिम', 'उत्तरा', 'जनपथ', राष्ट्रभाषा', 'राष्ट्रभाषा संदेश', 'संवेद', 'अंतर्दृष्टि', 'आवर्त', 'पाटली प्रभा', 'रूपांबरा', नागफनी', 'सापेक्ष', 'कारखाना', 'बहुमत', 'कल के लिए', 'कथा समवेत', 'यात्रा', 'शिखर', 'व्यंग्य विधा', 'सहचर', 'मधु माधवी', 'अंचल भारती', 'जनपक्ष', 'साहित्य सेतु', 'मणिमय', 'युग स्पन्दन', 'उन्नयन', सामान्य जन संदेश', 'आहट', 'संभव', 'कला', 'नारी संवाद', 'शीर्षक', 'दिशा', 'शब्द' आदि समय की चुनौती को महसूस कर रही हैं। रूपवादी और अतिआधुनिकतावादी सुख-समृद्धि और टेक्नोलॉजी की अनंत आशाएँ लघु पत्रिकाओं के पास नहीं हैं पर वे ही आज के गंभीर खतरों

को महसूस कर रही हैं। खतरा चाहे अन्तर्राष्ट्रीय मुद्रा कोष के आगे देश को गिरवी रखने का हो, चाहे डंकल प्रस्ताव का हो, चाहे विदेशी संचार माध्यमों के हमले का हो, चाहे विदेशी कंपनियों के हमले का हो, चाहे साम्प्रदायिकता और उपहार संस्कृति का हो, चाहे साहित्य विरोधी माहौल का हो, इन्हें छोटी पत्रिकाओं ने ही महसूस किया और पूरी शिद्दत से महसूस किया। यह सही है कि अधिकांश लघु पत्रिकाएँ अनियतकालीन हैं। छोटी पत्रिका एक ही व्यक्ति पर निर्भर रहती है। उसके पास पूँजी का अभाव रहता है जबकि बड़ी पत्रिका के पास 'बड़ा नेटवर्क' रहता है और बड़ी पूँजी भी रहती है। छोटी और बड़ी पत्रिकाओं में दृष्टियों का बहुत बड़ा यह अंतर रहता है। इसलिए दोनों एक दूसरे को प्रतिद्वंद्वी के रूप में देखती हैं। यह बात दीगर है कि लघु पत्रिकाएँ बड़ी पत्रिकाओं के पूरक रूप में काम करने की कोशिश करती हैं। यहाँ एक प्रश्न विचारणीय है। आज बड़ी पत्रिकाएँ एक-एक कर बंद हो गईं--'माधुरी', 'कल्पना', 'दिनमान', 'साप्ताहिक हिन्दुस्तान', 'सारिका', 'रविवार', 'अवकाश'। मैदान तो खाली है। छोटी पत्रिकाएँ क्यों नहीं वह स्थान ले लेतीं? तो क्या लघु पत्रिका आंदोलन अपनी प्रासंगिकता खो रहा है? यह भी कहा जाता है कि संपादक या लेखक बनने के लिए, अपनी महत्त्वाकांक्षा की पूर्ति के लिए अधिकांश लघु पत्रिकाएँ निकाली जाती हैं। 'कुछ भी' छाप देने की लाचारी भी देखी जाती है। इस प्रश्न के पहले वास्तव में यह जान लेना चाहिए कि छोटी पत्रिकाओं का भिन्न स्वरूप होता है। यदि महत्त्वाकांक्षा की बात होती तो उनकी महत्त्वाकांक्षा कितनी बड़ी होती है? छोटी पत्रिका जो सैकड़ों में ही छप पाती है, अभावों में जीती है, वह कितनी बड़ी महत्वाकांक्षा को पूरा कर सकती है? विभिन्न कस्बों से छोटी-छोटी पत्रिकाएँ प्रकाशित हो रही हैं और अपने दौर में व्यावसायिकता को पराजित भी कर रही हैं। बड़ी पत्रिकाओं ने जिन लेखकों को उपेक्षित किया, उन्हें छोटी पत्रिकाओं ने मंच दिया। यह तथ्य है।

हाँ, यह भी सही है कि छोटी पत्रिकाएँ बहुत कम संख्या में छपती हैं। वे व्यापक पाठक वर्ग की माँग पूरी नहीं कर सकतीं। जिनकी खरीदकर पढ़ने की सामर्थ्य है, वे भी छोटी पत्रिकाएँ खरीद कर पढ़ता नहीं चाहते। इनके बावजूद 'जन' से सरोकार रखते हुए छोटी पत्रिकाएँ सृजन फलक पर गंभीर हस्तक्षेप करती रही हैं, मानसिक बदलाव के अस्त्र के रूप में भी भूमिका निभाती रही हैं। एक बात और। उनके प्रस्तुतीकरण, वितरण और आर्थिक समस्याओं के कारण उन्हें जुझारू पत्रिका कहना समीचीन है। उद्देश्य बड़ा है। महत्त उद्देश्य लेकर ही आज की अधिसंख्य छोटी पत्रिकाएँ निकल रही हैं। 'पहल' 'वसुधा', 'पल प्रतिफल' और 'दस्तावेज' जैसी पत्रिकाएँ प्रमाण हैं कि साहित्य की गंभीर पत्रिका किसी वाद से मुक्त होकर निकाली जाए तो लेखक-पाठक में सही संवाद की राह खुलती है। इन पत्रिकाओं का बड़ा पाठक वर्ग

भी है। इससे यह भी साबित होता है कि गंभीर साहित्य के पाठक अब भी हैं। पाठन-वृत्ति कम नहीं हुई है। लघु पत्रिका आन्दोलन का वैशिष्ट्य इसी में तलाशा जाना चाहिए।

लघु पत्रिका आंदोलन के लिए संप्रति जरूरी है कि वह आत्मप्रचार का औजार बनने के बजाय आंचलिक प्रतिभाओं को उभारे, तभी वह साहित्यिक सन्नाटे को दूर कर पाएगा और प्रिंट मीडिया में वैचारिक शिथिलता को तोड़ पाएगा। साधनहीन पत्र ही पूरी गरिमा के साथ जड़ता के विरुद्ध और लोकतांत्रिक मूल्यों के पक्ष में तनकर खड़े हो सकते हैं, वैचारिक लेखन को गति और खुली दृष्टि दे सकते हैं।

कहानी के विकास में कथा पत्रिकाओं का योगदान : साहित्य की हर विधा के विकास में पत्रिकाओं ने उल्लेखनीय भूमिका निभाई। हिंदी कहानी के तो विभिन्न आंदोलनों का स्वरूप और चरित्र तक पत्रिकाओं ने निर्धारित किया। आरंभिक दौर में हिंदी कहानी के लिए अकेले 'सरस्वती' पत्रिका ने रचनात्मक संघर्ष किया। 'सरस्वती' ने 1900 ई. में किशोरीलाल गोस्वामी की कहानी 'इंदुमती' और जुलाई-अगस्त 1902 में 'गुलबहार', 1902 में मास्टर भगवान दास की कहानी 'प्लेग की चुड़ैल', 1903 में रामचन्द्र शुक्ल की 'ग्यारह वर्ष का समय', सितम्बर 1906 में बंगमहिला (राजेंद्रबाला घोष) की कहानी 'कुंभ में छोटी बहू' और 1909 में वृंदावन लाल वर्मा की कहानी 'राखी बंद भाई' छापी थी। 'सरस्वती' के 1915 के अंक के जरिए ही चन्द्रधर शर्मा गुलेरी की कहानी 'उसने कहा था' पाठकों के सामने आई थी। इस कहानी की सृजन दक्षता के नीचे प्रेमचन्द और जयशंकर प्रसाद तक दब गए। प्रेमचन्द की पहली हिंदी कहानी 'सौत' 'सरस्वती' में ही 1915 में ही छपी और 1916 में इसी पत्रिका में उनकी कहानी 'पंच परमेश्वर' छपी। 1911 से 1915 के दौरान 'सरस्वती' के अलावा 'इंदु', 'सेवक', 'नवजीवन', 'मर्यादा', 'नवनीत', 'प्रभा' ने भी कहानी के विकास में अपनी तईं भूमिका निभाई। जयशंकर प्रसाद की पहली कहानी 'ग्राम' 'इंदु' में 1911 में छपी थी। छबीले लाल की 'तीज की साड़ी' 'मर्यादा' में अगस्त 1911 में छपी थी। 'चाँद' का फाँसी अंक नवम्बर 1928 में आया था और उसमें चार अत्यन्त महत्त्वपूर्ण कहानियाँ छपी थीं। वे हैं—चतुरसेन शास्त्री की 'फंदा', पांडेय बेचन शर्मा उग्र की 'जल्लाद', जनार्दन प्रसाद झा द्विज की 'विद्रोही के चरणों पर' और विश्वंभरनाथ शर्मा कौशिक की 'फाँसी'। जैनेंद्र की पहली प्रकाशित कहानी 'खेल' 1928 में 'विशाल भारत' में छपी। तीस के दशक में उपेंद्रनाथ अश्क, मंटो, बेदी, कृष्णचन्दर, यशपाल, अमृत राय, अमृत लाल नागर, इलाचंद्र जोशी व भगवतीचरण वर्मा कथाकार के रूप में उभरे। प्रेमचन्द्र की प्रसिद्ध कहानी 'कफन', 'चाँद' के अप्रैल 1936 के अंक के जरिए हिंदी पाठकों के सामने आई। हालाँकि उर्दू में वह कहानी दिसम्बर 1935 ई. में ही 'जामिआ' पत्रिका में छप चुकी थी। पत्रिकाओं का महत्त्व समझकर प्रेमचन्द ने काशी से स्वयं 'हंस' का प्रकाशन 1930 में शुरू कर दिया था। 1937 ई. में श्रीपत राय ने 'कहानी' पत्रिका की शुरूआत की। इस पत्रिका ने 'सरस्वती', 'चाँद',

'माधुरी' और 'हंस' की कड़ी के रूप में अपनी भूमिका निभाई और हिंदी कथा साहित्य में दर्जनों कहानीकारों का घर बन गई। इसका सारा श्रेय भैरव प्रसाद गुप्त को जाता है जो आज भी महावीर प्रसाद द्विवेदी के बाद याद किए जाते हैं। भैरव प्रसाद गुप्त ने जनवरी 1955 से 'कहानी' पत्रिका के माध्यम से नई कहानी आंदोलन का नेतृत्व किया। कहानी के नववर्षांक 1956 के अंक में पहली बार स्पष्टतः 'नई कहानी' की बात उठाई गई। डॉ. नामवर सिंह ने ठीक लिखा है कि भैरव प्रसाद गुप्त की संपादन कला में वह ताकत थी, वह दृष्टि थी कि नए कथाकारों को भी स्थापित कथाकारों की पांत में बिठा देते, यदि नए लेखकों में उन्हें रचनात्मक श्रेष्ठता दिखती। 1955 के नववर्षांक में जहाँ अस्सी प्रतिशत कहानियाँ पुराने कथाकारों की हैं, वहीं दूसरे नववर्षांक में यह आँकड़ा उलट जाता है—अस्सी प्रतिशत हो जाते हैं नए कथाकार और इस तरह 'कहानी' के अंदर नए कथाकार पुराने कथाशिल्पियों की जगह ले लेते हैं। 1955-56 का समय हिंदी कहानी के लिए कितना रचनाशील था, इसका अंदाजा 'कहानी' में तब छपी कहानियों से ही लग जाता है। वे कहानियाँ हैं—'गदल', 'राजा निरबंसिया', 'रसप्रिया', 'गुलाकी बन्नो', 'मवाली', 'हंसा जाई अकेला', 'डिप्टी कलक्टरी', 'चीफ की दावत', 'बादलों के घेरे', 'सेब'। 'कहानी' के नववर्षांक 1956 से उसके संपादक भैरव प्रसाद गुप्त ने कहानी के नवजागरण की नींव डाल दी। 1955-56 के नववर्षांकों का प्रभाव हिंदी जगत में इतना व्यापक हुआ कि महाराष्ट्र राष्ट्रभाषा सभा ने 'कहानियाँ—1955' शीर्षक से एक संकलन ही प्रकाशित कर दिया। 'निकष', 'ज्ञानोदय' से कुछ कहानियाँ लेने के बावजूद इस संकलन में अस्सी फीसदी कहानियाँ 'कहानी' पत्रिका से ही ली गई हैं। 'कहानी' पत्रिका के जरिए मार्कण्डेय, अमरकांत, शेखर जोशी, राजेन्द्र यादव, कमलेश्वर आदि प्रतिष्ठित हुए। भैरव प्रसाद गुप्त 'कहानी' पत्रिका में जनवरी 1955 से 1959 तक रहे। 1960 में 'कहानी' की धारा के विकास के प्रतिरूप स्वरूप उन्होंने 'नई कहानियाँ' का संपादन शुरू किया। इसे राजकमल प्रकाशन के ओंप्रकाश निकालते थे। इस पत्रिका ने नए कहानीकारों की एक और कतार खड़ी की जिनमें राम नारायण, प्रयाग शुक्ल, मन्नू भंडारी, कृष्ण बलदेव वैद, कृष्णा सोबती, रमेश बक्षी, उषा प्रियंवदा, हाजरा मशरूर, खुदैजा मशरूर, जिलानो बानो प्रमुख हैं।

साठ के दशक में 'सारिका' ने भी कथा विधा के लिए सर्जनात्मक संघर्ष किया। कमलेश्वर ने 'सारिका' के जरिए हिंदी में समानांतर कहानी आंदोलन चलाया। उन्होंने समानांतर कहानी के कई महत्त्वपूर्ण विशेषांक भी निकाले। उधर राजकमल चौधरी, विजय मोहन सिंह, दूधनाथ सिंह, रवीन्द्र कालिया, प्रयाग शुक्ल ने 'अकहानी आंदोलन' चलाया। 'सारिका' जब अस्सी के दशक में भी विशेषांक दर विशेषांक निकाल रही थी, फिर भी वह अपने को हिंदी कथा लेखन का सबसे बड़ा मंच नहीं बनाए रख

पा रही थी, वैसे ही समय अगस्त 1986 में प्रेमचन्द्र द्वारा स्थापित 'हंस' का पुनर्प्रकाशन-संपादन कथाकार राजेन्द्र यादव ने शुरू किया। राजेन्द्र यादव के संपादन में 'हंस' के शुरुआती अंक 'सारिका' का ही स्थानापन्न होने का संकेत देते हैं। कथालेखक भी 'सारिका' के, यही क्या–पत्रिका का आकार-प्रकार भी 'सारिका' का। पर 'हंस' ने जल्द ही कथा साहित्य में धूम मचा दी। तब साठोत्तरी कहानी की धारा समकालीन कहानी की ओर मुड़ चुकी थी। सातवें-आठवें दशक में कहानी में सामाजिक परिस्थितियों व अंतर्विरोधों की शिनाख्त की प्रक्रिया में तेजी आई। उदाहरण के लिए ज्ञानरंजन की 'घंटा' व 'बहिर्गमन', काशीनाथ सिंह की 'नई तारीख' व 'मंगलगाथा', स्वयं प्रकाश की 'आसमां कैसे-कैसे' का जिक्र किया जा सकता है और इसी कड़ी में उन कथाकारों का उल्लेख भी लाजिमी होगा जिन्होंने आगे चलकर सामाजिक जटिलताओं को कथात्मक बनाकर पाठकों में आलोचनात्मक विवेक जगाने की कोशिश की। ऐसे ही कथाकार हुए शैलेश मटियानी, पंकज बिष्ट, असगर वजाहत, रामधारी सिंह दिवाकर, मधुकर सिंह, नारायण सिंह, रमेश उपाध्याय, राजेन्द्र दानी, शशांक, हरि भटनागर, अखिलेश, पुन्नी सिंह, महेश कटारे, अब्दुल बिस्मिल्लाह, कर्मेंदु शिशिर, विनोद कुमार शुक्ल, विष्णु नागर, राजेश जोशी, विजयकांत, मिथिलेश्वर, सुरेश कांटक, जगदंबा प्रसाद दीक्षित, धीरेन्द्र अस्थाना, रवीन्द्र वर्मा आदि।

जिस तरह 'प्रतीक' या 'कल्पना' में छपते ही लोग रातों रात प्रसिद्ध हो जाते थे, उसी तरह का मंच कथालेखकों को राजेन्द्र यादव के 'हंस' ने सुलभ कराया। उदय प्रकाश की चर्चित कहानियाँ–'तिरिछ', 'छतरियाँ', 'राम सजीवन की प्रेम कथा', 'पीली छतरीवाली लड़की', संजीव की महत्त्वपूर्ण कहानियाँ–'तड़बन्ने का ताड़', 'पाँव तले की जमीन', 'दुनिया की सबसे हसीन औरत', 'पूत-पूत', 'लिटरेचर', 'हंस' के माध्यम से ही पाठकों तक आईं। शिवमूर्ति और प्रियंवद की आरंभिक कहानियाँ 'हंस' ने ही छापीं। 'हंस' ने ही सृंजय की कहानी 'कामरेड का कोट' छापी और वे कथाकार के रूप में प्रतिष्ठित हो गए। कथा लेखक ही नहीं, अनेक कथा लेखिकाओं की भी परवर्दा बनी 'हंस' पत्रिका। प्रभा खेतान, मैत्रेयी पुष्पा, जया जादवानी से लेकर क्षमा कौल तक की इस पत्रिका में नियमित उपस्थिति बेहद तात्पर्यपूर्ण रही है। 'हंस' ने सिर्फ कथा साहित्य के विकास में ही भूमिका नहीं निभाई, बल्कि स्त्री विमर्श और दलित चेतना की प्रवक्ता भी रही यह पत्रिका। राजेन्द्र यादव के बाद हरिनारायण का नाम लिया जाना चाहिए जो 'कथादेश' निकाल रहे हैं जो 'हंस' की समानांतर पत्रिका है और लगभग सहयात्री। हरिनारायण कथादेश के जरिए अपनी रचनात्मक भूमिका निभा रहे हैं तो सतीश जमाली 'कथा दशक' के जरिए, विभूति नारायण राय 'वर्तमान साहित्य' के जरिए, ज्ञानरंजन 'पहल' के जरिए और अखिलेश 'तद्भव' के जरिए समकालीन कहानी की गंभीरता को रेखांकित करने की कोशिश में जुटे हैं।

इन पत्रिकाओं ने कहानी की अनेकमुखी चिंता, उसकी संरचना, अंतरविकास, विस्तार और पद्धति में हो रहे परिवर्तनों को पहचाना है। ये परिवर्तन नौवें दशक की कहानी में साफ-साफ लक्ष्य किए जा सकते हैं। नौवें दशक में ऐसे कथाकार उभरे जिन्होंने दो-तीन कहानियाँ लिखकर ही पहचान बना ली। देवेन्द्र, अलका सरावगी, प्रियदर्शन, अरविन्द चतुर्वेद, पलाश विश्वास, विमल कुमार, अनिल यादव आदि कथाकारों के नाम इस संदर्भ में लिए जा सकते हैं। इक्कीसवीं शताब्दी के आरंभ में हम देख रहे हैं कि हिंदी कहानी रचनात्मकता के नए आयाम खोज रही है। 'हंस' से लेकर 'कथादेश', 'कथा', 'कथाक्रम' तक में इधर आ रही नई जमीन की कहानियाँ इसका भरा-पूरा संकेत दे रही हैं।

हिंदी पत्रकारिता : अस्तित्व का संकट?

हाल के वर्षों में हिंदी की कई महत्त्वपूर्ण और प्रतिष्ठित पत्र-पत्रिकाएँ बंद या स्थगित हो गईं। इससे हिंदी पत्रकारिता जगत में यह प्रश्न तैरने लगा कि हिंदी पत्रकारिता संकट में है क्या? संकट है, इसमें कोई दो मत नहीं। पर यह भी सच है कि जितना संकट है, उससे ज्यादा मान लिया गया है। हाल में बंद या स्थगित होने वाली प्रमुख पत्र-पत्रिकाएँ हैं—'स्वतंत्र भारत' (वाराणसी), 'अमृत प्रभात' (लखनऊ), 'अमृत वर्षा' (पटना), 'पाटलिपुत्र टाइम्स' (पटना), 'नवभारत टाइम्स' (लखनऊ, पटना और जयपुर संस्करण), जनसत्ता (मुंबई व चंडीगढ़ संस्करण) 'संडे मेल' (कलकत्ता और दिल्ली संस्करण), 'दिनमान', 'दिनमान टाइम्स', 'सारिका', 'सारिका टाइम्स', 'वामा', 'पराग', 'खेलभारती', 'जनसंदेश', 'रविवार', 'श्री वर्षा', 'गंगा', 'संडे आब्जर्बर', 'समय सूत्रधार', 'माधुरी', 'चौथी दुनिया', 'साप्ताहिक हिंदुस्तान', 'दिल्ली दृष्टि', 'धर्मयुग', 'समाचार ब्यूरो', 'पब्लिक एशिया' और 'अवकाश'। उपर्युक्त पत्र-पत्रिकाओं के बंद होने की वजहों की पड़ताल करें तो पाएँगे—

(1) प्रतिस्पर्द्धा बढ़ी पर विज्ञापन से होने वाली आय नहीं बढ़ी।

(2) इन पत्र-पत्रिकाओं ने पाठकों की मानसिकता में तेजी से हो रहे बदलाव का ध्यान नहीं रखा। इससे पाठकों से उनकी दूरी बढ़ती गई। अपने पाठक वर्ग से वाकिफ हुए बगैर उनसे कैसे संवाद स्थापित किया जा सकता है?

(3) हिंदी भाषी क्षेत्रों के सांस्कृतिक पिछड़ापन को दूर करने की कोशिश नहीं हुई।

(4) हिंदी भाषियों में 'जातीय अस्मिता' का अभाव है। अपने सांस्कृतिक दायित्व को वे बहुत नहीं महसूस करते।

(5) बंद या स्थगित होने वाली हिंदी पत्र-पत्रिकाओं के मालिकों ने हिंदी के प्रति उदासीनता दिखाई।

(6) जितनी पूंजी और श्रम लगाकर हिंदी पत्र-पत्रिका निकाली जाती है, उससे कम पूंजी और श्रम लगाकर अंग्रेजी में ज्यादा मुनाफा कमाया जा सकता है।

(7) व्यावसायिक हित की परिभाषा बदल गई।
(8) किसी मुद्दे पर बेबाक और खरी-खरी कहने की प्रवृत्ति घटी है।
(9) वैचारिक प्रतिबद्धता का लादा जाना पाठकों को नापसंद है।
(10) टीवी का दबाव बढ़ गया है।

हाल के वर्षों में राष्ट्रीय-अंतर्राष्ट्रीय स्तर पर जो बदलाव आए हैं, उनसे अधिकतर पत्र-पत्रिकाओं ने अपेक्षाकृत कम तादात्म्य रखा। सोवियत संघ का विघटन हुआ तो मान लिया गया कि अमेरिका सर्वशक्तिमान हो गया है। अमेरिका की खुली संस्कृति में भारत का एक बड़ा हिस्सा नहाने-उतराने लगा। इधर देश और समाज में जो बदलाव आए। उससे हिंदी भाषी समाज भी प्रभावित हुआ। उसकी रुचि बदली। अब पाठक की रुचि का ध्यान रखे बगैर चीजें आप परोसेंगे तो वह इन्हें क्यों पढ़ेगा? पहले आप पाठक वर्ग को पहचानिए, उससे जीवंत संवाद स्थापित कीजिए, तभी तो उसकी रुचि को परिष्कृत कर पाएँगे। अब सिर्फ वैचारिक प्रतिबद्धता का निनाद करेंगे तो क्षरण तय है।

1991 की जनगणना के अनुसार देश के हिंदी भाषी राज्यों की आबादी करीब 36 करोड़ 67 लाख है। यहाँ साक्षरता दर 50 फीसदी से कम है। हिंदी भाषी प्रदेशों में साक्षरता पर जोर नहीं दिए जाने से उन इलाकों की सांस्कृतिक दरिद्रता नहीं दूर हुई। इसकी कोशिश भी नहीं हुई। सांस्कृतिक दायित्व को बिसार दिया गया। इतने पर भी जो पाठक हैं, वे निराशाजनक तस्वीर नहीं रखते। प्रसार संख्या और पाठकों की संख्या के हिसाब से हिंदी अब भी नंबर एक है। लेकिन इससे उसकी दशा तो बदल नहीं जाएगी। हिंदी में पठन वृत्ति है पर दूसरी भाषाओं की तुलना में कम। हिंदी में अपनी 'जातीय अस्मिता' का संकट है। बंगाल में एक हजार रुपए कमाने वाला भी अखबार जरूर पढ़ेगा और खरीदकर पढ़ेगा। हमारे यहाँ खरीदकर पढ़ने की संस्कृति विरल है। लोग मांगकर, सैलून में, चाय की दुकानों में जाकर पढ़ लेंगे, खरीदने से कतराएँगे। इस सांस्कृतिक पिछड़ेपन को न स्वाधीनता की बयार दूर कर पाई न 'उत्तर आधुनिकता' और न 'उत्तरोत्तर आधुनिकता'।

वैसे हिंदी भाषी राज्य अभी तक जब पूर्णरूपेण साक्षर तक नहीं हो पाए, वहाँ 'जातीय और सांस्कृतिक अस्मिता' की तलाश बेमानी है। जिस तरह बांग्ला में सांस्कृतिक जागरण है। बांग्ला का नया से नया अखबार लाखों में बिक लेता है। पत्रिकाएँ भी खूब बिकती हैं। बांग्लाभाषी गुमानी मुद्रा में कहता है, मेरे रवींद्र, मेरे शरत्...हिंदी में यह भाव ही पैदा नहीं होने दिया गया। हिंदी समाज की जो सामंती संरचना थी, उसे तोड़ने की कोशिश ही नहीं हुई।

रही-सही कसर इलेक्ट्रानिक मीडिया और पत्र-पत्रिकाओं के मालिकों ने पूरी कर दी। टीवी आज सबसे महत्त्वपूर्ण संचार माध्यम है। सितंबर 1959 में यह भारत में आया। इतने ही वर्षों में आज उसकी पहुँच अनंत हो गई। टीवी के कारण

पत्र-पत्रिकाओं पर दबाव बढ़ा है, इससे इंकार नहीं किया जा सकता। पढ़ने की आदत को कम करने में टीवी की कम भूमिका नहीं है। क्योंकि पत्र-पत्रिका पढ़ने के लिए कुछ दिमाग लग सकता है। पर टीवी देखने में तो आनंद ही आनंद है। लेकिन फिर भी अनेक लोग हैं जो घटनाओं के बारे में बेबाक विश्लेषण चाहते हैं जिसमें बातें खरी-खरी कही गई हों। खबरों में पुख्तापन और प्रामाणिकता के कायल लोगों के लिए पत्र-पत्रिकाएँ ही सहारा हैं। टीवी से प्रिंट मीडिया अब भी ज्यादा विश्वसनीय मानी जाती है।

इसलिए इस विश्वसनीय विधा को कोई झटका लगे तो यह पूरे हिंदी जगत के लिए झटका है। हिंदी की तीसेक पत्र-पत्रिकाएँ असमय काल-कवलित हो गईं तो चिंतित होने वाली बात है। जो पत्र-पत्रिकाएँ बंद हुई, उनमें साहित्यिक पत्रिकाएं भी थीं। बांग्ला या मलयालम में यदि कोई पत्रिका बंद हो जाती तो वहाँ के साहित्यिक जगत में भूचाल आ जाता। हमारे यहाँ 'गंगा' बंद हो, 'सारिका' बंद हो या 'दिनमान'—कोई खलबली नहीं। पड़ताल करना तक जरूरी नहीं लगता कि इनकी यह दशा क्यों? हिंदी जगत इस खतरे से अनजान और उदासीन क्यों है? यह खतरा उसे क्यों नहीं कचोटता? हालांकि इस दशा के लिए न लेखक जिम्मेदार हैं न पाठक। इस दशा के लिए सर्वाधिक जिम्मेदार पत्र-पत्रिका चलाने वाले मालिक और संपादक हैं। कोई मालिक पत्र-पत्रिका तभी शुरू करता है जब उसके निहित स्वार्थ पूरे हों, उसकी बौद्धिक छवि बने और सबसे बड़ी बात वह इसके जरिए, मुनाफा कमाए। जब कम पूंजी और श्रम से अंग्रेजी पत्र या पत्रिका निकालकर ज्यादा मुनाफा कमाया जा सकता है तो ज्यादा पूंजी और श्रम क्यों लगाया जाए। इसी सोच के चलते टाइम्स आफ इंडिया के तमाम प्रकाशन एक के बाद एक बंद होते गए। 'नवभारत टाइम्स' के पटना, जयपुर और लखनऊ संस्करणों के अलावा 'दिनमान', 'सारिका', 'पराग', 'वामा', 'माधुरी', और 'खेलभारती' कोई पठन वृत्ति घटने से नहीं बंद हुईं। वे इसलिए बंद हुईं कि उन पर जितनी पूंजी और श्रम लगाया जाता उससे कम श्रम और पूंजी लगाकर अंग्रेजी में ज्यादा मुनाफा मिल जाएगा। दूसरी जिम्मेदारी संपादकों की है। जो भी पत्र-पत्रिकाएँ बंद हुईं, उनके संपादकों का अपने पाठकों के साथ संवाद नहीं था। उन्होंने अपने मध्यवर्गीय पाठकों की पसंद-नापसंद का ध्यान नहीं रखा। अपने पाठक वर्ग से वाकिफ नहीं होने पर कोई प्रकाशन लड़खड़ाएगा ही।

इन सबके बावजूद हिंदी की तमाम पत्र-पत्रिकाएँ फल-फूल रही हैं। अब तो सबसे ज्यादा पढ़ा जानेवाला भी हिंदी का ही अखबार है। इसके साथ ही कुछ विडंबनाएँ भी जुड़ी हैं। देश में सबसे ज्यादा पढ़े जाने वाले 'दैनिक भास्कर', 'दैनिक जागरण' 'पंजाब केसरी', 'नवभारत', और 'राजस्थान पत्रिका' राष्ट्रीय अखबार नहीं हैं। इन पाँचों अखबारों की पाठक संख्या एक करोड 56 लाख 87 हजार है जबकि इनसे बहुत कम प्रसार संख्या वाले 'नवभारत टाइम्स', 'हिन्दुस्तान' और 'जनसत्ता' राष्ट्रीय

अखबार माने जाते हैं। इसकी वजह है। प्रामाणिकता की दृष्टि से ये तीनों पत्र अव्वल हैं। फिर इनके मालिक ही संपादक नहीं हैं। यदि पत्रकार संपादक होगा तभी, वह स्वतंत्र और निष्पक्ष होकर पाठकों से खरी-खरी बातें कह पाएगा, वह व्यावसायिक हित की कीमत पर जनहित से समझौता नहीं करेगा।

दूसरी विडंबना यह है कि लाखों में बिकने के बावजूद इनकी विज्ञापन आय अँग्रेजी अखबारों की तुलना में कम है। विज्ञापनदाता अब भी अंग्रेजी प्रकाशनों और टीवी की ओर भागते हैं। एक तो आय नहीं बढ़ रही है, दूसरे प्रतिस्पर्द्धा बढ़ रही है। 'दैनिक भास्कर', 'नवभारत' से टक्कर में अपना दुर्ग भिलाई संस्करण 18 पेज निकाल रहा है–रंगीन और कीमत सिर्फ डेढ़ रुपए। कोलकाता में 'एशियन एज' 24 पृष्ठों के साथ डेढ़ रुपए में आने लगा तो स्टेट्समैन, टेलीग्राफ, टाइम्स आफ इंडिया, हिंदुस्तान टाइम्स को भी अपनी कीमत डेढ़ रुपए करनी पड़ी। भविष्य में हिंदी पत्रों के मामले में यह प्रवृत्ति बढ़ सकती है। इससे पाठकों को तो लाभ होगा पर प्रकाशन पर बोझ बढ़ने से उसके दूरगामी नतीजे बहुत अच्छे होंगे, ऐसा नहीं लगता।

जहाँ तक पठनवृत्ति की बात है, यह पूरे संसार में घट रही है। भारत में सर्वाधिक पठन वृत्ति बंगाल और केरल में है जहाँ शत-प्रतिशत साक्षरता के दावे किए गए हैं फिर भी दुनिया के अन्य देशों के मुकाबले बंगाल या केरल में भी पठन वृत्ति काफी कम है। हिंदी में पढ़ने की संस्कृति के अनुकूल स्थितियाँ भी नहीं बनाई गईं, इसके बावजूद हिंदी पत्र-पत्रिकाएँ ही आज देश में सबसे ज्यादा पढ़ी जाती हैं। 'दैनिक भास्कर' डेढ़ करोड़ पाठकों के विश्व रिकार्ड की ओर बढ़ रहा हैं तो 'पंजाब केसरी' के पाठकों की संख्या 37.19 लाख है। तमिल दैनिक 'थांती' के पाठकों की संख्या 35.97 लाख है। हिंदी दैनिक 'नवभारत' है के पाठकों की संख्या 33.69 लाख है। उसके बाद क्रमशः 'द टाइम्स आफ इंडिया' (अंग्रेजी 32.81 लाख), 'गुजरात समाचार' (गुजराती, 30.95 लाख), 'दैनिक जागरण' (हिंदी. 30.86 लाख), 'ईनाडु' (तेलुगू, 30.23 लाख), 'आनंद बाजार पत्रिका' (बांग्ला 29.89 लाख), 'दैनिक भास्कर' (हिंदी 27.74 लाख) और 'राजस्थान पत्रिका' (हिंदी 27.42 लाख)। (हिंदी 27.42 लाख)। यह तो रही दैनिकों की बात। पत्रिकाओं में 'इंडिया टुडे' (अंग्रेजी) 49.84 लाख पाठकों के साथ नंबर एक पर रही है। उसके बाद क्रमशः 'गृहशोभा', (हिंदी 49.06 लाख), 'इंडिया टुडे' (हिंदी, 33.32 लाख,) 'सरिता' (हिंदी, 32.45 लाख), 'फिल्मी दुनिया' (हिंदी 31,83 लाख), 'रीडर्स डाइजेस्ट' (अंग्रेजी, 31.65 लाख) और 'कंप्टीशन सक्सेस रिव्यू' (अंग्रेजी, 29.16 लाख) का स्थान बताया गया है–ए.बी.सी. आहिद ब्यूरो ऑफ सर्कुलेशन की रिपोर्ट में।

उक्त रिपोर्ट के मुताबिक शहरी भारतीय हर हफ्ते औसतन दो घंटे दस मिनट अखबार पढ़ने में, आठ घंटे 40 मिनट टीवी देखने पर और 0.3 घंटे सिनेमा पर

खर्च करते हैं। शहरी आबादी के 48 फीसदी लोग अखबार या पत्रिकाएँ पढ़ते हैं जबकि 76 फीसदी लोग टीवी देखते हैं और 42 फीसदी सिनेमा।

आंकड़े से जाहिर है कि पाठकों की ओर से कोई समस्या नहीं है। पाठक आज भी हैं। यदि कई बड़ी पत्र-पत्रिकाएँ बंद या स्थगित हुई हैं तो उसके लिए पाठक नहीं दोषी हैं। दोष उन पत्र-पत्रिकाओं का है जिन्होंने समय के साथ कदमताल नहीं किया, न पाठकों की रुचि का ध्यान रखा। कहने को कहा जा सकता है कि जो पत्र-पत्रिकाएँ लाखों में बिक रही हैं उनमें कुछ का स्तर बौद्धिक दृष्टि से बहुत कमजोर है पर ज्यादातर पत्रिकाएँ स्तरीय ही हैं। 'इंडिया टुडे' को उदाहरण के रूप में लिया जा सकता है।

अधिकांश पत्र-पत्रिकाओं के बंद होने से हिंदी साहित्य में एक गतिरोध और सन्नाटे की जो स्थिति पैदा हुई थी, उसे हिंदी के समाचारपत्र जगत ने गंभीरता से महसूसा, तभी तो 'जनसत्ता' कलकत्ता का दीपावली विशेषांक, इंडिया टुडे' की साहित्य वार्षिकी, अक्षर पर्व : 'देशबंधु', 'प्रभात खबर', 'लोकमत समाचार', 'नवभारत', 'नई दुनिया' के विशेषांक आने शुरू हुए। इन विशेषांकों ने साहित्य, लेखक और पाठक के बीच चौड़ी हुई खाई को न सिर्फ पाटा है, बल्कि उनके बीच कायम हुए गतिरोध को दूर करते हुए एक जीवंत संवाद भी कायम किया। इन विशेषांकों की हाथों हाथ हुई बिक्री से यह भी साबित हुआ है कि हिंदी में गंभीर साहित्य के पाठकों का अभाव नहीं है। इसलिए अस्तित्व के संकट की बात हौवा ही है।

पत्रकारिता के उत्तर आधुनिक चरण

अभी ज्यादा समय नहीं बीता। सन् तिरासी में जब मैं नया-नया अखबार में आया था, तब पत्रकारिता के औजार थे—कागज, कलम, पैड, टाइपराइटर, टेलीप्रिंटर, टेलीफोन, और ज्यादा से ज्यादा फैक्स और टेलेक्स। लेकिन इतिहास के पैमाने पर नापें तो एक ही झटके में सारा परिदृश्य बदल गया। अब तो संपूर्ण मीडिया जगत में कंप्यूटर क्रांति की धूम है। कम्प्यूटर क्रांति ने सम्पूर्ण विश्व का आसमान गुंजा रखा है। उधर कितने-कितने देश पार कर बी.बी.सी. और सी.एन.एन. सरीखे विदेशी उपग्रह चैनल हमारे घर-आँगन-ओसारे तक पहुँच आए हैं। न सिर्फ पहुँच आए हैं बल्कि कुंडली मारकर बैठ गए हैं।

दुनिया-जहान की नवीनतम जानकारी लिए कंप्यूटर हाजिर है। 'निकनेट' और 'इंटरनेट' से अपने कंप्यूटर को जोड़िए, पूरे संसार की नवीनतम जानकारी पाइए! 'इंटरनेट' नवीनतम कंप्यूटर नेटवर्क है। 'इंटरनेट' के जरिए ही 1989 में दशक की अत्यंत लोमहर्षक घटना की जानकारी पूरी दुनिया को मिल पाई थी, जब चीन के थियानमेन चौक में लोकतंत्र समर्थक हजारों छात्रों का नरसंहार हुआ। चीन सरकार ने कड़ी पाबंदी लगाकर विदेशी मीडिया, अपने यहाँ की सरकारी मीडिया और संवाद समितियों तक इस खबर को पहुँचने से रोक दिया पर लोकतंत्र समर्थक कुछ छात्र कंप्यूटर विभाग में भी थे। चीन तब तक 'इंटरनेट' नेटवर्क से जुड़ चुका था। सो छात्रों ने इसके जरिए पूरे विश्व को थियानमेन चौक के भीषण हादसे की खबर दे दी। चीन सरकार ताकती रह गई। 'इंटरनेट' ने पूरे विश्व को जोड़ दिया है। इसी कंप्यूटर नेटवर्क की महिमा से ही आज विश्व ग्राम (ग्लोबल विलेज) की बात कही जा रही है। इस 'विश्वग्राम' को मानव जाति के लिए और अधिक निरापद बनाने की बात भी की जा रही है। ग्राम, जहाँ होती है सामूहिकता। ग्राम, जहाँ सभी एक-दूसरे को अच्छी तरह जानते हैं। गाँव, जहाँ आत्मीयता और अंतरंगता है। गाँव, जहाँ आपसी प्रेम, विश्वास और करुणा है। इंटरनेट' चूँकि विश्व के एक कोने की नवीनतम जानकारी

दूसरे कोने तक पलक झपकते दे देता है यानी सारी भौगालिक सीमाओं को तोड़ते हुए पूरे विश्व को जोड़ता है तो उसे 'विश्वग्राम' कहा जा रहा है।

महात्मा गांधी ने भी विश्वग्राम का सपना देखा था। उसे उन्होंने 'ग्राम स्वराज्य' का नाम दिया था। पर उन्होंने यह भी कहा था कि, "मैं नहीं चाहता कि मेरा घर चारों ओर दीवारों से घिरा रहे। न मैं अपनी खिड़कियों को ही कसकर बंद रखना चाहता हूँ। मैं तो सभी देशों की संस्कृति का अपने घर में बेरोक टोक संचार चाहता हूँ। पर ऐसी संस्कृति के किसी झकोरे से मेरे पाँव उखड़ जाएं—यह मुझे मंजूर नहीं।" वस्तुतः नई सूचना प्रणाली पर आधारित मीडिया आज जब हमारे सामने विविध मूल्यों को सामने ला रहा है तो आज हमें ज्यादा सचेतनता और सजगता से काम लेना होगा। 'विश्वग्राम' का चिंतन कोई आज का चिंतन नहीं है। सहस्रों वर्ष पूर्व प्राचीनतम वेद 'ऋग्वेद' में भी इसकी कल्पना की गई थी—'विश्व पुष्टं ग्रामे अस्मिन् अनातुरम्।' आपसी प्रेम, विश्वास और करुणा—ये जो मानवीय मूल्य हैं, इनके विश्व मूल्य बनने से ही आज की 'विश्वग्राम' की परिकल्पना निरापद और साकार होगी।

अहम प्रश्न यही है कि 'विश्वग्राम' क्या मनुष्य को मनुष्य से जोड़ पाता है? पूरे विश्व को जो ग्राम बनाया जा रहा है, उसमें नई से नई, चाही या अनचाही सूचना या जानकारी फौरन विश्व के एक कोने से दूसरे कोने तक पहुँच तो जाएगी पर क्या मानव भी मानव तक पहुँचेगा?

लेकिन हमें यह भी नहीं भूलना चाहिए कि कंप्यूटर क्रांति का ही यह कमाल है कि हाल के वर्षों तक के दृश्य अब बीते युग की कहानी हो गए। अब कम रोशनी बाले कमरों में रिपोर्टर और उप संपादक नहीं बैठते। अब फिल्म और टीवी स्टूडियो की तरह समाचार कक्ष भी न केवल साफ-सुथरे, सुसज्जित और पर्याप्त रोशनी वाले बल्कि वातानुकूलित भी हैं। अब समाचार संप्रेषण और समाचारपत्रों का मुद्रण इतना आसान हो गया कि महिलाएँ भी इस क्षेत्र में आने से नहीं घबरातीं। स्वच्छ वातावरण में अब देर रात तक चलने वाले इस पेशे में महिलाएँ भी धड़ल्ले से संवाददाता और उप संपादक का काम कर रही हैं।

अभी हाल तक उप संपादकों, रिपोर्टरों और अन्य संपादकीय सहकर्मियों के लिए पैड और कलम जरूरी वस्तु होते थे। अब नहीं। अब तो हर रिपोर्टर और उप संपादक को एक-एक टर्मिनल थमा दिया गया है। कागज, कलम, पैड में नाता टूट गया है। सभी लोग अपने-अपने टर्मिनल पर खुद अपनी खबरें-लेख-फीचर कंपोज करते हैं। उसका प्रिंट निकाल देते हैं या सीधे शिफ्ट इंचार्ज के कंप्यूटर पर भेज देते हैं। फिर संपादन के करेक्शन पूरे करते हैं। हर रिपोर्टर/उप संपादक के पास अपनी लोगिन और पासवर्ड हैं। आए, कंप्यूटर खोला, सारी खबरें-फीचर कंपोज कीं, कंप्यूटर बंद किया और इस तरह हो गई ड्यूटी पूरी। कलम का इस्तेमाल अब सिर्फ हाजिरी बनाने के लिए हो रहा है। जिन अखबारों के कई संस्करण निकलते हैं, उन्हें

डाटा लिंक से ही सारी दुनिया-जहान की खबरें पलक झपकते मिल जाती हैं। पेज के पेज आ जाते हैं। फोन, फैक्स और टेलेक्स का जमाना भी लद गया। अब उनकी जगह सेलुलर फोन, पेजर और ई.मेल ने ले ली है। नित नए टीवी चैनल खुल रहे हैं जिन पर किसिम-किसिम के मनोरंजनों की बहार है। पूरे विश्व का सूचना बाजार गर्म हो उठा है। बल्कि वह मनोरंजन बाजार की शक्ल में तब्दील हो चुका है और इसमें भारतीय पत्रकारिता और पाठक आत्मविस्मृत हैं। पाठक या दर्शक इसमें अपनी सुध-बुध खोता जा रहा है। हमारे जागरूक विवेक और संवेदन तंत्र को मानो भोंथरा बनाने की सारी तैयारी है।

उधर पत्रकारिता के क्षेत्र में कम्प्यूटर, सेल्यूलर, पोर्टेबल सेटलाइट फोन डिजिटल ऑडियो, फाइवर आप्टिक उपकरण और सेटलाइट घूम मचा रहे हैं। तकनीकी क्रांति से खबरों की पहुँच बढ़ गई है। अब हर तरह की खबरें सुलभ हैं। इन खबरों में मनोरंजक और सनसनीखेज खबरें भी शामिल हैं। पाठक दो खेमों में बंटने लगे हैं। एक वे जो समाचारों में प्रामाणिकता, गुणवत्ता और पुख्तापन चाहते हैं, दूसरे वे जो मनोरंजन और सनसनी के कायल हैं। यह एक खतरनाक संकेत है।

अब छोटे से लैपटाप कंप्यूटर ने टेप रिकार्डर का स्थान ले लिया है जिससे समाचार-फीचर लिखना, संपादित करना और उसका टेप काटकर सुरक्षित रखना—सब थोड़े में ही संभव हो गया है।

मौजूदा समय में देश के तमाम शहर कंप्यूटर नेटवर्क 'निकनेट' से जुड़ गए हैं। 'निकनेट' के 'डाटाबेस' में तमाम महत्त्वपूर्ण पुस्तकों और पत्रिकाओं की जानकारियां सुलभ हैं। अब बताइए, कौन सी जानकारी चाहिए। कंप्यूटर बताने को हाजिर है। कहीं नहीं जाना है। घर बैठे सारी जानकारी उपलब्ध है। 'निकनेट' का फायदा इस समय भारत के सैकड़ों उपभोक्ता उठा रहे हैं। इसके जरिए 'इनसेट वन डी' का इस्तेमाल किया जा रहा है। अब देश में कंप्यूटरों के जाल के मद्देनजर सूचना राजमार्ग खुल गया है। इस पर तेज रफ्तार से सूचनाएँ दौड़ रही हैं। भारत में रोजाना ढाई लाख से ज्यादा जानकारियों और आँकड़ों का आदान-प्रदान सूचना राजमार्ग के जरिए 'निकनेट' कंप्यूटर कर रहा है। रफ्तार बढ़ाने के लिए आप्टिकल फाइवर का इस्तेमाल किया जा रहा है। प्रति सेकेंड यही कोई सौ पेज की सामग्री कंप्यूटर तक पहुँच रही है आसानी से। अब दुनिया भर के कंप्यूटर 'इंटरनेट' से जुड़कर सूचनाओं का आदान-प्रदान कर रहे हैं। हिंदी में अब डाटकाम पत्रकारिता भी शुरू हो गई है। कंप्यूटर पर पूरा अखबार पढ़ना अब संभव हो गया है।

अब संदेश देने के लिए 'सेलुलर फोन' और 'पेजर' का इस्तेमाल हो रहा है। सुदूर देशों में सूचनाएँ भेजने के लिए 'आप्टिकल फाइवर' का इस्तेमाल हो रहा है। आप्टिकल फाइवर से भारत समेत कई देश जुड़कर सूचनाओं का आदान-प्रदान कर रहे हैं। कंप्यूटर पर अब सूचनाएँ ही नहीं, बल्कि तमाम आंकड़े और तस्वीरें फटाफट

कहीं भेज सकते हैं। 'इनटेक्स्ट' के जरिए मौसम, समाचार और लिखित सामग्री एक पत्रिका के रूप में टी.वी. सिग्नलों के जरिए भेजी जाती है। 'वीडियो टैक्स' सेवा के तहत तमाम सूचनाएँ, तस्वीरें टीवी के पर्दे पर देखी जा सकती हैं। जाहिर है आज की लुभावनी कंप्यूटर की दुनिया के फलस्वरूप पहले के समाचार संकलन से आज की कवरेज का कोई मुकाबला नहीं है। पर आज तमाम अत्याधुनिक तकनीक और सुविधाओं के रहते हुए भी बहुत कम खबरें होती हैं जो ठोस तरीके से प्रस्तुत की गई हों या गहराई से लिखी या प्रसारित की गई हों, फिर टेलीविजन चैनलों और कामर्शियल टेलीविजन का समूची पत्रकारिता पर जो दबाव है, सो अलग। कंप्यूटर की दौड़ में खबरों को फैक्ट्री उत्पादन की तरह निकाला जा रहा है। जाहिर है, इससे खबरों की गुणवत्ता स्वतः कम हो गई है। ठोस न्यूज कवरेज और रिपोर्टिंग पर पाठकों और श्रोताओं का जोर देते रहना अब मानो बेमानी हो गया है।

तो हर तरह की खबरें आज उपलब्ध हैं और हर समय उपलब्ध हैं। एक वक्त था जब अमेरिकी केबिल न्यूज नेटवर्क (सी.एन.एन.) के जन्मदाता टेड टर्नर का लोग मजाक उड़ाते थे, उन्हें सनकी, पागल और जाने क्या-क्या कहते थे, जब वे चौबीसों घंटे खबरें देने की बात करते थे। पर उन्होंने वह सब कर दिखाया जिसकी महज कल्पना की जा सकती थी। अब भारत के टी.वी. दर्शकों को भी सी.एन.एन. इंटरनेशनल के न्यूज चैनल की सुविधा सुलभ हो गई है। सी.एन.एन. और दूरदर्शन के बीच हुए करार के तहत पहली जुलाई 1995 से टीवी पर अब भारत में भी खबरें मिलनी शुरू हो गई हैं। यह भारतीय दूरदर्शन का चौदहवाँ चैनल है। सी.एन.एन. को यह चैनल दूरदर्शन ने पट्टे पर दिया है। सी.एन.एन. की सुविधा का अब केबिल या डिश एंटिना के जरिए उपयोग किया जा सकता है। टीवी और सी.एन.एन. के बीच मुफ्त में समाचारों का आदान-प्रदान हो रहा है। करार के मुताबिक विदेशी कंपनी के भारतीय मीडिया जगत में इस तरह के प्रवेश के बावजूद दोनों एक दूसरे की संपादकीय स्वायत्तता में कोई दखल नहीं देंगे। चलिए सी.एन.एन. भी भारत में। उसने यहाँ आते ही 'कमाल' किया। भारत के मानचित्र को गलत ढंग से पेश किया। पर कहीं कोई एतराज नहीं। अमेरिकी फिल्मों के आयात की छूट भी भारत सरकार पहले ही दे चुकी है। भारत सरकार ने सेटलाइट टीवी, स्टार टीवी, सी.एन.एन. तमाम पश्चिमी साम्राज्यवादी उपग्रह चैनलों को यहाँ खुलकर काम करने की इजाजत भी दी हुई है। केबल टीवी का जाल फैलता जा रहा है। हालाँकि चाहे जितने विदेशी उपग्रह चैनल आ जाएँ, उनकी संख्या दूरदर्शन की तुलना में कम ही होगी। फिर भी उससे भारत के सांस्कृतिक जीवन में साम्राज्यवादी संस्कृति का तो दबाव बढ़ा ही है। इसे पश्चिमी संस्कृति के हमले के रूप में भी देखा जा रहा है। क्या इससे भारत के वैविध्यपूर्ण सांस्कृतिक गौरव और पहचान के विकृत होने का अंदेशा नहीं है? यदि केन्द्र सरकार को अपनी सांस्कृतिक अस्मिता की चिंता थी तो उसने अपनी मीडिया को साम्राज्यवादियों

के हाथों क्यों सुपुर्द कर दिया? केबल टीवी, स्टार टीवी उपभोक्तावाद का नग्न प्रचार कर रहे हैं फिर भी सरकार खामोश है। भारत की सरकारी इलेक्ट्रानिक मीडिया के प्रति सरकार के इस रुख को साम्राज्यवादियों के दबाव के आगे घुटने टेकना कहा जा रहा है। एक तरफ तो विदेशी समाचार माध्यमों को भारत के मीडिया बाजार में खुला-खेल खेलने की इजाजत दे गई है। दूसरी तरफ दूरदर्शन को निजी हाथों में सौंप देने की मुहिम भी सरकार चला रही है। सरकार का कहना है कि इससे दूरदर्शन में अधिक स्वतंत्र माहौल बन सकेगा और प्रतिद्वंद्विता से कार्यक्रमों के स्तर में सुधार आएगा। कई-कई वीडियो मैगजीन सरकार की नई उदार आर्थिक नीतियों का ही नतीजा हैं। इनसे ये प्रश्न उठ खड़े हुए हैं कि क्या प्रसारण के नाम पर इतनी भीड़-भाड़ होनी चाहिए या फिर आँख मूंदकर इलेक्ट्रानिक मीडिया का व्यवसायीकरण उचित है? देश में निजी प्रसारण के व्यावसायिक पहलुओं की व्यापक समीक्षा भी नहीं हुई है। पर यह महसूस किया गया है कि निजी चैनलों के चलते हिंसा और सेक्स का अनावश्यक प्रदर्शन देश की सांस्कृतिक व राष्ट्रीय विरासत के लिए खतरा पैदा कर रहा है। माना जाता है कि निजी प्रसारणकर्ताओं को ऐसा कोई कार्यक्रम नहीं प्रसारित करना चाहिए, जिससे देश की मिली-जुली संस्कृति का विरोध कर रही विदेशी ताकतों को बढ़ावा मिले। सुप्रीम कोर्ट के एक फैसले में कहा गया है कि आकाशवाणी और दूरदर्शन को प्रसारण तरंगों पर एकाधिकार की इजाजत नहीं है।

तो भले अधिक से अधिक निजी चैनल आएँ लेकिन प्रसारण पर सरकार के एकाधिकार को खत्म करने का मतलब अंधाधुंध निजीकरण नहीं है। सरकार के कथित एकाधिकार को मीडिया बाजार के एकाधिकार में तब्दील किए जाने के नतीजे भी हमारी संस्कृति पर सांघातिक असर डालेंगे। इस स्थिति से भी तभी उबरा जा सकेगा जब एक शक्तिशाली सार्वजनिक प्रसारण सेवा की स्थापना की जाए और दूरदर्शन, आकाशवाणी को उसका आधार बनाया जाए। तभी टीवी पत्रकारिता भी नए अर्थ और मुकाम पा सकेगी। बी.बी.सी., सी.एन.एन. सरीखे तमाम विदेशी टीवी चैनल, लगता है, विश्व सूचना के जरिए, भारतवासियों को मनोरंजन बाजार का नामुराद उपभोक्ता बनाने में कामयाब हो गए हैं। हिंदी और भारतीय भाषाओं में चिंतन और विचार की जो समृद्ध परंपरा रही है, वह क्षीण होती दीख रही है। उधर कंप्यूटर क्रांति ने खबरों की पहुँच जितनी बढ़ाई है, चिंतन, विचार-विमर्श और संवाद की गुंजाइश उतनी ही खत्म होती गई है। इस तरह उत्तर आधुनिक परिदृश्य हिंदी और भारतीय मनीषा को लील जाने के लिए मानो आकुल-व्याकुल है।

इस उपभोक्ता संस्कृति, विदेशी उपग्रह चैनल और कंप्यूटर क्रांति ने एक सांघातिक काम और किया, कि अखबारों को टीवी चैनलों से भिड़ा दिया। रंगीन टीवी से होड़ का ही नतीजा था कि तमाम अखबार और पत्रिकाएँ रंगीन पन्ने छापने लगीं। इसने हमारे सोच-विचार, चिंतन, ज्ञान या संवेदना में कोई सार्थक योगदान

नहीं किया। बल्कि उसकी गर्जना में हमारी संवेदना ही खोती गई है। यह वापस लौटाई जा सकती है। लेकिन यह तभी संभव होगा जब हम अपनी जड़ों से न कटें। अपनी समृद्ध परंपरा, मूल जड़ों, मूल प्रवृत्ति भूल कर होड़ लेने से सूचनाओं का विराट जमघट तो तैयार किया जा सकता है पर वह सूचना का विधायक पक्ष नहीं हो सकता। 'मुद्रित शब्दों की महत्ता' और लोक विधायक पक्ष को ध्यान में रखते हुए, विज्ञान, प्रौद्योगिकी, नई सूचना प्रणाली का सदुपयोग नहीं किया गया तो एक तरफ जहाँ विकास की दौड़ में पीछे छूटने का अंदेशा है वहीं नई तकनीक का सही ढंग से उपयोग नहीं होने पर उसके खतरनाक साबित होने की आशंका। यदि हम अपनी जड़ों पर कायम रहे तो चाहे जितनी विकृतियाँ आएँ—कंप्यूटर क्रांति के चलते आएं या विदेशी उपग्रह चैनलों के कारण आएँ या पत्रकारों में भोगलिप्सा बढ़ने के कारण आएं—उनसे हम उबर लेंगे।

संवाद

क्षेत्रीय पत्रकारिता का वर्चस्व बढ़ता जाएगा
कथाकार-पत्रकार कमलेश्वर से बातचीत

सुप्रसिद्ध साहित्यकार कमलेश्वर के खाते में दर्ज हैं 11 कहानी संग्रह, 10 उपन्यास और अन्य 20 पुस्तकें—आलोचना, यात्रावृत्त, आत्मकथात्मक संस्मरण आदि पर। 6 जनवरी 1932 को मैनपुरी (उत्तरप्रदेश) में जन्मे कमलेश्वर इलाहाबाद विश्वविद्यालय से हिंदी में एमए हैं। वे समान गति से साहित्य रच रहे हैं तो प्रिंट मीडिया, इलेक्ट्रानिक मीडिया और फिल्मी पटकथा लेखन में भी उतने ही सक्रिय हैं। उन्होंने नई कहानियाँ, सारिका, गंगा, कथा यात्रा, श्रीवर्षा, दैनिक जागरण और दैनिक भास्कर का संपादन किया। उन्हें भारतीय दूरदर्शन के प्रथम स्क्रिप्ट राइटर होने का गौरव मिला। वे 1980-82 में भारतीय दूरदर्शन के एडिशनल डाइरेक्टर जनरल रहे। उनका वाचिक कार्यक्रम परिक्रमा 7 वर्ष हर हफ्ते जारी रहा। अमानुष, सारा आकाश, फिर भी, मिस्टर नटवरलाल, दि बर्निंग ट्रेन, आंधी, पति पत्नी और वह जैसी 99 फिल्मों के पटकथा लेखक कमलेश्वर दर्पण, आकाश गंगा, रेत पर लिखे नाम, बिखरे पन्ने, विराट, बेताल पचीसी, युग, चंद्रकांता जैसे सफलतम सीरियलों के भी लेखक हैं। उनसे बातचीत।

कृपाशंकर चौबे : आपने पत्रकारिता और साहित्य दोनों विधाओं को कैसे साधा?

कमलेश्वर : ये दोनों एक समान शब्द की शुचिता की विधाएँ हैं। दोनों में ही शब्दों की जरूरत है और दोनों में शब्दों के अर्थों की जरूरत है। यह बात दीगर है कि एक में तात्कालिक समाचार की भाषा है और दूसरी में रचनात्मक। जो तात्कालिक है वह साहित्य भी है। इसलिए दोनों विधाओं में समान रूप से काम करने में मुझे कोई मुश्किल पेश नहीं आई। साहित्य में जो मैं नहीं लिख पाता वो मैं पत्रकारिता के माध्यम से व्यक्त कर साधारण सवालों से खुद को जोड़ लेता हूँ।

कृ. चौबे : साहित्यिक पत्रकारिता के मौजूदा स्वरूप पर आपकी टिप्पणी?

कमलेश्वर : वसुधा के संपादक कमला प्रसाद पांडेय, दस्तावेज के संपादक विश्वनाथ प्रसाद तिवारी और अभी कथादेश के संपादक हरि नारायण ने प्रश्नों को पुनर्जीवित किया है। उसी पर मेरी उम्मीद टिकी है। साहित्यिक पत्रकारिता में प्रभाकर

श्रोत्रिय ने वागर्थ के जरिए अपने समय को पहचानने की सार्थक कोशिश की है। उन्होंने एक बड़े चेतना संपन्न साहित्यिक अभियान की शुरूआत की है। कमल गुप्त की कहानीकार की निरंतरता आज भी मौजूद है हमारे सामने। पंकज विष्ट ने सरकारी पत्रिका आजकल को अलग पहचान दी है। पल—प्रतिपल भी है। अब के जरिए शंकर और अभय ने एक सार्थक काम किया है। विनोद दास भी अंतर्दृष्टि के जरिए बहुत अच्छा काम कर रहे हैं पर साहित्यिक पत्रकारिता की सीमाएँ भी हैं।

कृ. चौबे : हंस का आपने नाम नहीं लिया?

कमलेश्वर : आप इस बात का पता लगा लें—हंसराज कालेज की मासिक पत्रिका थी हंस जिसके अधिकार मेरे अप्रतिम मित्र राजेंद्र यादव ने ले लिए। फिर अमृत राय से कहा कि हंस के अधिकार दे दीजिए। इस तरह संस्थापक प्रेमचंद हो गए। इस दौर में इस खत्म होती सदी के दौर में जो सार्थक और रचनात्मक लेखकों का कारवाँ है वो प्रेमचंद का शुक्रगुजार है, मोहताज नहीं। हंस की साहित्यिक पत्रकारिता से त्वरा गायब इसलिए है क्योंकि लोग बिक गए हैं। पुरस्कारों से और संपादक की मानसिकता की पूर्ति करने के बाजार में।

कृ. चौबे : लेकिन आप त्रिमूर्ति एक-दूसरे को ग्लैमराइज करते रहे हैं?

कमलेश्वर : ग्लैमराइज करने की जरूरत क्या थी? वैसे कोई विधवा पतिता हो जाए तो मैं क्या करूँ? त्रिमूर्ति में एक राजेंद्र यादव साहित्य की विधवा हैं। बड़े प्यार से कह रहा हूँ। मेरे मन में कोई गुरेज नहीं है।

कृ. चौबे : जयपुर में आपने धुंआधार तरीके से दैनिक भास्कर निकाला, यह कैसे संभव हुआ?

कमलेश्वर : यह तभी संभव हो पाया, क्योंकि मैं पूरक पत्रकारिता में विश्वास करता हूँ। मेरा स्पष्ट मानना है कि क्षेत्रीय पत्रकारिता का वर्चस्व बढ़ता जाएगा, क्योंकि तथाकथित राष्ट्रीय अखबार वे दायित्व नहीं निभा रहे हैं, जो निभाने चाहिए। क्षेत्रीय अखबार जन-जन से जुड़े हैं। जयपुर में मैंने एक ऐसा नेटवर्क बनाया कि लोगों तक अखबार पहुँचे या लोग अखबार तक आएँ। यह तभी संभव हुआ क्योंकि हम जन-जन से जुड़े। हमने प्रसार पर सर्वाधिक ध्यान दिया। इसके लिए पढ़े-लिखे एजेंटों को ही हमने संवाददाता (स्ट्रिंगर) बनाया। इससे फायदा यह हुआ कि संवाददाता ही घर-घर जा रहा है। हमें खबरें भी मिल रही हैं और प्रसार भी बढ़ रहा है।

कृ. चौबे : आजादी के आंदोलन में जिस तरह पत्रकारिता मिशन थी, आज क्यों नहीं है?

कमलेश्वर : जब आजादी के बाद राजनीति ही मिशन नहीं रह गई तो पत्रकारिता पर उसका असेर पड़ना जरूरी था। मिशन में आदर्श की परिकल्पना होती है। भाषाई पत्रकारिता ने ये जिम्मेदारी उन नेताओं को सौंप दी जिन्होंने आजादी की लड़ाई में भाग लिया था। देश निर्माण की जिम्मेदारी राजनीति को पत्रकारिता ने खुद सौंपी।

पर जब राजनीति पतन की ओर चली तो पत्रकारिता फिर खड़ी हुई। आज पत्रकारिता और न्यायपालिका में ही तो हलचल है। वैसे मिशन न रहने का एक कारण यह भी है कि औद्योगिक घरानों से अखबारों की नाभि जुड़ गई। इससे गड़बड़ हुई पर 'जनसत्ता', 'नई दुनिया' के वे पत्रकार भी रहे हैं, जिन्होंने कभी कोई समझौता नहीं किया।

कृ. चौबे : मिशन नहीं रहने पर भी क्या पत्रकारिता जनहित और स्थापित मूल्यों की रक्षा में कोई भूमिका निभा सकती है?

कमलेश्वर : पूरा अखबार तो ऐसा नहीं होता, जिसकी जनहित में भूमिका हो पर हर अखबार में कुछ अंश या संदर्भ जरूर होते हैं जो जनहित की तरफ ध्यान उन्मुख करते हैं।

कृ. चौबे : मूल्यों की राजनीति के बजाय मूल्यों की पत्रकारिता के लिए क्या कुछ किया जा सकता है? आपके पास कोई सपना है?

कमलेश्वर : मूल्यों की राजनीति के बजाय पत्रकारों को चाहिए कि अपनी सुविधाओं के लिए मुखापेक्षी नहीं हों। क्योंकि पत्रकार सत्ता प्रतिष्ठान से जब-जब सुविधाएँ अर्जित करेंगे, उनके शब्द मूर्च्छित हो जाएँगे। पर जब पाठकों की भागीदारी से अपने शब्दों की गरिमा को बनाए रखेंगे तब नया सहयोगी पाठक वर्ग तैयार होता जाएगा और वह पाठक वर्ग आपको मूल्यों की पत्रकारिता के लिए लगातार प्रेरित करता रहेगा। और पत्रकार अपने को उसके प्रति प्रतिबद्ध मानेंगे।

कृ. चौबे : विविध भाषा-संस्कृतियों वाले अपने देश में आजादी के बाद साहित्य व संस्कृति का विकास तो हुआ पर उससे आजादी के बाद जन्मे लोगों का जुड़ाव क्यों नहीं है?

कमलेश्वर : जुड़ाव इसलिए नहीं है कि तब तक जीवन मूल्य बदलने लगे थे। महास्वप्न जो देखा था वो खंडित होने लगा था। सन् 64 में नेहरू जी के मरने के बाद तो सब बिखर गया। नेहरू की सोच और नीतियों पर प्रश्नचिह्न लगने लगे और यहीं से धर्मांध शक्तियाँ पनपने लगीं। उन्हें मौका मिला। सन् 75 में आपात्काल के बाद धर्मांधतावादी शक्ति राष्ट्रीय शक्ति के रूप में उभरने लगी।

कृ. चौबे : टीवी पर अभी आपका लिखा 'बेताल पचीसी' आ रहा है। क्या छोटे परदे पर साहित्य की इसी तरह की सतही इमेज जानी चाहिए?

कमलेश्वर : इसे साहित्य से जोड़ते क्यों हैं? हर चीज को साहित्य और संस्कृति से क्यों जोड़ते हैं? कोई लोक संस्कृति है कि नहीं? सपने की संस्कृति है कि नहीं? सपने की सर्जना करते हैं तो तकलीफ क्यों? टीवी फिल्मों की अपनी भाषा है। वह अलग विधा है। वैसे टीवी फिल्में मैं इसलिए लिखता हूँ कि स्वाभिमान से जीवित रह सकूँ। सरकारी पैसा बटोरता नहीं। पुरस्कार लेता नहीं। कुत्ते की तरह मरना नहीं चाहता। कम से कम अपने जीवन की कुछ तो सुरक्षा कर लूँ। बाकी साहित्य बाकी

लोग देख रहे हैं।

फिल्में लिखने के 12 वर्ष बाद साहित्य में लौटा था तो हंगामा खड़ा हो गया कि क्यों आ गए साहित्य में। साहित्य के दरवाजे तो बंद नहीं होते। जिन 12 वर्षों में मैं साहित्य में नहीं था तो अन्य लोगों ने उस दौरान क्या लिखा?

कृ. चौबे : आप यथार्थवाद और काल्पनिक यथार्थवाद का जो घालमेल करते हैं, उसे कैसे वाजिब ठहराएँगे?

कमलेश्वर : ये घालमेल नहीं। जिस समय ठोस यथार्थवाद रचनाओं को जड़ बनाने लगे तो यथार्थ को भी तोड़ना पड़ता है। नियो रियलिज्म और फैंटेसी मिल के बात क्या कहती है। सवाल तो कथ्य का है। पैंट के ऊपर कुर्ता क्यों पहन लिया। लेखकों को इतनी स्वाधीनता तो दीजिए कि वह अपने प्रयोगों के साथ जीवित रह सके।

कृ. चौबे : प्रिंट मीडिया, इलेक्ट्रानिक मीडिया और साहित्य में कोई सामंजस्य बैठ सकता है?

कमलेश्वर : देखिए साहित्य जड़ है। प्रिंट मीडिया उस वृक्ष का तना है और इलेक्ट्रानिक मीडिया उसके पत्ते और फल हैं। ये संबंध तो निरंतर है। इस संबंध को तोड़ा नहीं जा सकता। साहित्य की जड़ों के बगैर और पत्रकारिता के तनों के बगैर कोई पत्ता जीवित नहीं रह सकता। यह एक अंतर्संबंध है, क्योंकि हम सब शब्दों की दुनिया के शिल्पी हैं। अभी भी हैं। संबंध अगर नहीं है तो इलेक्ट्रनिक मीडिया जीवित नहीं रह पाएगी। बहुत कम अंतर्संबंध है। कारण है कि भारत जैसे विराट देश में जो लोक संस्कृतियाँ, क्षेत्रीय संस्कृतियाँ हैं, उनके साथ पत्रकारिता ने तो संबंध स्थापित किया पर इलेक्ट्रानिक मीडिया इतना नहीं कर पाया। यदि नहीं करेगा तो उसे हानि होगी।

कृ. चौबे : आज पत्रकारिता में कितना साहित्य रह गया है?

कमलेश्वर : साहित्य की पूरी शब्दावली, अर्थ का इस्तेमाल पत्रकारिता ने किया। फिर पत्रकारिता ने अपनी सार्थक भाषा का अन्वेषण किया। संबंध तो लगातार है, लेकिन जो बदलता हुआ परिदृश्य है, उसमें दिक्कत ये है कि पत्रकारिता संस्थाबद्ध संस्थानों में चली गई। इसीलिए हुआ ये है कि वो संस्थाबद्ध औद्योगिक संस्थान अपनी आर्थिक लड़ाइयों की भूमिका तैयार करने के लिए पत्रकारिता का इस्तेमाल कर रहे हैं। जैसे आपको एक घटिया उदाहरण दे सकता हूँ। गाजियाबाद का एक साप्ताहिक पत्र 5 वर्षों से निकल रहा है। नाम है 'नई सदी प्वाइंट'। वह इसलिए निकलता है क्योंकि उसके मालिक ठेकेदार हैं। गाजियाबाद प्राधिकरण की वे इमारतें बनाते हैं। पेमेंट समय पर हो, इसलिए अखबार निकालते हैं छह पन्ने का। तो पत्रकारिता का इस्तेमाल व्यावसायिक हितों के लिए होना एक खतरनाक स्थिति है।

कृ. चौबे : तिस पर भी आपने कहा कि भविष्य क्षेत्रीय अखबारों का है?

कमलेश्वर : छोटे क्षेत्रीय पत्र अगर पाँच-दस-बीस हैं और आपस में मिल जाएँ—स्रोतों को जोड़ लें तो 2-3 सार्थक पत्र निकल सकते हैं। पत्रकारिता की सहकारिता से वही दौर लौट के आएगा जो मिशन का दौर था। सहकारिता से पीली पत्रकारिता को भी रोका जा सकेगा।

कृ. चौबे : पत्रकारिता में वर्तनी की अराजकता पर क्या कहेंगे?

कमलेश्वर : एक समान वर्तनी में देर लगेगी। खबरों के लिए हम कम से कम हजारों पत्रकारों पर निर्भर रहते हैं। समाचार संपादन और संप्रेषण योग्य बनाने के लिए काफी वक्त नहीं होता। भास्कर में एक तरीका लागू किया कि डेस्क पर वर्तनी के जानकार लोग अलग-अलग समय रोटेशन पर ड्यूटी पर आते रहेंगे। हर डिस्पैच को अंतिम रूप वे ही दें। यह व्यवस्था इसलिए ताकि हिंदी पत्रकारिता में स्तरीयता का एक प्रतिमान स्थापित हो।

कृ. चौबे : और उपहार संस्कृति की समस्या पर?

कमलेश्वर : जिस रोज मुलायम सिंह यादव द्वारा पत्रकारों को बांटी गई खैरात की खबर आई, गर्मी का महीना था। पसीने से तरबतर था मैं। मुलायम ने लाखों-लाख रुपए लेखकों-पत्रकारों को दिए। ये खबर पढ़ी तो पत्नी गायत्री से मैंने कहा था—मैंने तो अपने पसीने में नहा लिया बाकी लोग पैसे में नहा रहे हैं। इस संस्कृति से एक चाटुकारिता की संस्कृति जन्म लेती है। मुलायम की हो या किसी और की।

कृ. चौबे : जनवादी कथा आंदोलन के समांतर आपने समानांतर कथा आंदोलन की अगुवाई की थी। यदि उसकी अलग आइडेंटिटीथी थी तो वह कहाँ गई?

कमलेश्वर : वह आइडेंटिटी है। समांतर कथा आंदोलन में आम आदमी साहित्य में लौटकर आया। उस समय रिरियाए कुत्ते, पूँछ दबाए कुत्ते, काकरोच उल्टे पड़े थे। नीले अंधेरों में बैठकर आत्म कुंठा की अनर्गल बातें की जा रही थीं। ये जो सैलाब आया था—उस दौर में समांतर कथा आंदोलन ने आम आदमी को साहित्य में स्थापित किया। वह केवल हिंदी का आंदोलन नहीं था। उसमें असगर अली इंजीनियर समेत महाराष्ट्र के पूरे लेखक शामिल थे। मराठी के तमाम दलित लेखक थे। समांतर कथा आंदोलन में अंबेडकर की सम्यक क्रांति की परिकल्पना थी। जेपी की संपूर्ण क्रांति की नहीं। जेपी ने तो जनसंघ-सांप्रदायिक शक्तियों को वर्चस्व सौंप दिया। समांतर कथा आंदोलन ने जब सैयेदना के खिलाफ सुधारवादी बोहराओं का आंदोलन शुरू किया था, तब उस समय दो बोलने वाले, तीन सुनने वाले और 25 पुलिस वाले होते थे जो निगरानी रखते थे। दलित साहित्य को किसने मंजूर किया था? कुलीन मराठी साहित्य सम्मेलन वाले उसे मंजूर नहीं करते थे। दलित लेखकों को हॉल में घुसने नहीं देते थे। हमारा आंदोलन निरंतर धार्मिक मुक्ति का संग्राम था। औरंगाबाद में दलित साहित्य सम्मेलन की मैंने अध्यक्षता की थी। सन पचहत्तर की बात है ये।

शिव सेना ने मुझे मार डालने की धमकी दी थी। और तो और सीपीआई नेता डांगे ने तब कहा था कि मराठी दलित साहित्य सम्मेलन का अध्यक्ष एक हिंदी लेखक कैसे हो सकता है? नागपुर में समांतर साहित्य सम्मेलन में 50 हजार लोग आए थे।

लेखकों के भाषण सुनने। हम तो अंबेडकर की सम्यक क्रांति की परिकल्पना को मानते थे। सम्यक क्रांति ही समांतर थी जो सांस्कृतिक-सामाजिक क्षेत्र में सम्यक परिवर्तन लाना चाहती थी। उसने अपना ध्येय काफी कुछ हासिल किया। इसलिए उसकी वही पहचान याद कीजिए। इतिहास विचार पर नहीं, घटनाओं पर निर्भर है। जो घटित हो रहा है वह इतिहास का हिस्सा है। जैसे छायावाद घटित हुआ, जैसे नई कहानी, प्रयोगवाद, नई कविता घटित हुई थी। उसमें विचार की चिनगारी मौजूद थी। इसीलिए वे जीवित हैं।

कृ. चौबे : आप यह क्यों कहते हैं कि आप प्रतिबद्ध नहीं?

कमलेश्वर : मैं सौ प्रतिशत वामपंथी हूँ। प्रतिबद्ध वे हैं जो वामपंथी होते हुए भी वामपंथी नहीं हैं। मैं संबद्ध हूँ और ये प्रतिबद्ध होने से आगे की बात है। सारे प्रतिबद्ध लेखक, आलोचक दिशाहीन हैं। क्योंकि इनका कोई संबंध आम आदमी से नहीं रहा। अभी मानवीय न्याय का प्रश्न तय नहीं हुआ। अभी हांगकांग किसको दिया जाए? उत्पादन की खुशहाली किसे दी जाए? सहमति असहमति हो सकती है पर यह तो है कि इन सवालों से साम्राज्यवाद पर प्रश्न चिह्न लगते हैं। तो अभी आपने दुनिया को शोषित कर लेने के बाद इन सवालों को रद्द कर दिया और बाजारवादी संस्कृति दे दी। यह मुझे मंजूर नहीं। नई सदी मेरी है।

कृ. चौबे : हाल में आपने कहा था कि हिंदी की आधुनिक कहानियाँ पतनशील महिलाओं को केंद्रीय चरित्र मानकर लिखी जा रही हैं, इसका खुलासा करेंगे?

कमलेश्वर : हमारे यहाँ भी एक भेड़चाल है। महिलाओं पर कहानियाँ लिखने की आकुलता बढ़ गई है। अमहिला लेखक हैं, उन्हें भी लगता है कि इसी रास्ते चलो तो ठीक रहेगा। व्यक्तिगत सोच का लेखन यश अर्जित करने का लेखन है, सोच का नहीं। हर आदमी अपने को साहित्य में दर्ज करने के लिए आकुल-व्याकुल है। इसीलिए पतनशील महिलाओं को केंद्रीय चरित्र बनाकर लगातार लिखा जा रहा है।

कृ. चौबे : नए लोग जो रच रहे हैं, उन पर आपकी क्या प्रतिक्रिया है?

कमलेश्वर : नए लोगों को देखता हूँ तो लगता है के वे मेरा ही एक्सटेंशन हैं। आने वाली पीढ़ी मेरी पूरक है। जो मैं नहीं कह सका हूँ, उसको नई पीढ़ी कहेगी, क्योंकि मैंने अपनी सदी में प्रश्नों को जीवित रखा है जो आज भी उत्तर माँग रहे हैं। इसलिए नई और आने वाली पीढ़ी उन सवालों से विरक्त कैसे हो सकती है। उसके सामने भयावह यथार्थ वही है, जिसके बीच से मैं गुजर कर बीसवीं सदी के अंत तक आया हूँ। पंकज विष्ट, पीसी जोशी, उदय प्रकाश, स्वयं प्रकाश, सुभाष पंत, जितेन ठाकुर, परदेशी राम वर्मा और अन्य कथाकारों ने जो यथार्थवादी सच्चाइयाँ

कहानियों के सामने रखी हैं, वे मेरी पूरक हैं।

कृ. चौबे : वे कौन तत्त्व हैं जिन्होंने आपको साहित्य-पत्रकारिता की ओर उन्मुख किया था?

कमलेश्वर : इस मामले में सबसे बड़ा जो श्रेय देना चाहूँगा अपनी माँ को। माँ ने मुझे अपने कठिन दिनों में योगेश चटर्जी नामक क्रांतिकारी को सौंप दिया था। आजादी से पहले मैं क्रांतिकारियों के पत्र पहुँचाता था। आंवला, कच्चे आम खाता था। विंध्याचल के पर्वतों पर रहता था। योगेश चटर्जी, केशव प्रसाद शर्मा मैनपुरी से मुझे इलाहाबाद ले गए थे। क्रांतिकारी पार्टी को मुझे माँ ने दान में दिया, क्योंकि मेरा परिवार क्रांतिकारियों का समर्थक परिवार था। मैनपुरी में महाराज चेतसिंह का राज्य था। जो बाद में बनारस में कैद किए गए। हमारे परदादा के पिता 1857 में युद्ध में शामिल हुए थे। मैनपुरी बाद में जिला बना। बिस्मिल, आजाद मैनपुरी आते थे। आजादी की लड़ाई के लिए एक माहौल था। मैनपुरी षडयंत्र केस की मुझे याद है। यह क्रांतिकारी दीक्षित जी का इलाका था। मैं क्या कर रहा हूँ, तब पता नहीं था। माँ को पता था। माँ ने कहा था ये लोग जो बोलें–करो। योगेश चटर्जी–शर्मा जंगलों में छोड़ गए। मैं उनके पत्र पहुँचाता था। द्वितीय विश्वयुद्ध का दौर था, रूई का पैजामा होता था। नंगे पैर जाना होता था। रास्ते पता न थे।

फौजी पुलिस वाले गश्त लगाते थे। पकड़ लिए जाते तो पत्र खा जाते थे। मैसेज पढ़ते नहीं थे। उसी समय क्रांतिकारियों का पत्र 'क्रांतियुग' निकालते थे कामरेड केशव प्रसाद शर्मा। उसी अखबार में मैंने कामागातामारू पर पहली रचना लिखी थी। फिर तो लिखता ही रहा। हर नई रचना के साथ आपको लिखना सीखना होता है। पुरानी आपकी सारी रचनाएँ असंपृक्त हो जाती हैं। आपका साथ नहीं देतीं।

क्रांतियुग में जब लिखना शुरू किया तब किशोर था। बीच में मैनपुरी आकर हाईस्कूल किया। फिर इलाहाबाद गया। पढ़ाई के लिए बहुत कठिन परिश्रम करना पड़ा। बचपन में ही पिता मर गए। इसलिए आर्थिक परेशानियाँ ज्यादा थीं। घराना शुरू से ही क्रांतिकारियों के साथ था। तेरह साल का था तो योगेश चटर्जी और केशव प्रसाद शर्मा मुझे इलाहाबाद ले गए थे। दो साल बाद घर आया था। हाईस्कूल का इम्तहान उसी समय दिया। पढ़ाई के लिए पैसे नहीं हो पाते थे। उधर अँग्रेजों के जमाने में घर पर बहुत अत्याचार हुआ। स्कालरशिप पर ही जोर देता था। कभी-कभी मिट्टी के तेल के लिए भी परेशानी हो जाती थी। तब नगरपालिका वाले लालटेन जलाकर जाते तो मैं उसे बुझाकर तेल निकाल लेता था। इलाहाबाद में भी आर्थिक परेशानी बनी रही। इलाहाबाद के राजा साइन आर्ट्स में साइन बोर्ड लिखा करता था। ड्राइंग-पेंटिंग करता था। उससे 30 से 50 रुपए मिल जाते थे। कड़े आर्थिक संघर्षों के बीच इंटर किया। बीए में जब था तो रात में ब्रुकबंड चाय के गोदाम में चौकीदारी करता था। एमए में आया तो कहानियाँ लिखनी शुरू की। मेरी 'राजा

निरबंसिया' और अमरकांत की 'डिप्टी कलक्टरी' 'हंस' में छपी और पुरस्कृत हुई थी। 500 रुपए मिले थे। खूब मजा किया था। बीयर भी पी थी। पैसे कम पड़े तो जोसेफ सेमिनरी में फादर्स और ब्रदर्स को हिंदी पढ़ाता था। लिखने का क्रम बराबर चलता रहा। टीवी शुरू हुआ 59 में तो उसमें चला गया। इलाहाबाद छूटा। फिर नई कहानियाँ, सारिका का संपादन किया। फिल्मों के लिए भी समान रूप से लिखा। निनानबे फिल्मों की पटकथाएँ और कई की कहानियाँ भी अब तक लिख चुका हूँ।

कृ. चौबे : शतक में एक कम है!

कमलेश्वर : हाँ वह भी हो जाएगा।

कृ. चौबे : वे कौन फिल्में थीं जिनकी पटकथा लिखकर आपको अच्छा लगा?

कमलेश्वर : 'बरसात की एक रात', 'आनंद आश्रम', 'द बर्निंग ट्रेन', 'आंधी, 'मौसम', 'पति-पत्नी और वो', 'मिस्टर नटवरलाल', 'राम बलराम', 'साजन बिना सुहागन', 'सौतन', 'हम तेरे आशिक हैं', 'ये इश्क नहीं आसान' वगैरह हैं।

कृ. चौबे : टीवी में अतिरिक्त महानिदेशक पद से इस्तीफा देने के बावजूद आप लगातार उससे जुड़े हुए हैं। कमेंटरी भी कर रहे हैं।

कमलेश्वर : 'काली आंधी' जिस पर आंधी फिल्म बनी और व्यंग्य कहानी 'जार्ज पंचम की नाक' पर सरकार ने आपत्ति की तो टीवी की नौकरी छोड़ी। पर यह तो प्रोफेशन का मामला है। सो टीवी वाले कमेंटरी के लिए बुलाते हैं तो जाता हूँ। 64 में नेहरू के निधन के बाद उनकी आखिरी शवयात्रा, 65 में शास्त्री के निधन के बाद उनकी आखिरी शवयात्रा, फिर 84 में इंदिरा गाँधी की अंतिम यात्रा और उसके बाद राजीव गाँधी की अंतिम यात्रा, और फिर मदर टेरेसा के निधन के बाद उनकी आखिरी शवयात्रा की कमेंटरी टीवी के लिए की।

पत्रकारिता से बुनियादी मानवीय प्रतिरोध के स्वर गायब
कवि व पत्रकार मंगेलेश डबराल से बातचीत

हिंदी कविता, यात्रा साहित्य, गद्य साहित्य, पत्रकारिता, अनुवाद आदि क्षेत्रों में मंगलेश डबराल का महत्त्वपूर्ण अवदान है। किंतु वे मुख्यतः कवि के रूप में ही प्रसिद्ध और प्रतिष्ठित हैं। मंगलेश जी ने ऐसे प्रश्नों और चिंताओं को जगाया जो समय के हाशियों पर थीं। उनमें 'एक सरल वाक्य को बचाने' की गहरी चिंता है तो वर्तमान और भविष्य को आमूल बदलने की उत्कटता भी। उनकी कविता में अमानवीयता का प्रतिरोध है, साथ ही जीवन के सौंदर्य और मानवीय विवेक के लिए प्रेमपूर्ण जगह भी है। कविता संग्रह 'हम जो देखते हैं' के लिए उन्हें 20 फरवरी, 2001 को साहित्य अकादमी पुरस्कार दिया गया। इसके पूर्व ओम् प्रकाश स्मृति सम्मान, श्रीकांत वर्मा पुरस्कार, शमशेर सम्मान, पहल सम्मान आदि पुरस्कारों से वे सम्मानित हुए हैं। उनका नया कविता संग्रह 'आवाज भी एक जगह है' भी साहित्य जगत में समादृत हुआ। उनकी आरंभिक काव्य कृतियाँ 'पहाड़ पर लालटेन' (1981) और 'घर का रास्ता' (1988) भी चर्चित रही हैं। 'एक बार आयोवा' (यात्रा साहित्य) और 'लेखक की रोटी' (गद्य संग्रह) उनके श्रेष्ठ सृजन व चिंतन का उदाहरण हैं। मंगलेश की कविताएँ प्रायः सभी भारतीय भाषाओं के अलावा अंग्रेजी, रूसी, फ्रांसीसी, जर्मन स्पानी, पोल्स्की और बल्गारी आदि विदेशी भाषाओं में भी अनूदित हुई हैं। स्वयं मंगलेश ने भी इन विदेशी भाषाओं की अनेक रचनाओं का हिंदी में अनुवाद किया है। 16 मई, 1948 को टिहरी गढ़वाल जिले के काफलपानी गाँव में जन्मे मंगलेश डबराल पेशे से पत्रकार हैं। 'हिंदी पेट्रियट', 'प्रतिपक्ष', 'आसपास', 'पूर्वग्रह' में काम करने के बाद वे छह वर्षों तक 'अमृत प्रभात' के साहित्य संपादक रहे। 1983 से 'जनसत्ता' में हैं। साहित्य, सिनेमा, संचार माध्यम और संस्कृति के सवालों पर लिखते रहते हैं।

कृपाशंकर चौबे : पत्रकारिता से जुड़े रहने का आपके सृजनात्मक जीवन पर क्या प्रभाव पड़ा?

मंगलेश डबराल : पत्रकारिता से मैं आजीविका के लिए जुड़ा क्योंकि थोड़ा-बहुत

लिखने के अलावा मुझे और कोई काम नहीं आता। अखबारी नौकरियों में मेरा समय बहुत खर्च हुआ लेकिन कभी-कभी मैं सोचता हूँ अगर पत्रकारिता न करता तो क्या मैं ज्यादा या बेहतर कविता लिख पाता या फिर पत्रकारिता के कारण ही मेरे लिए लिखना संभव हुआ? रचनात्मक लेखन के बारे में एक धारणा यह है कि लेखक को भाषा के किसी दूसरे, आजीविकापरक, व्यावसायिक उपयोग से बचना चाहिए क्योंकि इससे उसका अर्थ-क्षरण होता है। यानी लेखक को शब्दों की नौकरी नहीं करनी चाहिए। लेकिन रघुवीर सहाय की मान्यता थी कि पत्रकारिता और साहित्य दोनों का उद्देश्य मानव संबंधों की खोज करना और उन्हें प्रतिष्ठित करना है। इसलिए उनमें कोई विरोध नहीं है। वे लंबे समय तक खुद ऐसी पत्रकारिता करते रहे और 'अखबारी कवि' कहे जाने की कीमत पर भी कविता और पत्रकारिता के जरिए एक ज्यादा मानवीय और समतामूलक समाज की जरूरत की ओर संकेत करते रहे। वैसे तरह-तरह की नौकरियों से एक रचनात्मक संबंध बनाया जा सकता है और जो चीजें हमें अच्छी नहीं लगतीं, जिन्हें हम विवशतावश करते हैं, वे भी अनेक बार अदृश्य अंग से हमारी मदद करती चलती हैं। मेरे लिए पत्रकारिता इसी अर्थ में एक साथ अच्छी और बुरी रही है। शायद पत्रकारिता के कारण ही मैं कविता में सामाजिक सरोकारों और परिवर्तन के विचार से दूर किसी आध्यात्मिक अंतर्लोक में विलुप्त होने से बचा रहा। लेकिन कविता और पत्रकारिता में फर्क बहुत है। पत्रकारिता प्रायः अपने समय के यथार्थ की शिकार बन जाती है। कविता उस यथार्थ से मुठभेड़ करती है और अपना प्रतिरोध और कोहराम जारी रखती है। बाजार की ताकतें, सांप्रदायिकता, नकारात्मक या मनुष्य विरोधी शक्तियाँ उसे चुप नहीं करा सकतीं। आज यह स्थिति ज्यादा साफ दिखती है। पत्रकारिता का अधिकांश अंतर्राष्ट्रीय बाजार, उपभोक्तावाद, अमेरिकीकरण, सांप्रदायिक मनोरोग आदि का वाहक बना हुआ है, लेकिन कविता में उसका निरंतर विरोध हो रहा है। सत्ता-प्रतिष्ठानों से पत्रकारिता का गहरा और अक्सर मित्रतापूर्ण संबंध है, बल्कि वह खुद ही एक सत्ता प्रतिष्ठान है लेकिन कविता सत्ता-प्रतिष्ठान से दूर रहती है, उनसे असहमत रहती है और उनके विरुद्ध सक्रिय भी रहती है। शायद रचनात्मक साहित्य ही विरोध और प्रतिरोध की अंतिम जगह के रूप में बचा रहता है।

कृ. चौबे : पत्रकारिता से साहित्य, रंगमंच, नृत्य, चित्रकला और अन्य लोक कलाएँ जिस तरह खारिज होती जा रही हैं, उस पर आपकी प्रतिक्रिया?

मंगलेश डबराल : हिंदी पत्रकारिता और हिंदी गद्य ने साथ-साथ विकास किया। निराला, गणेश शंकर विद्यार्थी, महावीर प्रसाद द्विवेदी, बेनीपुरी से लेकर रघुवीर सहाय तक एक लंबी परंपरा रही जिसमें पत्रकारिता जनशिक्षण का काम करती थी और पाठकों को भाषाई संस्कार देती थी। रघुवीर सहाय के बाद पत्रकारिता रचनात्मक साहित्य से दूर हुई है, कहना चाहिए कि उसमें ज्यादा पेशेवर रवैया आया है। पंद्रह

वर्ष पहले यह स्थिति नहीं थी। आज कई अखबारों में मजदूरों के लिए, आदिवासियों के लिए जगह नहीं है। आदिवासी तब तक खबर नहीं बनते, जब तक कि पुलिस की गोली से मार नहीं दिए जाते। कई अखबार उन्हीं की खबर देते हैं, जो बाजार के उपभोक्ता हैं। उसके बाहर की दुनिया उनके लिए अर्थहीन है। रही साहित्य की बात तो हिंदी में अशुद्ध भाषा लिखते हुए एम.ए. किए लोग मिल जाएँगे। भले अशुद्ध भाषा लिखते हों, यदि राजनीतिक संपर्क हैं तो पत्रकारिता में प्रवेश मिल जाएगा। आज का जो राजनीतिक तंत्र है उसे भी ऐसा ही पत्रकार चाहिए जो कम पढ़ा-लिखा, कम सवाल करनेवाला और उसकी लक्ष्यपूर्ति में सहायक हो। मेरा मानना है कि सांस्कृतिक उद्देश्यों से कटते जाने का ही नतीजा है कि आज पत्रकारिता में प्रतिरोध के लिए 'क्रिटिकल स्पेस' नहीं रह गया है। पत्रकारिता में यह जो गिरावट आई है, इसकी काट वैकल्पिक मीडिया ही कर सकता है।

कृ. चौबे : आज संपादक की भूमिका जिस तरह बदल गई है, उस पर आपकी क्या टिप्पणी है?

मंगलेश डबराल : संपादक नाम की संस्था समाप्त हो रही है। आज संपादक के लिए लिखना भी जरूरी नहीं है। वह न्यूज मैनेजर हो गया है। पहले लेखक-संपादक की अवधारणा थी। अखबार का मालिक प्रबंध संपादक भर होता था। आज संपादक मैनेजिंग एडिटर हो रहे हैं। यह अमेरिकी चलन है। अमेरिकी अखबारों में टिप्पणी आती है—लेटर फ्राम द पब्लिशर। भारत में जो उद्योगपति मीडिया के मालिक बने हैं, उन्हें अखबार वह उत्पादन लगता है जिसका मुख्य उद्देश्य विज्ञापन जुटाना है। वे विज्ञापन को भी 'एडिटोरियल कंटेंट' ही मानते हैं क्योंकि उनका तर्क है कि विज्ञापन भी अपने 'उपभोक्ताओं को सूचना' देता है। नई भूमिका में पत्रकारिता के आने से उसके मानवीय सरोकार नहीं रह गए हैं। इसलिए पत्रकारिता से बुनियादी मानवीय प्रतिरोध के स्वर गायब हैं। प्रिंट मीडिया में विदेशी निवेश के सवाल पर अंग्रेजी-हिंदी के संपादक मौन रहते हैं। यदि निवेश का विरोध करें तो उनके हितों के विरुद्ध जाएगा और पक्ष लें तो देसी मालिक नाराज होंगे।

कृ. चौबे : प्रिंट मीडिया पर एक तरफ इलेक्ट्रानिक मीडिया का दबाब है, वहीं पत्रकारिता स्थानीय होती जा रही है। राष्ट्रीय-अंतर्राष्ट्रीय खबरें गायब होती जा रही हैं और उनकी जगह भी स्थानीय खबरें लेती जा रही हैं। इस पर आपकी क्या प्रतिक्रिया है?

मंगलेश डबराल : हिंदी का कोई राष्ट्रीय अखबार नहीं है। जो अपने को राष्ट्रीय अखबार कहते हैं, उनकी बिक्री क्षेत्रीय अखबारों से कम है, संपादकीय विषयवस्तु चाहे जैसी हो। पर जो क्षेत्रीय पत्रकारिता हो रही है, उसमें से कुछ चीजें आ सकती हैं, उसमें उम्मीद दिखाई दे सकती है। वह भी एक शक्ति संरचना में काम करती है। क्षेत्रीय समाज अपनी अभिव्यक्ति चाहता है। और उन्हीं में से एक 'क्रिटिकल

स्पेस' पैदा हो सकता।

कृ. चौबे : साहित्य पर सूचना तकनीक के प्रभाव को आप किस रूप में देखते हैं?

मंगलेश डबराल : सूचना तकनीक के आविष्कारों और उसके संजाल को लेखन के शत्रु के तौर पर देखा जा रहा है, पर मुझे यह धारणा भ्रामक लगती है। सूचना क्रांति ने समाज को अगर अभिव्यक्ति का एक नया माध्यम, नया उपाय दिया है तो साहित्य को भी दिया है। वह साहित्य का एक नया वाहक हो सकता है और एक नया विषय भी। मैं हालाँकि कंप्यूटर नहीं जानता, पर उससे डरने-घबराने की कोई जरूरत नहीं समझता। इससे साहित्य के लिए नए रास्ते खुले हैं, वह हवा में व्याप्त हो सकता है और कोई भी उसे पकड़कर देख-पढ़ सकता है। मेरे विचार से संचार और संवाद के जितने भी साधन हैं—आदिम युग से लेकर आज तक साहित्य में उन सभी का स्वागत है और वह सभी सक्रिय और उपयोगी रह सकते हैं। भोज पत्र पर लिखी पांडुलिपियों और वेबसाइटों पर दर्ज इबारतों में कोई आत्यंतिक विरोध नहीं है। आखिर टेलीविजन के कारण पुस्तकों के प्रकाशन पर कोई खराब असर नहीं हुआ। हाँ, यह बहस जरूरी है कि सूचना माध्यमों का उपयोग किस तरह, किस कारण, किस उद्देश्य के लिए और किसके जरिए किया जाता है। उसके बाजारवादी, वर्चस्ववादी, एकाधिकारी, अश्लील और अमान्नवीय इस्तेमाल का विरोध होना चाहिए। विडंबना यह है कि हम इस संचार क्रांति का उपयोग अपनी शर्तों पर नहीं कर पा रहे हैं क्योंकि हमने अपनी शर्तें तय नहीं की हैं या हमें ऐसा करने नहीं दिया गया है।

कृ. चौबे : आपके पास कवि के रूप में लंबा सृजनात्मक अनुभव है। पूरा काव्य परिदृश्य भी आपके सामने है। उसे देखते हुए आपको कविता की भविष्यत दिशा क्या लगती है?

मंगलेश डबराल : यह बात कोई सुधी समालोचक बेहतर बता सकता है कि पूरा काव्य परिदृश्य क्या है। मेरे भीतर अक्सर कविताओं की स्मृति ही रहती है। मेरी पसंद की कविताएँ मेरे भीतर जैसे एक संग्रह की तरह रखी हुई हैं और उनकी संख्या कम नहीं हुई और उनमें हमेशा नई कविताएँ जुड़ती जाती हैं। इससे अगर एक परिदृश्य बनाया जाए तो वह बहुत आश्वस्ति भरा है या फिर मैं अपनी पीढ़ी को ज्यादा जानता हूँ और उसके बारे में कुछ कह सकता हूँ। यह भी सही है कि नए कवि बड़ी तादाद में आ रहे हैं, तहर-तरह से अपने को अभिव्यक्त कर रहे हैं, इतनी सारी पत्रिकाओं में इतनी सारी कविता छप रही है कि उसे पूरा पढ़ना कठिन है। क्या यह एक काव्यात्मक घमासान है? इस छटपटाहट में से ही बड़ा क़ाव्य उभर कर आएगा। कविता के कैनवास का यह विस्तार 'वर्टिकल' की बजाय 'हॉरिजेंटल' ज्यादा है और इस तरह ज्यादा लोकतांत्रिक और बहुवचनवादी है। हमारे दौर की

यह काव्य प्रवृत्ति उल्लेखनीय है कि उसमें चीजों, संबंधों, मूल्यों को बचाने की चिंता केंद्रीय तौर पर दिखती है, जो भी संभव है उसे बचाया जाए, जो भी तोड़ा जा रहा है उसकी रक्षा की जाए या कम से कम उसे दर्ज जरूर किया जाए। कविता अब यथार्थ से भाग कर छिपने की जगह नहीं है, जैसा कि कुछ वर्ष पहले कहा जाता था। वह एक ऐसी जगह है जहाँ से वह अपनी उस जगह को और दूसरी तमाम बाहरी-भीतरी जगहों को भी बचाने की गहरी चिंता प्रकट करती है। एक तथ्य यह भी है कि इस समय नई महिला कवि संख्या में ज्यादा दिखती हैं और दलित स्वर भी सुनाई दे रहे हैं। यह सुखद है। मैं अपनी कविता को लेकर जितना निराश रहता हूँ, इन दिनों आ रही कविता के प्रति उतना ही आशान्वित हूँ। हाँ, कविता के भविष्य के बारे में मैं कुछ नहीं कह सकता क्योंकि यह सवाल 'जीवन का क्या भविष्य है' सरीखा सवाल लगता है।

कृ. चौबे : कविता में भी यह गद्य का समय है। भारतीय कविता की अर्जित परंपरा श्रव्य-गेय की रही है। उससे विच्छिन्न होकर कविता की नियति को आप किस रूप में देखते हैं? क्या आप इससे सहमत हैं कि समकालीन कविता को तुकों और छंदों की ओर लौटना होगा?

मंगलेश डबराल : मेरे विचार से गद्य का समय कविता में हमेशा रहा है, वह छंदमय हो या स्वच्छंद। श्रव्य और गेय कविता के साथ लिखित कविता का इतिहास भी काफी पुराना है। निराला ने जब यह कहा था कि मनुष्यों की मुक्ति की तरह कविता की भी मुक्ति होती है और वह छंद से मुक्ति है जो यह एक युगांतकारी घोषणा थी। 'महंगू महंगा रहा', 'राजे ने रखवाली की', 'श्रीयुक्त गिडवानी' और छंद के बंध तोड़कर लिखी हुई 'कुकुरमुत्ता' और दूसरी तमाम कविताओं से निराला क्या सिद्ध करते हैं? यही कि "तुम विमल हृदय उछवास और मैं कांत कामिनी कविता" या 'राम की शक्तिपूजा' की तत्सम पदावली क्लासिकी स्थान पा चुकी है, लेकिन समय की माँग कुछ और है। निराला की स्वच्छंद कविताएँ गेय और श्रव्य भले ही न हों या कुछ कम हों, लेकिन वे कितनी ज्यादा पठनीय हैं। अयोध्या सिंह उपाध्याय 'हरिऔध' ने राधा का वर्णन शार्दूलविक्रीड़ित छंद में इस तरह किया है : "रूपोद्यानप्रफुल्लप्रायकलिका राकेंदुबिंबानना/तन्वंगी कलहासिनी सुरसिका क्रीड़ाकलपुत्तली।" क्या किसी घनघोर काव्य-रसिक के अलावा कोई और इसे याद रख सकता है? इसकी तुलना में नागार्जुन की कविताएँ एक साधारण पाठक को भी कहीं अधिक याद होंगी। इसका कारण छंद नहीं, बल्कि वह पठनीय और स्मरणीय गद्य है जिससे नागार्जुन की कविता बनती है। मुझे लगता है कि कोई कविता या उसके जो अंश हमें याद रहते हैं, वे उसके गद्यात्मक अंश ही होते हैं या हम किसी काव्य को उसके गद्य रूप में ही याद रखते हैं क्योंकि सामान्य व्यवहार की भाषा गद्य ही है। यों कह लीजिए कि प्रायः पद्यार्थ का गद्यार्थ ही सामाजिक स्मृति में दर्ज

होता है। छंदों का प्रश्न गौण इसलिए है कि उससे पहले यह प्रश्न उठता है कि छंद क्यों और किसलिए। अगर वह नए अनुभव और नए विचार के लिए जरूरी है तो छंद भी नया होगा। जैसा कि त्रिलोचन कहते हैं, ''नए भाव के साथ नई देता हूँ भाषा।'' छंदों की ओर वापसी की माँग मुझे विश्वसनीय नहीं लगती क्योंकि इसमें छांदिक कवि बनने जैसा आग्रह छिपा दिखता है। हाँ, नए छंदों की खोज समझ में आती है क्योंकि आज के यथार्थ को पुराने छंदों में नहीं बांधा जा सकता। लेकिन नए छंदों की ईजाद भी कोई नई बात नहीं है। नागार्जुन, शमशेर, रघुवीर सहाय, भवानी प्रसाद मिश्र, सर्वेश्वर दयाल सक्सेना और कुंवर नारायण से लेकर वीरेन डंगवाल तक ने कितने ही छंदों में फेरबदल करके अनेक नई छांदिक संरचनाएँ की हैं। 'रामदास', 'पैदल आदमी', 'पानी', 'अधिनायक' जैसी कविताओं में छंदों का ऐसा प्रयोग है कि वह अनुभव का दम नहीं घोंटता, बल्कि उसे नया विस्तार देता है। नागार्जुन और त्रिलोचन की अनेक कविताएँ नए छंदों का आविष्कार करती हैं इसलिए उनमें गंभीरता और पठनीयता के गुण एक साथ मिलते हैं, लेकिन नागार्जुन-त्रिलोचन को छंद के कवि नहीं कहा जा सकता।

गेय या गीति कविता से मेरा असंतोष यह है कि उसने कविता की गंभीरता को नष्ट किया है और विचारों के दरवाजे बंद किए हैं। ऐसी कविता जो कि अंततः गीत या गाना होकर रह जाती है, सिर्फ मनोरंजनकारी होती है, समाज और मनुष्य का हाल नहीं बतलाती और इस तरह अपनी जिम्मेदारी पूरी नहीं करती। ''चौकड़ी भर रहा दिन/चुभती है एक आलपिन'' जैसी यह कविता नितांत बंजर है और इसे लिखने वाले व्यावसायिक और पेशेवर लोग होते हैं। इसे व्यापारिक कविता कह सकते हैं। हास्य कविता इसी का एक विस्तार है जिसने हिंदी समाज के दिमाग को भड़ांस और भड़ैती से भर दिया है। मनोरंजनकारी मंतव्यों से भरी हुई, प्राचीन कवियों की पैरोडी करती कविता हास्यप्रद नहीं, हास्यास्पद कही जाएगी। वह किसी नैतिक या ग्लानि-बोध से रहित होती है, उसमें चुटकुलों को विचार की जगह परोसने की कोशिश होती है। क्या आज के किसी जाने-माने गीति काव्यकार ने बाबरी मस्जिद को ढहाने या ग्राहम स्टेंस और उसके बच्चों को जलाए जाने की भर्त्सना की है?

कृ. चौबे : जो कवियों द्वारा निर्मित काव्यलोक है, उसका लोक काव्य से आप क्या रिश्ता महसूस करते हैं? क्या आपको नहीं लगता कि दोनों में बहुत दूरी है? हिंदी कविता की मुख्यधारा लोकजीवन से कट नहीं गई है? जिसको पारंपरिक लोक समझा जा रहा है, उससे अलग भी कोई लोक निर्मित हुआ है?

मंगलेश डबराल : यह शायद एक उलझा हुआ मसला है। मेरी निगाह में लोककाव्य वह है जिसे एक स्थानीय, जनजातीय, हाशिए पर रहता हुआ समाज रचता है। लोक काव्य में उसके रचयिता का नाम शायद ही कहीं आता हो। कई बरस पहले डा. जगदीश त्रिगुणायत ने मुंडारी भाषा की कविता का एक चयन 'बांसुरी

बजती रही' नाम से किया था। बिहार राष्ट्र भाषा परिषद से छपा यह ग्रंथ अद्भुत और रोमांचक है। वह निष्कलुष, पवित्र, अनाहत और सच्चे-अनकरप्टेड-बिंबों की कविता है। इसी तरह हमारे पहाड़ की स्त्रियों के गीत हैं जिनमें हृदय को छलनी कर देने वाले बिंब होते हैं या अगर उत्सवधर्मिता होती है तो ऐसी कि आनंद, उल्लास, और शृंगार का एक 'बेहद' किस्म का संसार होता है। कभी-कभी लगता है, एक समाज की स्त्रियों के गीत लोक कविता हो सकते हैं और उस समाज के पुरुषों के गीत लोक कविता नहीं हो सकते। जो लोक काव्य आधुनिकता के संसर्ग में आ चुका, जिसे रेडियो, टीवी, सरकारी विकास कार्यक्रमों और वार्षिक उत्सवों में सुनाया जा चुका, वह लोक गीत बन जाता है और लोक कविता और लोक गीत में बहुत-अंतर है। लोक कविता का व्यवसायीकरण संभव नहीं है। वह इतनी मासूम होती है। लेकिन असल चिंता तो यह है कि हमारा लोक जीवन ही नष्ट किया जा रहा है। एक तरफ आधुनिकता, मुक्त बाजार और दूसरी तरफ हमारे बहुलतावादी स्वभाव को नष्ट करने वाली ताकतें यह काम कर रही हैं। उसे किस तरह बचाया जाए? उसकी रहस्याकूलता की रक्षा कैसे की जाए?

कृ. चौबे : आज की कविता की विषय सीमा या विषय वैविध्य के बारे में आपकी क्या राय है?

मंगलेश डबराल : आज की कविता का विषय वैविध्य और उसकी विषय सीमा, दोनों मोटे तौर पर मध्यवर्गीय हैं। उससे ज्यादा ऊपर या नीचे वह नहीं जा पा रही है। कभी-कभी लगता है, वह एक प्रतिमा की तरह जितनी भी सुंदर या भव्य हो, अपनी ही जगह पर खड़ी है। उसे झकझोरने वाली कोई प्रेरणा चाहिए। शायद कभी महिला कवि ऐसा कुछ लिखें कि पुरुषों के छक्के छूट जाएँ और दलित कवि ऐसा कुछ लिखें कि सवर्णों को छठी का दूध याद आ जाए। हमारा साहित्यिक परिदृश्य कुल मिलाकर मर्दवादी और सवर्णवादी है। धूमिल जैसे कवि अपनी कई अच्छी कविताओं के बावजूद इस तरह की सामंती मनोवृत्ति के जबर्दस्त उदाहरण हैं।

कृ. चौबे : जीवन में लगातार आ रहे परिवर्तनों और बढ़ती जटिलताओं का दबाव क्या कवि के रूप में आप अनुभव करते हैं?

मंगलेश डबराल : चारों ओर सब कुछ लगातार जटिल हो रहा है, कुछ बदल रहा है और कुछ बिगड़ रहा है। इस तेज-रौ हकीकत को कविता कैसे समझे, कैसे पहचाने, कैसे पकड़े, यह मेरी एक गंभीर चिंता है और यह भी कि यह यथार्थ हमें कहाँ ले जा रहा है। क्या हम सब तिनकों की तरह इस बाढ़ में पड़े हैं? कौन-सा समाज हमारे इर्द-गिर्द बन रहा है, कैसा मनुष्य हमारे सामने बन रहा है और उस पर हमारा कोई वश है या नहीं? हमारी कम्युनिस्ट पार्टियाँ क्यों विफल हुईं। और समाजवादी आंदोलन क्यों भ्रष्ट हो गया? यही सब मेरा संताप है। मेरा अपना जीवन भी इसी समाज से जुड़ा है और मैं किसी सत्ता विमर्श में शामिल नहीं होता हूँ इसलिए

मैं स्वयं को एक संतापित व्यक्ति के रूप में देखता हूँ। देखिए, आज किस तरह के विवाद, किस तरह के कलह, घृणा और नृशंसता और सांप्रदायिक उन्माद के कैसे-कैसे रूप हमारे सामने आ रहे हैं। सब कुछ उलट पुलट हो गया लगता है। प्रेम अब परस्पर स्वार्थ का दूसरा नाम है, मानवीय अच्छाई उपहास की वस्तु है और समृद्धि में कोई गुणात्मक अंतर नहीं दिखता। गालिब ने सन् अठारह सौ सत्तावन की क्रांति और फिर अंग्रेजों के दमन के बाद के हालात की ओर संकेत करती हुई गजल कही थी—"आशिक हूँ मैं माशूक-फरेबी है मेरा काम/मजनूं को बुरा कहती है लैला मेरे आगे।" इसे आप आज सभी क्षेत्रों में लागू कर सकते हैं।

कृ. चौबे : आपकी राय में बाजारवाद और फासीवाद आपस में किस तरह जुड़ते हैं और उससे भारतीय समाज के समाज के सामने कैसी चुनौतियाँ आई हैं।

मंगलेश डबराल : फासीवादी शक्तियों की तरह बाजारवाद का भी अपना एक कट्टरपंथ है और वह है एकरूपीकरण-होमोजेनाइजेशन। अमेरिका जैसे देश में, जहाँ से अंतर्राष्ट्रीय बाजार जींस, कोकोला, पेप्सी, हैमबर्गर जैसे सांस्कृतिक हथियारों के साथ विश्व विजय के लिए निकला है, इस एकरूपीकरण का बोलबाला दिखता है। यह आश्चर्यजनक है कि इतनी विविधता और विशालता के बावजूद अमेरिका एक ही ढंग से खाता-पीता-पहनता-सोचता है। वहाँ हर चीज एक लहर की तरह उठती है और पूरा अमेरिका जिसे कि सबसे बड़ी हांडी या 'मेल्टिंग पॉट' कहा जाता है, एक ही तरीके से खदबदाने लगता है। एकरूपता की संस्कृति विविधता और बहुलता और इस तरह कहीं न कहीं लोकतंत्र के विरोध में जाती है। हमारे देश में जो सांप्रदायिक—विध्वंसक हिंदूवादी शक्तियां आज सत्ता, विभिन्न संस्थाओं और समाज में उभर आई हैं, उन्हें हमारे देश की दूसरी जीवन शैलियां, रहन-सहन के अलग ढंग, अलग उपासना पद्धति और अलग आस्थाएं सहन नहीं होती। राष्ट्रीय स्वयंसेवक संघ में जो प्रशिक्षण मिलता है वह सवर्णवाद से अलग ढंग के समाज और जीवन को समझने में असमर्थ है। इसीलिए वे आदिवासियों को तंग करते हैं, उनके घरों के आसपास अपने भगवे झंडे लगा आते हैं, उनके लोक देवताओं के यहां अपने देवता बिठा देते हैं। इसीलिए वे चर्चों पर हमले करते हैं, ईसाइयों को आतंकित करते हैं, इसलिए अंततः बाबरी मस्जिद तोड़ दी जाती है। आज जो बुराइयां और क्रूरताएं समाज में दिख रही हैं, उन सबके पीछे कहीं न कहीं यह संघ परिवार है। इस तरह आधुनिक बाजार और सांस्कृतिक फासीवाद के बीच एक घनिष्ट संबंध है, दोनों एक रूपीकरण की, एक खास 'रेजीमेंटेशन' की शक्तियां हैं। भारतीय समाज के सामने यही दो चुनौतियां हैं और इससे निकली हुई यह चुनौती है कि किस तरह विशाल जीवन पद्धति से स्थानीय पद्धतियों की, एक भीषण देवता से छोटे देवताओं की रक्षा की जाए, कैसे भेड़ियों से भेड़ों को बचाया जाए। हमारी अनेकता बची रहेगी तो बहुत कुछ बचा रहेगा।

कृ. चौबे : इसके निपटने के लिए साहित्य को किस तरह समाज के सामने आना चाहिए?

मंगलेश डबराल : साहित्य बुनियादी तौर पर एक नैतिक जगह है। राजनीति भी उसके लिए एक अत्यंत नैतिक मूल्य है। इसलिए वह प्रतिरोध करता है और एक बेहतर यथार्थ की ओर संकेत करता है। किसी समाज के संकटों की पहचान सबसे प्रामाणिक रूप में साहित्य में ही संभव है। जो साहित्य अपने समय और भाषा के संकटों को नहीं पहचानता, वह नष्ट हो जाता है। मुझे लगता है, साहित्य में नैतिकता का, संकटों की पहचान का क्षरण हो रहा है। इसे रोकना हम लेखकों का कर्त्तव्य है। नए यथार्थ को समझना, उसका पीछा करना जरूरी है। स्त्री साहित्य और दलित साहित्य में यह छटपटाहट उभर रही है और मैं उसकी ओर बहुत उम्मीद से देखता हूं।

कृ. चौबे : क्या आप इससे सहमत हैं कि आज देश की जो राजनीतिक परिस्थिति है, उसमें क्षेत्रीय मुद्दे उभरते रहेंगे और शायद राष्ट्रभाषा के रूप में हिंदी का वह स्थान नहीं रह जाएगा जो अब तक था?

मंगलेश डबराल : भारतीय राजनीति में तीसरी धारा या तीसरे मोर्चे का जो उदय हुआ है, वह किसी न किसी रूप में प्रकट होता रहेगा। उसका दायित्व तो राजनीतिक पार्टियों पर है, लेकिन काँग्रेस और संघ संप्रदाय से अलग तीसरी धारा जन आकांक्षाओं की एक नदी की तरह बहती रहेगी। यह बहुत अच्छी बात है। जहाँ तक हिंदी की बात है, उसके राष्ट्र या राजभाषा के रूप में सहमत होना मेरे लिए कठिन है। यह केंद्रीकरण और समरूपीकरण की ही एक कोशिश है। यह तो हिंदी की राजनीति है, हिंदी की रचनात्मकता नहीं। मैं राष्ट्रभाषा या राजभाषा में कविता नहीं लिखता। राजभाषा ने हिंदी का अहित ही किया है। उससे वह कतई समृद्ध नहीं हुई है। राजभाषा होकर वह उर्दू-फारसी और विभिन्न क्षेत्रीय भाषाओं से कट गई और अंग्रेजी की ज्यादा गुलाम हो गई। जैसे बड़ी बहन अपनी छोटी बहन को अपने बरते हुए कपड़े और गहने दे देती है, कुछ उसी तरह की स्थिति यह है।

कृ. चौबे : कुछ राजनीतिक शक्तियाँ 'हिंदी राष्ट्रवाद' पर बहस छेड़ने की कोशिश करती दिखती हैं। इसे आप किस रूप में देखते हैं?

मंगलेश डबराल : मुझे नहीं लगता कि 'हिंदी राष्ट्रवाद' जैसी कोई कोशिश बाईस संविधान सम्मत और करीब ढाई सौ स्थानीय भाषाओं वाले इस बहुस्तरीय समाज में सफल हो सकती है। भाषाई राष्ट्रवाद एक अधूरी धारणा है। बांग्लादेश का जन्म कहते हैं कि भाषा के कारण हुआ। यह आधा सच है। पूरा सच यह है कि उसका जन्म 'भू-सांस्कृतिक' यानी जिओ-कल्चरल कारणों से हुआ। बांग्लादेश अगर कश्मीर में होता तो क्या ऐसा संभव था? भाषाई राष्ट्रवाद के तर्क को मानें

तो इस देश में सैकड़ों भाषाई राष्ट्रवादों की संभावना से इनकार नहीं किया जा सकता। आज भी हमारे गाँव-देहात में अपने क्षेत्र के लिए 'हमारा देश, हमारा मुल्क' जैसे शब्दों का इस्तेमाल होता है।

कृ. चौबे : आपका बचपन किस परिवेश में बीता और उसने आपके शिल्पी के निर्माण में कहाँ तक मदद पहुँचाई?

मंगलेश डबराल : मेरा बचपन पहाड़ में बीता जहां दिन में ज्यादा प्रकाश और रात में ज्यादा अंधकार होता था। हर अंधेरे के बाद धूप निकल आती थी और हर धूप के बाद अंधेरा छा जाता था। रात में बहुत कम रोशनी थी और दिन भर की चीजें रात में प्रायः बदल जाती थीं। मेरे घर में एक बड़ा सा रेडियो था, एक हारमोनियम था और एक टार्च थी। मेरे पिताजी अपने पुराने बक्से में जेबी मंघाराम के बिस्किट, कई तरह के नमकीन और सेब रखे रहते थे। उसे जब वे खोलते थे तो हम भाई-बहनों को उसमें से कुछ नायाब चीज प्राप्त हो जाती थी। उस बक्से से आने वाली खुशबू मुझे अभिभूत कर देती थी। घर में बहुत सी घड़ियाँ भी थीं, जिन्हें मैं रस्सी से बांधकर गले में लटकाए रहता था। बाद में मुझे कुछ आतशी शीशे और कुतुबनुमा भी अपने घर में मिले जिनमें से कुछ अब भी मेरे पास हैं। लेकिन इसके बावजूद मैं किसी सामंती घर का नहीं हूँ। मैंने बचपन में बहुत सी घड़ियाँ और छाते खोए। शायद यही कारण है कि मैं कभी छाता नहीं रखता और जो दो घड़ियाँ मैंने बड़े होने पर पहनीं, उनमें से एक मेरे मित्र पंकज सिंह ने मुझे दी थी जो मुझसे खो गई और दूसरी घड़ी मैंने वीरेन डंगवाल से प्राप्त की। खैर, मेरी जो सबसे गहन स्मृति है, वह यह है कि मैं शायद अकेला भाई होने के कारण अपनी पाँच बहनों का दुलारा था।

मेरी दो दादियाँ थीं और एक माँ। यानी सात स्त्रियों के घर में मेरा बचपन बीता। हमारे गाँव में भी लड़कियाँ ही मेरे साथ ज्यादा रहीं। वह एक स्त्रीमय संसार थ। अब भी मेरा जीवन स्त्रियों पर बहुत निर्भर है और मैं उनका इतना आभारी हूँ कि लगता है मेरे भीतर भी एक स्त्री निवास करती है। मैंने कहीं पढ़ा था कि आंध्र के पूर्व मुख्यमंत्री एन. टी. रामाराव रात में स्त्री की वेशभूषा पहनते थे। इसे मीडिया में एक अजूबे की तरह देखा गया, लेकिन अगर इसके पीछे कोई अंधविश्वास या टोना टोटका नहीं था तो मुझे इसमें कुछ भी आश्चर्यजनक नहीं लगता। मुझे नहीं मालूम कि इस विवरण से मेरे किसी शिल्प का निर्माण हुआ दिखता है।

कृ. चौबे : वे कौन सी चीजें थीं, जिन्होंने आपको लेखक होने के लिए उकसाया?

मंगलेश डबराल : वही परिवेश जिसके बारे में अभी मैंने बताया और फिर यह भी कि मेरे पिता खुद कवि थे। गाना जानते थे, नाटकों में सक्रिय थे, हास्य अभिनय करते थे और वैद्य थे। मेरे दादा उनसे भी अच्छे वैद्य और ज्योतिषी थे। वे बहुत विनोदी किस्म के हकला कर बोलने वाले, शराफत और गुस्से से भरे हुए, मददगार किस्म के आदमी थे। साहित्यिक पुस्तकें-पत्रिकाएँ हमारे यहाँ काफी थीं।

शायद मेरे लेखक होने पर इन सबका असर रहा हो।

कृ. चौबे : आपकी कविता बनती कैसी है?

मंगलेश डबराल : इस बारे में कुछ कहना कठिन है। शायद वह एक मानसिक अकेलापन होता है, एक निर्जन या फिर कोई दृश्य या कभी अपने भीतर किसी संगीत का दुहराव या हवा या तेज बारिश, जो किसी एक पंक्ति को जन्म देता है। फिर उसके इर्द-गिर्द कुछ और पंक्तियाँ इकट्ठा होती हैं, उनका एक कंकाल सा बनता है और तब वह अनुभव एक शक्ल लेने लगता है। यहीं से मेरी बेचैनी शुरू होती है और यह पहचानना कष्टकर होता है कि वह अनुभव ठीक-ठाक क्या है। जब मैं यह पहचान जाता हूँ तो एक कविता बन जाती है अन्यथा पंक्तियाँ कागजों पर जमा होती रहती हैं। मेरे पास कविताओं की इतनी छिटपुट पंक्तियाँ जमा हो चुकी हैं कि मैं उन्हें मुक्तहस्त उधार दे सकता हूँ। कभी-कभी मुझे लगता है किसी कवि के लिए कई तरह की कविता लिखना संभव है, पर वह प्रायः एक ही तरह की कविता लिखने को अभिशप्त है। यह विडंबना है कि मैं अपने एक खास तरह के कवि होने को नहीं लांघ पाता। यानी मैं अपने भीतर कई दूसरी किस्म के कवियों की मृत्यु को भी जीता हूँ।

कृ. चौबे : सृजन के पूर्व, सृजन के समय और सृजन के बाद आपकी मनःस्थिति क्या होती है?

मंगलेश डबराल : इस प्रश्न का जवाब मैं सृजन के पूर्व, सृजन के समय और सृजन के बाद ही दे सकता हूँ।

कृ. चौबे : यदि आपको किसी द्वीप में भेज दिया जाए और साथ दस किताबों ले जाने की इजाजत हो तो वे कौन किताबें होंगी?

मंगलेश डबराल : कितना अच्छा हो कि मुझे किसी द्वीप में भेज दिया जाए। अगर आप मुझे ऐसा एक ठोस प्रस्ताव भेजें, तो मैं अपने साथ ले जाने के लिए दस किताबों की सूची आपको भेज सकूँगा।

परिशिष्ट

भारतीय समाचार-पत्र पंजीयक कार्यालय के कार्यकलाप

4.1.1 1953 में प्रथम प्रेस आयोग की सिफारिशों के आधार पर प्रेस और पुस्तक पंजीकरण अधिनियम 1867 में संशोधन करके जुलाई 1956 में भारतीय समाचार-पत्र रजिस्ट्रार के कार्यालय की स्थापना हुई जिसे आर.एन.आई. या प्रेस रजिस्ट्रार भी कहा जाता है।

4.1.2 प्रेस और पुस्तक पंजीकरण अधिनियम में समाचार-पत्र रजिस्ट्रार के कर्तव्य और कार्यों का वर्णन किया गया है। पिछले वर्षों में समाचार-पत्र रजिस्ट्रार को कुछ और दायित्व सौंपे गए हैं जिसके कारण यह कार्यालय सांविधिक और असांविधिक दोनों ही प्रकार के कार्य कर रहा है।

4.1.3 सांविधिक कार्यों के अन्तर्गत निम्नलिखित कार्य किए जाते हैं–

1. देशभर में प्रकाशित होने वाले समाचारपत्रों के विवरण को समाचार-पत्र रजिस्टर में संकलित करना और उनका लेखा-जोखा रखना।
2. विधिमान्य घोषणा के अंदर प्रकाशित होने वाले समाचारपत्रों को पंजीकरण प्रमाण पत्र जारी करना।
3. प्रेस और पुस्तक पंजीकरण अधिनियम के भाग 19 डी के अंतर्गत समाचार-पत्र प्रकाशकों द्वारा समाचार-पत्र के प्रसार, स्वामित्व इत्यादि के बारे में भेजी गई वार्षिक विवरण की सूचना का अनुसंधान और विश्लेषण करना।
4. इच्छुक प्रकाशकों के लिए जिलाधीशों को शीर्षक (नामों) की उपलब्धता के बारे में सूचना देना।
5. प्रेस और पुस्तक पंजीकरण अधिनियम के प्रावधानों के अनुरूप समाचारपत्रों के प्रकाशन को सुनिश्चित करना और उनकी नियमितता की निगरानी रखना।
6. प्रकाशकों द्वारा वार्षिक विवरण में दिए प्रसार के दावों का प्रेस और पुस्तक

पंजीकरण अधिनियम के भाग 19-एफ के अंतर्गत सत्यापन करना।

7. भारत में प्रेस के बारे में उपलब्ध समस्त सूचना और आँकड़ों का और विशेष रूप से प्रसार तथा समान स्वामित्व वाली इकाइयों के क्षेत्र में उभरती प्रवृत्तियों के उल्लेख के साथ एक रिपोर्ट तैयार करना और उसे प्रति वर्ष 30 सितम्बर से पहले सरकार को भेजना।

4.1.4 असांविधिक कार्यों के अन्तर्गत निम्नलिखित कार्य किए जाते हैं :

1. न्यूज प्रिन्ट आवंटन नीति तैयार करना और समाचार-पत्रों को न्यूज-प्रिन्ट कागज का आवंटन करना।
2. समाचारपत्रों के प्रतिष्ठानों की छपाई और कम्पोजिशन के उपकरणों की आवश्यकताओं का निर्धारण और प्रमाणीकरण करना।
3. **शीर्षक (नाम) की अनुमति–**

4.2.1 समाचार-पत्र के प्रकाशन के इच्छुक प्रकाशक के लिए यह आवश्यक है कि वह अधिकृत मजिस्ट्रेट, जिसके अधिकार क्षेत्र में प्रस्तावित समाचारपत्र का प्रकाशन स्थान आता है, के समक्ष समाचार पंजीकरण (केंद्रीय) नियमों के तहत निर्धारित प्रपत्र में घोषणा प्रस्तुत करें। इसके बाद ही शीर्षक के प्रयोग की अनुमति दी जाती है। इस घोषणा में प्रस्तावित समाचार-पत्र का शीर्षक (नाम), भाषा, अवधि तथा अन्य आवश्यक सूचनाएँ शामिल होनी चाहिए। समाचारपत्र रजिस्ट्रार के कार्यालय से पुष्टि हो जाने के बाद मजिस्ट्रेट प्रमाणित करता है कि संबंधित राज्य में संबंधित भाषा के प्रस्तावित समाचार-पत्र के नाम और प्रकार का कोई और अन्य समाचार-पत्र प्रकाशित नहीं होता है। प्रेस रजिस्ट्रार कार्यालय ऐसे नामों की एक सूची रखता है जो पहले ही प्रकाशकों को दिए जा चुके हैं। जब कभी संबंधित मजिस्ट्रेट से शीर्षक के संबंध में कोई जानकारी मांगी जाती है तो इस सूची में शामिल नामों के आधार पर सुनिश्चित किया जाता है कि प्रस्तावित नाम की पहले ही किसी समाचारपत्र को अनुमति दी जा चुकी है या नहीं। नाम उपलब्ध होने की स्थिति में कार्यालय मजिस्ट्रेट को प्रस्तावित नाम के प्रमाणीकरण की सूचना देता है। यदि प्रस्तावित नाम उपलब्ध नहीं है तो कार्यालय मजिस्ट्रेट से अनुरोध करता है कि वह प्रकाशक को वैकल्पिक नामों की सूची सत्यापन के लिए मजिस्ट्रेट के माध्यम से दोबारा दे।

वार्षिक विवरण

4.4.1 सभी प्रकाशकों के लिए यह आवश्यक है कि वे समाचारपत्रों के पंजीकरण (केन्द्रीय) नियम 1956 के प्रावधानों के अनुसार फार्म 2 में प्रत्येक वर्ष की फरवरी के अंतिम दिन या इससे पहले वार्षिक विवरण प्रस्तुत करें जिसमें पिछले

वर्ष की सूचना दी गई हो।

4.4.2 प्रत्येक प्रकाशक के लिए यह भी अनिवार्य है कि वह प्रत्येक वर्ष फरवरी के अंतिम दिन के बाद समाचार-पत्र के अंक में नियमानुसार फार्म 4 पर समाचारपत्र के स्वामित्व की सूचना तथा अन्य संबंधित विवरण प्रकाशित करे।

4.4.3 फार्म 2 और फार्म 4 में सूचना न देने की स्थिति में प्रत्येक मामले में रु. 500/-तक के जुर्माने का दण्ड है।

4.4.4 वार्षिक विवरण समाचार-पत्र रजिस्ट्रार के लिए बहुत ही महत्त्वपूर्ण दस्तावेज है क्योंकि इसकी सूचनाओं के आधार पर हर भारतीय प्रेस के बारे में अध्ययन किया जाता है।

4.4.5 यह अनुभव किया गया है कि बड़ी संख्या में प्रकाशक सूचना प्रदान नहीं करते। सरकार के सामने देश की प्रेस की स्थिति का चित्रण करने का दायित्व भी प्रेस रजिस्ट्रार का ही है। इसलिए यह आवश्यक है कि सभी प्रकाशक निर्धारित तिथि तक रजिस्ट्रार के कार्यालय में वार्षिक विवरण भेज दें।

यदि प्रेस रजिस्ट्रार को प्रकाशकों से पूरा सहयोग मिले और वे सभी आवश्यक आँकड़े समयबद्ध रूप में भेज दें तो रिपोर्टों में दिए गए विभिन्न आकड़ों का विश्लेषण अधिक रुचिकर होगा।

प्रसार घोषणाओं का सत्यापन

4.5.1 प्रकाशक द्वारा भेजे गए वार्षिक विवरण में समाचारपत्र के प्रसार के बारे में निम्नलिखित जानकारी दी जाती है–

अ. प्रति प्रकाशन दिवस में छापी गई प्रतियों की औसत संख्या।

ब. बेची गई प्रतियों की औसत संख्या तथा उपहार आदान-प्रदान, नमूने के रूप में दी गई और कार्यालय प्रति सहित निःशुल्क वितरित प्रतियों की औसत संख्या। जिन समाचारपत्रों की 2000 से अधिक प्रतियाँ प्रकाशित होती हैं, उनके प्रकाशकों के विवरण पर चार्टर्ड एकाउन्टेन्ट अथवा प्रशिक्षित लेखा परीक्षक के हस्ताक्षर होने आवश्यक हैं। शैक्षिक संस्थानों, खैराती संस्थानों और संगठनों द्वारा सामान्यतया अपने सदस्यों के लिए प्रकाशित किए जाने वाले निःशुल्क समाचारपत्रों के मामले में चार्टर्ड एकाउन्टेन्ट अथवा लेखा परीक्षक का प्रमाणीकरण जरूरी नहीं है।

4.5.2 1968 में समाचारपत्र रजिस्ट्रार ने नियमों में निहित अपने अधिकार के आधार पर प्रकाशकों द्वारा भेजे गए विवरणों को प्रयोग के रूप में सत्यापित करना आरंभ किया। आरंभ में यह प्रक्रिया बड़े शहरों और बड़े प्रकाशन गृहों, संगठनों तक ही सीमित थी। अब दूर दराज के छोटे प्रकाशन गृहों को भी इस प्रक्रिया में शामिल कर लिया गया है।

न्यूज प्रिंट

4.6.1 न्यूज प्रिंट समाचारपत्रों की मुद्रण और उत्पादन प्रक्रिया का महत्त्वपूर्ण संघटक है और इसे आवश्यक सामग्री माना जाता है। इसलिए इसके अर्जन, बिक्री और खपत को आवश्यक वस्तु अधिनियम तथा सरकार द्वारा आवश्यक वस्तु, अधिनियम 1955 के भाग 1 के अंतर्गत जारी न्यूज प्रिंट नियंत्रण आदेश 1962 के प्रावधानों से विनियमित किया जाता है। देश में न्यूजप्रिंट उद्योग समाचारपत्रों की आवश्यकताओं को पूरा करने में सफल नहीं है। इसलिए न्यूजप्रिंट की कुछ मात्रा आयात करनी पड़ती है ताकि समाचारपत्र उद्योग की आवश्यकताओं को पूरा किया जा सके। स्वदेशी मिलों से उत्पादित न्यूज प्रिंटों को न्यूज प्रिंट नियंत्रण आदेश के अंतर्गत वितरित किया जाता है और इसके आयात की अनुमति समय-समय पर घोषित सरकार की आयात नीति के अनुसार दी जाती है।

4.6.2 वर्ष 1993-94 से सरकार की उदारीकरंण की नीति के तहत आयात को मुक्त किया गया और समाचार-पत्रों को सीधे ही या कामकाजी एजेंटों के माध्यम से सीमा-शुल्क रहित न्यूज प्रिंट की अनुमति प्रदान की गई।

4.6.4 न्यूज प्रिंट के आयात के लिए जो आवेदन पत्र मिले, उन पर न्यूज प्रिंट आयात नीति और दिशा निर्देशों के अनुसार कार्यवाही की गई। और समाचारपत्रों को हकदारी प्रमाण पत्र जारी किए गए। आयात नीति और दिशा निर्देशों के अनुसार जिन समाचारपत्रों को 2000 मीट्रिक टन से अधिक स्टैंडर्ड न्यूज प्रिंट का हक प्राप्त था, उन्हें सीधे ही या कामकाजी एजेंटों के माध्यम से आयात की अनुमति दी गई मगर शर्त यह थी कि उन्हें एक मीट्रिक टन की पात्रता प्राप्त हो। उन्हें संपूर्ण मात्रा में न्यूज प्रिंट के आयात की अनुमति प्रदान की गई। ग्लेज्ड न्यूज प्रिंट के आवंटियों को आयात नीति के अनुसार समाचार-पत्र रजिस्ट्रार द्वारा निर्धारित मात्रा में आयात करने के हकदारी प्रमाण-पत्र जारी किए गए।

प्रेस और पुस्तक रजिस्ट्रीकरण अधिनियम, 1867

मुद्रणालयों तथा समाचारपत्रों के विनियमन के लिए भारत से मुद्रित पुस्तक तथा समाचारपत्रों की प्रतियों के परिरक्षण तथा ऐसी पुस्तकों तथा समाचारपत्रों के रजिस्ट्रीकरण के लिए अधिनियम—

मुद्रणालयों तथा समाचारपत्रों के विनियमन के लिए भारत में मुद्रित प्रत्येक पुस्तक तथा समाचारपत्र की प्रतियों के परिरक्षण तथा ऐसी पुस्तकों तथा समाचारपत्रों के रजिस्ट्रीकरण के लिए उपलब्ध करना समीचीन है।

भाग I
प्रारंभिक

1. (1) इस अधिनियम में, जब तक कि कोई बात या विषय या संदर्भ विरुद्ध न हो—

'पुस्तक' के अन्तर्गत किसी भी भाषा में प्रत्येक जिल्द का भाग या खण्ड और पुस्तिका और पृथक रूप से मुद्रित मानचित्र, चार्ट, रेखांकन या स्वरलिपि पत्र है।

'संपादक' से वह व्यक्ति अभिप्रेत है, जो सामग्री के चयन पर नियंत्रण रखता है जो किसी समाचारपत्र में प्रकाशित की जाती है।

मजिस्ट्रेट से वह व्यक्ति अभिप्रेत है जो मजिस्ट्रेट की पूरी शक्तियों का प्रयोग करता है और इसके अंतर्गत पुलिस मजिस्ट्रेट भी है।

समाचारपत्र से कोई मुद्रित कालिक कृति अभिप्रेत है जिसमें सार्वजनिक समाचार या सार्वजनिक समाचारों की समीक्षा अंतर्विष्ट है।

पत्र से कोई भी दस्तावेज अभिप्रेत है और इसके अंतर्गत पुस्तक से भिन्न समाचार भी है।

'विहित' से केंद्रीय सरकार द्वारा धारा 20 क के अधीन बनाए गए नियमों

द्वारा 'विहित' अभिप्रेत है।

'प्रेस रजिस्ट्रार' से धारा 19-क के अधीन केन्द्रीय सरकार द्वारा नियुक्त भारत का समाचारपत्र रजिस्ट्रार अभिप्रेत है और उसके अंतर्गत प्रेस रजिस्ट्रार के सभी कृत्यों या उनमें से किसी को करने के लिए केंद्रीय सरकार द्वारा नियुक्त कोई अन्य व्यक्ति भी है।

'मुद्रण'—के अन्तर्गत चक्रमुद्रण तथा शिला मुद्रण भी है।

'रजिस्टर'—से धारा 19 ख के अधीन रखा गया समाचारपत्रों का रजिस्टर अभिप्रेत है।

2. (2) इस अधिनियम में किसी ऐसी विधि के प्रति, जो जम्मू-कश्मीर राज्य में प्रवृत्त नहीं है, किसी निर्देश का उस राज्य के संबंध में यह अर्थ लगाया जाएगा कि वह उस राज्य में प्रवृत्त तत्स्थानी विधि के प्रति निर्देश है।

भाग-2
मुद्रणालयों तथा समाचारपत्रों के विषय में

3. भारत में मुद्रित प्रत्येक पुस्तक या पत्र पर मुद्रक का नाम तथा मुद्रण का स्थान और (यदि यह पुस्तक या पत्र प्रकाशित किया जाता है तो) प्रकाशक का नाम तथा प्रकाशन का स्थान साफ-साफ मुद्रित किया जाएगा।

4. (1) भारत में कोई ऐसा व्यक्ति पुस्तकों या पत्रों के मुद्रण के लिए अपने कब्जे में कोई मुद्रणालय नहीं रखेगा, जिसने जिला, प्रेसिडेन्सी या उप खण्ड मजिस्ट्रेट के समक्ष जिसकी स्थानीय अधिकारिता में ऐसा मुद्रणालय है, निम्नलिखित घोषणा नहीं की है तथा उस पर हस्ताक्षर नहीं किए हैं—

"मैं क, ख घोषित करता हूँ कि मेरे पास.....
में मुद्रण के लिए मुद्रणालय है।"

और उपर्युक्त रिक्त स्थान में ऐसा मुद्रणालय जहाँ स्थित है उस स्थान के बारे में सही और ठीक-ठीक विवरण भरा जाएगा।

(2) जितनी बार यह स्थान, जहाँ मुद्रणालय रखा गया है, परिवर्तित किया जाता है, उतनी बार नई घोषणा आवश्यक होगी। परन्तु जहाँ ऐसा परिवर्तन सात दिन से अधिक अवधि के लिए नहीं है और परिवर्तन के पश्चात मुद्रणालय उपधारा (1) में निर्दिष्ट मजिस्ट्रेट की स्थानीय अधिकारिता में रहता है, वहाँ नई घोषणा की आवश्यकता नहीं होगी, यदि—

क. परिवर्तन से सम्बद्ध विवरण परिवर्तन के चौबीस घंटे के भीतर दे दिया जाता है और

ख. मुद्रणालय रखने वाला व्यक्ति वही रहता है।

भारत में समाचारपत्र, कोई भी हो, इसमें इसके पश्चात् अधिकथित नियमों के अनुरूप ही प्रकाशित किया जाएगा अन्यथा नहीं।

(1) धारा 3 के उपबन्धों पर प्रतिकूल प्रभाव डाले बिना ऐसे प्रत्येक समाचारपत्र की प्रत्येक प्रति पर उसके स्वामी तथा उसके संपादक के नाम तथा उसके प्रकाशन की तारीख भी स्पष्ट मुद्रित होगी।

(2) ऐसे प्रत्येक समाचारपत्र का मुद्रक तथा प्रकाशक व्यक्तिगत रूप से या धारा 20 के अधीन बनाए गए नियमों के अनुसार इस निमित्त प्राधिकृत अभिकर्ता के मार्फत ऐसे जिला प्रेसिडेन्सी या उपखण्ड मजिस्ट्रेट के समक्ष, जिसकी स्थानीय अधिकारिता में ऐसा समाचारपत्र मुद्रित या प्रकाशित किया जाएगा, हाजिर होगा और निम्नलिखित घोषणा करेगा तथा उसकी दो प्रतियों पर हस्ताक्षर करेगा :

"मैं क, ख घोषित करता हूँ कि मैं...

(स्थान), यथास्थिति, मुद्रित या प्रकाशित किए जाने वाले अथवा मुद्रित और प्रकाशित किए जाने वाले......नामक समाचारपत्र का मुद्रक या प्रकाशक हूँ।"

और इस घोषणा के प्रारूप की पहली पंक्ति में जहाँ मुद्रण या प्रकाशन किया जाता है, उस भवन के बारे में सही-सही और ठीक-ठीक विवरण भरा जाएगा।

(2क) नियम (2) के अधीन प्रत्येक घोषणा में समाचारपत्र का नाम, वह भाषा जिसमें उसका प्रकाशन किया जाता है तथा उसकी प्रकाशन की आवधिकता विनिर्दिष्ट की जाएगी और इसमें ऐसी अन्य प्रविष्टियां भी होंगी, जो विहित की जाए।

(2ख) जहाँ नियम (2) के अधीन की घोषणा करने वाला समाचारपत्र या मुद्रक या प्रकाशक उसका स्वामी नहीं है, वहाँ उस घोषणा पत्र स्वामी का नाम निविर्दिष्ट किया जाएगा और उसके साथ स्वामी का लिखित रूप से ऐसा प्राधिकार भी होगा जिसमें उक्त व्यक्ति की घोषणा करने तथा उस पर हस्ताक्षर करने के लिए प्राधिकृत किया गया है।

(2ग) समाचारपत्र प्रकाशित करने के पूर्व उस समाचारपत्र के बाबत नियम (2) के अधीन घोषणा तथा धारा 6 के अधीन उसका अधिप्रमाणित किया जाना आवश्यक होगा।

(2घ) जहाँ किसी समाचारपत्र के नाम का उसकी भाषा या उसकी प्रकाशन आवधिकता में परिवर्तन किया गया है, वहाँ घोषणा प्रभावहीन हो जाएगी और समाचारपत्र प्रकाशन को चालू करने से पूर्व नई घोषणा आवश्यक होगी।

(2ङ) जितनी बार किसी समाचारपत्र के स्वामित्व में परिवर्तन किया जाता है उतनी बार नई घोषणा आवश्यक होगी।

(3) जितनी बार मुद्रण तथा प्रकाशन का स्थान परिवर्तित किया जाता है, उतनी बार नई घोषणा आवश्यक होगी।

परंतु जहाँ ऐसा परिवर्तन तीस दिन से अधिक की अवधि के लिए नहीं है और परिवर्तन के पश्चात मुद्रण अथवा प्रकाशन का स्थान नियम (2) में निर्दिष्ट मजिस्ट्रेट की स्थानीय अधिकारिता में रहता है, वहाँ नई घोषणा आवश्यक नहीं होगी यदि–

(क) यदि परिवर्तन के चौबीस घंटे के भीतर परिवर्तन से संबद्ध विवरण दे दिया जाता है।

(ख) समाचारपत्र का मुद्रक या प्रकाशक या मुद्रक और प्रकाशक वही व्यक्ति रहता है।

(4) ऐसा मुद्रक या प्रकाशक, जिसने यथापूर्वक घोषणा की है, नब्बे दिन से अधिक की अवधि के लिए जितनी बार भारत से बाहर जाएगा या जहाँ ऐसा मुद्रक या प्रकाशक अशक्तता के कारण या अन्यथा नब्बे दिन से अधिक की अवधि के लिए अपने कर्तव्यों को, ऐसी परिस्थितियों में, जिनमें उसका पद रिक्त नहीं होता, कार्यान्वित करने में असमर्थ रहेगा, वहाँ उतनी बार नई घोषणा आवश्यक होगी।

(5) जहाँ समाचारपत्र के प्रकाशन का आरंभ–

क. सप्ताह में एक या एक से अधिक बार प्रकाशित किए जाने वाले समाचारपत्र की दशा में धारा 6 के अधीन घोषणा के अधिप्रमाणन के छह सप्ताह के भीतर और

ख. किसी अन्य समाचारपत्र की दशा में, धारा 6 के अधीन घोषणा के अधिप्रमाणन के तीन मास के भीतर, नहीं कर दिया जाता है, वहाँ समाचारपत्र के बाबत की गई प्रत्येक घोषणा शून्य होगी और ऐसी प्रत्येक दशा में समाचारपत्र प्रकाशित किए जाने के पूर्व नई घोषणा आवश्यक होगी।

(6) जहाँ तीन मास की किसी अवधि में कोई दैनिक, त्रि-साप्ताहिक, द्विसाप्ताहिक, साप्ताहिक या पाक्षिक समाचारपत्र अपने अंक, उतनी संख्या में प्रकाशित करता है, जिनकी संख्या तत्सम्बंधी घोषणा के अनुसार प्रकाशित होने वाली संख्या के आधे से कम है, वहीं घोषणा प्रभावहीन हो जाएगी और समाचारपत्र का प्रकाशन जारी रखने से पूर्व नई घोषणा आवश्यक होगी।

(7) जहाँ किसी अन्य समाचारपत्र का प्रकाशन बारह मास से अधिक की अवधि के लिए बंद हो गया है, वहाँ उसके बारे में की गई प्रत्येक घोषणा

प्रभावहीन हो जाएगी और समाचारपत्र के पुनः प्रकाशन से पूर्व नई घोषणा आवश्यक होगी।

(8) किसी समाचारपत्र के बारे में प्रत्येक विद्यमान घोषणा उस मजिस्ट्रेट द्वारा रद्द कर दी जाएगी, जिसके साथ उसी समाचारपत्र के बारे में नई घोषणा की जाए और उस पर हस्ताक्षर किए जाएँ।

परन्तु कोई व्यक्ति जो मामूली तौर से भारत में निवास नहीं करता है या जिसने भारतीय वयस्कता अधिनियम 1874 के अनुसार अथवा जिस विधि से वह वयस्कता प्राप्त करने के बाबत शासित होता है, उस विधि के अनुसार वयस्कता प्राप्त नहीं की है, इस धारा द्वारा विहित घोषणा करने के लिए न तो अनुज्ञात किया जाएगा और न ही कोई ऐसा व्यक्ति किसी समाचारपत्र का संपादन करेगा।

6. इस प्रकार पूर्वोक्त रूप में हस्ताक्षर की गई प्रत्येक घोषणा की दो मूल प्रतियों में से प्रत्येक प्रति उस मजिस्ट्रेट द्वारा जिसके समक्ष उक्त घोषणा की जाती है, हस्ताक्षरित तथा प्राधिकारिक मुद्रा से अभिप्रमाणित की जाएगी। परंतु जहाँ किसी समाचारपत्र के बारे में धारा 5 के अधीन कोई घोषणा की गई है तथा उस पर हस्ताक्षर किए गए हैं, वहाँ वह घोषणा, उसी व्यक्ति के स्वामित्व के समाचारपत्रों को छोड़कर इस प्रकार अभिप्रमाणित नहीं की जाएगी, जब तक कि मजिस्ट्रेट का प्रेस रजिस्ट्रार से पूछ-ताछ करने पर, यह समाधान नहीं हो जाता है कि प्रकाशित किए जाने के लिए प्रस्तावित समाचारपत्र का वही नाम या उससे मिलता-जुलता नाम नहीं है जो या तो उसी भाषा में या उसी राज्य में किसी अन्य प्रकाशित पत्र का है।

उक्त मूल प्रतियों में से एक मजिस्ट्रेट के कार्यालय के अभिलेखों में रखी जाएगी और दूसरी उच्च न्यायालय के या जहाँ उक्त घोषणा की गई थी, उस स्थान के लिए आरंभिक आधिकारिता रखने वाले अन्य प्रधान सिविल न्यायालय के अभिलेखों में रखी जाएगी। प्रत्येक मूल प्रति का भार साधक अधिकारी किसी भी व्यक्ति को, एक रुपया फीस संदाय करने पर उस मूल प्रति का निरीक्षण करने देगा, और आवदेन करने वाले किसी व्यक्ति को दो रुपए फीस संदाय करने पर उक्त घोषणा की एक प्रति उक्त न्यायालय की मुद्रा से जिसकी अभिरक्षा में मूल प्रति है, अनुप्रमाणित करके देगा। मजिस्ट्रेट का प्राधिकारिक मुद्रा से अनुप्रमाणित घोषणा की एक प्रति, यथा शीघ्र, उस व्यक्ति को जो घोषणा करता है और उस पर हस्ताक्षर करता है, और प्रेस रजिस्ट्रार को भी, भेजी जाएगी।

7. किसी भी सिविल तथा दाण्डिक विधिक कार्यवाही में, ऐसी घोषणाओं की अधिरक्षा के लिए इस अधिनियम द्वारा सशक्त किए गए किसी भी न्यायालय की मुद्रा कैसे अनुप्रमाणित यथा-पूर्वोक्त ऐसी घोषणा की प्रति, या सम्पादक की दशा

में उस समाचार की प्रति का जिस पर उसका नाम संपादक के रूप में मुद्रित हो, पेश किया जाना (जब तक तत्प्रतिकूल साबित नहीं किया जाता) तब तक ऐसे व्यक्ति के प्रति जिसका नाम यथा-स्थिति, उस घोषणा पत्र पर हस्ताक्षरित या उस समाचारपत्र पर मुद्रित है, इस बात का पर्याप्त साक्ष्य माना जाएगा कि वह व्यक्ति ऐसे प्रत्येक समाचारपत्र के प्रत्येक भाग का, जिसका नाम वही है जो उस घोषणा पत्र में उल्लिखित समाचारपत्र का है (उक्त घोषणा के शब्दों के अनुसार) मुद्रक या प्रकाशक या मुद्रक और प्रकाशक या उस समाचारपत्र के अंक के, जिसकी प्रति पेश की गई है, प्रत्येक भाग का संपादक था।

8. यदि किसी व्यक्ति ने किसी समाचारपत्र के बारे में किसी घोषणा पर धारा 5 के अधीन हस्ताक्षर किए हैं और धारा 6 के अधीन मजिस्ट्रेट द्वारा यह घोषणा अधिप्रमाणित की गई है और तत्पश्चात वह व्यक्ति उस घोषणा में उल्लिखित समाचारपत्र का मुद्रक या प्रकाशक नहीं रह जाता है तो वह किसी जिला, प्रेसिडेंसी या उपखण्ड मजिस्ट्रेट के समक्ष हाजिर होगा और निम्नलिखित घोषणा करेगा तथा उसकी दो प्रतियों पर हस्ताक्षर करेगा।

"मैं क, ख घोषित करता हूँ कि मैं...नामक समाचारपत्र का अब मुद्रक या प्रकाशक नहीं हूँ।"

प्रत्येक कथित घोषणा की एक मूल प्रति उस मजिस्ट्रेट के हस्ताक्षर तथा मुद्रा से अधि-प्रमाणित की जाएगी जिसके समक्ष पश्चात्कथित उक्त घोषणा की गई है और पश्चात्कथित उक्त घोषणा की एक मूल प्रति पूर्व-कथित घोषणा की प्रत्येक मूल प्रति के साथ फाईल की जाएगी। पश्चात्कथित घोषणा की प्रत्येक मूल प्रति का भारसाधक अधिकारी आवेदन करने वाले किसी व्यक्ति को, एक रुपया फीस संदाय करने पर, उसे मूल प्रति का निरीक्षण करने देगा और आवेदन करने वाले किसी व्यक्ति को, दो रुपया फीस संदाय करने पर, उसे पश्चात्कथित उक्त मूल घोषणा की एक प्रति उस न्यायालय की मुद्रा से, जिसकी अभिरक्षा में मूल प्रति है, अनुप्रमाणित करके देगा।

सभी ऐसे विचारणों में, जिनमें पूर्वोक्त अनुप्रमाणित पूर्वकथित घोषणा की प्रति साक्ष्य में रखी जा सकेगी, यह विधिपूर्ण होगी कि पश्चात्कथित घोषणा की पूर्वोक्त अनुप्रमाणित प्रति साक्ष्य में रखी जाएगी और पूर्वकथित घोषणा इस साक्ष्य के रूप में नहीं ली जाएगी कि घोषणा कर्तापश्चात्कथित घोषणा तारीख के पश्चात की किसी अवधि में वह उल्लिखित समाचारपत्र का मुद्रक या प्रकाशक था।

मजिस्ट्रेट की प्राधिकारिक मुद्रा से अनुप्रमाणित पश्चात्कथित घोषणा की प्रति प्रेस रजिस्ट्रार को भेजी जाएगी।

8. क. यदि कोई व्यक्ति, जिसका नाम समाचारपत्र की प्रति पर संपादक के रूप

में छप गया है, यह दावा करता है कि वह उस अंक का, जिस पर उसका नाम इस प्रकार छप गया है, संपादक नहीं है, तो वह उसे यह ज्ञात होने के दो सप्ताह के भीतर कि उसका नाम इस प्रकार छप गया है, किसी जिला, प्रेसिडेन्सी या उप-खण्ड मजिस्ट्रेट को ऐसी जाँच करने या कराने के पश्चात, जैसा वह आवश्यक समझे, यह समाधान हो जाता है कि वह घोषणा सही है तो वह तदनुसार प्रमाणित करेगा और ऐसा प्रमाण पत्र दिए जाने पर धारा 7 के उपबन्ध उस व्यक्ति को उस समाचारपत्र के उस अंक की बाबत लागू नहीं होगा।

किसी भी दशा में मजिस्ट्रेट इस धारा द्वारा अनुज्ञात अवधि को बढ़ा सकता है यदि उसका यह समाधान हो जाता है कि ऐसा व्यक्ति पर्याप्त कारण से उक्त अवधि के भीतर हाजिर होने तथा घोषणा करने से निवारित किया गया था।

8. ख. यदि प्रेस रजिस्ट्रार या किसी अन्य व्यक्ति द्वारा किए गए आवेदन पर अथवा इस अधिनियम के अधीन घोषणा अधिनियमित करने के लिए सशक्त मजिस्ट्रेट की यह राय है कि किसी समाचारपत्र के बारे में की गई कोई घोषणा रद्द की जानी चाहिए तो वह संबद्ध व्यक्ति को, प्रस्तावित कार्यवाही के विरुद्ध कारण दर्शित करने या अवसर देने के पश्चात् उस मामले की जाँच कर सकेगा और यदि ऐसे व्यक्ति द्वारा दिखाए गए कारण पर यदि कोई हो, विचार करने के पश्चात तथा उसे सुनवाई का अवसर देने के पश्चात उसका यह समाधान हो जाता है कि–

1. वह समाचारपत्र जिसके बारे में घोषणा की गई है, इस नियम या उसके अधीन बनाए गए नियमों के उपबन्धों के उल्लंघन में प्रकाशित किया जा रहा है, या
2. घोषणा में उल्लिखित समाचारपत्र का नाम वही है या उस नाम से मिलता-जुलता है जो या तो उसी भाषा में या उसी राज्य में प्रकाशित किसी समाचारपत्र का है, या
3. मुद्रक या प्रकाशक, उस घोषणा में उल्लिखित समाचारपत्र का मुद्रक या प्रकाशक नहीं रह गया है, या
4. घोषणा मिथ्या व्यपदेशन पर या किसी सारवान् तथ्य को छिपा कर की गई है या ऐसी कालिक कृति के बारे में की गई थी, जो समाचारपत्र नहीं है।

तो वह मजिस्ट्रेट आदेश द्वारा घोषणा रद्द कर सकेगा और आदेश की एक प्रति घोषणा करने वाले या उस पर हस्ताक्षर करने वाले व्यक्ति को तथा प्रेस रजिस्ट्रार को भी यथा शीघ्र भेजेगा।

8. ग. (1) मजिस्ट्रेट की धारा 6 के अधीन किसी घोषणा को अधिप्रमाणित करने से इंकार करने वाले या धारा 8 ख के अधीन किसी घोषणा को रद्द करने वाले आदेश से व्यथित कोई व्यक्ति, उस तारीख के सात दिन के अंदर, जिसको ऐसा आदेश उसे संसूचित किया गया है, मुद्रणालय तथा रजिस्ट्रीकरण अपील बोर्ड नामक अपील बोर्ड को, कर सकता है जो प्रेस परिषद अधिनियम, 1978 की धारा 3 के अधीन स्थापित भारतीय प्रेस परिषद द्वारा अपने सदस्यों में से नामनिर्दिष्ट किए जाने वाले अध्यक्ष तथा एक अन्य सदस्य से मिलकर बनेगा। परंतु अपील बोर्ड उक्त अवधि की समाप्ति पर उसके पश्चात भी अपील ग्रहण कर सकेगा, यदि उसका यह समाधान हो जाता है कि अपीलार्थी समय पर अपील करने से पर्याप्त कारण से निवारित किया गया था।

8. ग (2) इस धारा के अधीन अपील की प्राप्ति पर अपील बोर्ड मजिस्ट्रेट से अभिलेखों को मंगवाने के पश्चात और ऐसी जाँच करने के पश्चात जैसा ठीक समझता है, उस आदेश को जिसके विरुद्ध अपील की गई है पुष्ट, उपातित या अपास्त कर सकेगा।

8. ग (3) उपधारा (2) के उपबंधों के अधीन रहते हुए अपील बोर्ड आदेश द्वारा अपनी पद्धति तथा प्रक्रिया विनियमित कर सकेगा।

8. ग (4) अपील बोर्ड का विनिश्चय अंतिम होगा।

भाग 3
पुस्तकों का परिदान

9. अधिनियम के प्रारंभ होने के पश्चात मुद्रित पुस्तकों की प्रतियों का सरकार को मुफ्त में दिया जाना :

प्रत्येक संपूर्ण पुस्तक की मुद्रित प्रतियाँ जो इस अधिनियमन के प्रवृत्त होने के पश्चात (भारत) में मुद्रित की जाती हैं, उसके सभी मानचित्रों, मुद्रणों या अन्य उत्कीर्णों सहित जो उस पुस्तक को सर्वोत्तम कृतियों की भांति परिसाधित और रंजित की गई हो, उसके मुद्रक या प्रकाशक के बीच (यदि पुस्तक प्रकाशित की जाए तो) किसी प्रकार के होते हुए भी मुद्रक द्वारा सरकार को मुफ्त ऐसे स्थान पर तथा ऐसे अधिकारी को, जिसके लिए राज्य सरकार राजपत्र में अधिसूचना द्वारा समय-समय पर निर्देश दे, निम्नलिखित प्रकार से दी जाएगी :

क. किसी भी दशा में उस दिन के पश्चात् एक कलेण्डर मास के भीतर जिसकी ऐसी पुस्तक मुद्रणालय से पहली बार बाहर निकाली जाए तो ऐसी एक प्रति और

ख. यदि उस दिन से एक कलेण्डर वर्ष के भीतर राज्य सरकार मुद्रक से

ऐसी दो से अधिक अन्य प्रतियाँ देने की अपेक्षा करती है तो उस दिन जिसको राज्य सरकार द्वारा मुद्रक से ऐसी अपेक्षा करने के दिन के पश्चात एक कलेण्डर मास के भीतर ऐसी अन्य एक या दो प्रतियाँ, जैसा कि राज्य सरकार निर्देश दे।

और इस प्रकार दी गई प्रतियाँ जिल्द बंधी, सिली हुई या टांके से सिली हुई और ऐसे सर्वोत्तम कागज पर होंगी जिन पर उस पुस्तक की प्रतियाँ मुद्रित की गई हों।

प्रकाशक या कोई अन्य व्यक्ति जो मुद्रक को नियोजित करे, पूर्वोक्त परिसाधित तथा रंजित सभी मानचित्रों, मुद्रणों और उत्कीर्णों को जो मुद्रक को पूर्वोक्त अपेक्षाओं का अनुपालन करने में समर्थ बनाने के लिए आवश्यक हो, उक्त मास की समाप्ति के पूर्व उचित समय पर देगा।

इस धारा के पूर्वकथित भाग की कोई भी बात निम्नलिखित को लागू नहीं होगी :

(i) किसी पुस्तक का द्वितीय या पश्चातवर्ती संस्करण जिस संस्करण में पुस्तक के लेटर प्रेस में, या मानचित्रों, मुद्रणों या अन्य उत्कीर्णों में कोई परिवर्धन या परिवर्तन नहीं किया गया है और जिस पुस्तक के प्रथम या किसी पूर्ववर्ती संस्करण की प्रति इस अधिनियम के तहत दी जा चुकी है, या

(ii) इस अधिनियम की धारा 5 में अधिकथित नियमों ने अनुरूप प्रकाशित कोई समाचारपत्र।

10. धारा 9 के अधीन दी गई प्रतियों के लिए रसीद : वह अधिकारी जिसे किसी पुस्तक की प्रति अंतिम पूर्वगामी धारा के अधीन दी गई है, मुद्रक को उसके लिए लिखित रसीद देगा।

11. धारा 9 के अधीन दी गई प्रतियों का निपटारा : इस अधिनियम की धारा 9 के प्रथम पैरे के खण्ड क के अनुसरण में दी गई प्रति का वैसे ही निपटारा किया जाएगा जैसे राज्य सरकार, समय-समय पर अवधारित करे। उक्त पैरा के खण्ड ख के अनुसरण में दी गई कोई प्रति या प्रतियाँ (केंद्रीय सरकार को) भेजी जाएँगी।

11. क. भारत के प्रत्येक समाचारपत्र का मुद्रक ऐसे समाचारपत्र के प्रत्येक अंक की दो प्रतियाँ सरकार को ऐसे स्थान पर तथा ऐसे अधिकारी को जिसके लिए राज्य सरकार राजपत्र में अधिसूचना द्वारा निर्देश दे, उसके प्रकाशन के बाद यथा शीघ्र मुफ्त देगा।

11. ख. ऐसे किन्हीं नियमों के अधीन रहते हुए जो इस अधिनियम के अंतर्गत बनाए जाएँ, भारत में प्रत्येक समाचारपत्र का प्रकाशक प्रेस रजिस्ट्रार को ऐसे समाचारपत्र के प्रत्येक अंक की एक प्रति उसके प्रकाशन के पश्चात यथा शीघ्र मुफ्त देगा।

भाग-4
शास्तियाँ

12. जो कोई इस अधिनियम की धारा 3 में दिए गए नियम के अनुरूप कोई पुस्तक या पत्र मुद्रित या प्रकाशित न करे अन्यथा प्रकाशित न करेगा, वह मजिस्ट्रेट के समक्ष दोष सिद्ध होने पर जुर्माने से, जो दो हजार रुपए से अधिक का नहीं होगा या सादे कारावास से जिसकी अवधि छह मास से अधिक नहीं होगी, या दोनों से दण्डित किया जाएगा।

13. जो कोई पूर्वोक्त कोई मुद्रणालय इस अधिनियम की धारा 4 में अंतर्विष्ट उपबंधों में से किसी के उल्लंघन में, अपने कब्जे में रखेगा, वह मजिस्ट्रेट के समक्ष दोषसिद्धि पर जुर्माने से, जो दो हजार रुपए से अधिक का नहीं होगा या सादा कारावास से जिसकी अवधि छह मास से अधिक की नहीं होगी या दोनों से दण्डित किया जाएगा।

14. यदि कोई ऐसा व्यक्ति, जो इस अधिनियम के प्राधिकार के अधीन कोई घोषणा या अन्य कथन करते हुए ऐसा कथन करेगा जो मिथ्या है और जिसके बारे में या तो वह जानता है या विश्वास करता है कि यह मिथ्या है या उसके सही होने के बारे में वह विश्वास नहीं करता है, मजिस्ट्रेट के समक्ष दोषसिद्धि पर जुर्मान में जो दो हजार रुपए से अधिक का नहीं होगा और कारावास से, जिसकी अवधि छह मास से अधिक की नहीं होगी, या दोनों से दण्डित किया जाएगा।

15. (1) जो कोई इसमें इसके पूर्व अधिकथित नियमों का पालन किए बिना किसी समाचारपत्र का संपादन, मुद्रण या प्रकाशन करेगा, या जो कोई यह जानते हुए कि उस समाचारपत्र की बाबत उक्त नियमों का पालन नहीं किया गया है, किसी समाचारपत्र का संपादन, मुद्रण या प्रकाशन करेगा या करवाएगा, वह मजिस्ट्रेट के समक्ष दोषसिद्धि पर जुर्माने से जो दो हजार रुपए से अधिक का नहीं होगा या कारावास से, जिसकी अवधि छह मास से अधिक की नहीं होगी या दोनों से दण्डित किया जाएगा।

(2) जहाँ उपबंध (1) के अधीन किसी समाचारपत्र के संबंध में कोई अपराध किया गया है, वहाँ मजिस्ट्रेट उक्त उप धारा के अधीन आरोपित दण्ड के अतिरिक्त उस समाचार के बाबत की गई घोषणा रद्द कर सकेगा।

क. यदि कोई व्यक्ति जो किसी समाचारपत्र का मुद्रक या प्रकाशक नहीं रह गया है, धारा 8 के अनुपालन में घोषणा करने में असफल रहेगा, या घोषणा करने की उपेक्षा करेगा तो वह मजिस्ट्रेट के समक्ष दोष सिद्धि पर जुर्माने से, जो दो सौ रुपए से अधिक का नहीं होगा, दण्डनीय होगा।

16. पुस्तकें न देने के लिए या मुद्रक को मानचित्र न देने के लिए शास्ति :

यदि इस अधिनियम की धारा 9 में निर्दिष्ट किसी पुस्तक को कोई मुद्रक उस धारा के अनुसरण में उसकी प्रतियाँ देने में उपेक्षा करेगा तो वह ऐसे प्रत्येक व्यतिक्रम के लिए सरकार के पक्ष में पचास रुपए से अनधिक उतनी राशि समपहृत करेगा, जितनी उस स्थान में, जहाँ वह पुस्तक मुद्रित की गई थी। अधिकारिता रखने वाला मजिस्ट्रेट, उस अधिकारी के, जिसे प्रतियाँ दी जाने वाली थीं, या इस निमित्त उस अधिकारी द्वारा प्राधिकृत किसी व्यक्ति के आवेदन पर उन परिस्थितियों में उसे उस व्यतिक्रम के लिए उचित शास्ति अवधारित करे और ऐसी राशि के अतिरिक्त उतनी राशि और समपहृत करेगा जितनी वह मजिस्ट्रेट उन प्रतियों के मूल्य के रूप में अवधारित करेगा जो मुद्रक द्वारा दी जाने वाली थी।

यदि कोई प्रकाशक या अन्य व्यक्ति जो मुद्रक को नियोजित करे, इस अधिनियम की धारा 9 के दूसरे पैरे में विहित रीति से ऐसे मानचित्रों, मुद्रणों या उत्कीर्णों को, जो इस धारा के उपबंधों का अनुपालन करने में मुद्रक को समर्थ बनाने के लिए आवश्यक है, उसे देने में उपेक्षा करेगा तो ऐसे प्रकाशक या अन्य व्यक्ति प्रत्येक ऐसे व्यतिक्रम के लिए पचास रुपए से अनधिक उतनी राशि जितनी पूर्वोक्त मजिस्ट्रेट पूर्वोक्त आवेदन पर उन परिस्थितियों में उस व्यतिक्रम के लिए उचित शास्ति अवधारित करे, सरकार के पक्ष में समपहृत करेगा और ऐसी राशि के अतिरिक्त उतनी और राशि समपहृत करेगा जितनी वह मजिस्ट्रेट उन मानचित्रों, मुद्रणों या उत्कीर्णों के मद में अवधारित करे जो ऐसे प्रकाशक या अन्य व्यक्ति द्वारा दिए जाने थे।

16. क. यदि भारत में प्रकाशित किसी समाचारपत्र का कोई मुद्रक धारा 11 (क) के अनुपालन में उसकी प्रतियाँ देने में उपेक्षा करेगा तो वह, उस अधिकारी की, जिसे प्रतियाँ दी जानी चाहिए थीं या उस निमित्त अधिकारी द्वारा प्राधिकृत किसी व्यक्ति की शिकायत पर उस स्थान में जहाँ समाचारपत्र का मुद्रण किया गया था, अधिकारिता रखने वाले मजिस्ट्रेट द्वारा दोषसिद्धि पर जुर्माने से दंडनीय होगा जो प्रत्येक व्यतिक्रम के लिए पचास रुपए तक का हो सकेगा।

16. ख. यदि भारत में प्रकाशित किसी समाचारपत्र को कोई प्रकाशक धारा 11 (ख) के अनुपालन में उसकी प्रतियाँ देने में उपेक्षा करेगा तो वह प्रेस रजिस्ट्रार की शिकायत पर उस स्थान में, जहाँ पुस्तक का मुद्रण किया गया था, अधिकारिता रखने वाले मजिस्ट्रेट द्वारा दोषसिद्धि पर जुर्माने से दण्डनीय होगा, जो प्रत्येक व्यतिक्रम के लिए पचास रुपए तक का होगा।

1. धारा 16 के अधीन सरकार के पक्ष में समपहृत कोई भी धनराशि उस

राशि का अवधारण करने वाले मजिस्ट्रेट या पद में उसके उत्तरवर्ती के अधिपत्र के अधीन जुर्माने के उद्ग्रहण के लिए उस समय प्रदत्त दंड प्रक्रिया संहिता द्वारा प्राधिकृत रीति से तथा भारतीय दण्ड संहिता द्वारा विहित अवधि के भीतर, वसूल की जा सकेगी।

भाग 5

पुस्तकों का रजिस्ट्रीकरण

18. पुस्तकों के ज्ञापनों का रजिस्ट्रीकरण :

ऐसे कार्यालय में तथा ऐसे अधिकारी द्वारा जिसे राज्य सरकार इस निमित्त नियुक्त करे (भारत), में मुद्रित पुस्तकों का सूचीपत्र नाम की एक पुस्तक रखी जाएगी, जिसमें ऐसी प्रत्येक पुस्तक का ज्ञापन रजिस्टर किया जाएगा, जो इस अधिनियम की धारा 9 के प्रथम पैरे के खंड (क) के अनुसरण में दी गई होगी। ऐसे ज्ञापन में (जहाँ तक हो सके) निम्नलिखित विशिष्टियाँ होंगी अर्थात–

1. पुस्तक का नाम तथा मुखपृष्ठ की सामग्री और ऐसे नाम तथा सामग्री का, यदि वह अंग्रेजी भाषा में नहीं है तो अंग्रेजी भाषा में अनुवाद।
2. वह भाषा, जिसमें वह पुस्तक लिखी गई है।
3. पुस्तक का, उसके किसी भाग के लेखक, अनुवादक या संपादक का नाम।
4. विषय।
5. मुद्रण स्थान तथा प्रकाशन का स्थान।
6. मुद्रक या उसके फर्म का नाम और प्रकाशक या उसके फर्म का नाम।
7. मुद्रणालय से जारी किए जाने का या प्रकाशन की तारीख।
8. शीटों या पन्नों या पृष्ठों की संख्या।
9. आकार।
10. प्रथम, द्वितीय या अन्य संस्करण की संख्या।
11. संस्करण की प्रतियों की संख्या।
12. क्या पुस्तक मुद्रित है (चक्र मुद्रित है या शिला मुद्रित है)।
13. वह कीमत, जिस पर पुस्तक जन-साधारण को बेची जाती है, और
14. प्रतिलिप्याधिकार के या ऐसे प्रतिलिप्याधिकार के किसी प्रभाग के स्वत्वाधिकारी का नाम तथा पता।

    ऐसा ज्ञापन (धारा 9 के प्रथम पैरे के खंड (क) अनुसरण में) प्रत्येक पुस्तक की प्रति देने के पश्चात जितना शीघ्र हो सके। किया जाएगा तथा उसे रजिस्टर किया जाएगा।

19. रजिस्टर किए गए ज्ञापनों का प्रकाशन : उक्त सूचीपत्र में प्रत्येक तिमाही के दौरान रजिस्टर किए गए ज्ञापन ऐसी तिमाही की समाप्ति के पश्चात यथा शीघ्र

राजपत्र में प्रकाशित किए जाएँगे और इस प्रकार प्रकाशित ज्ञापनों की एक प्रति सरकार को भेजी जाएगी।

भाग 5 (क)
समाचारपत्रों का रजिस्ट्रीकरण

19. क. केंद्रीय सरकार भारत के समाचारपत्र रजिस्ट्रार और प्रेस रजिस्ट्रार के साधारण अधीक्षण तथा नियंत्रण के अधीन ऐसे अन्य अधिकारी नियुक्त कर सकेगी जो इस अधिनियम द्वारा या उसके अधीन सौंपे गए कृत्य करने के लिए आवश्यक हो और साधारण या विशेष आदेश द्वारा उन कृत्यों के वितरण या आबंटन के लिए उपबंध कर सकेगी जो इस नियम के अधीन उन्हें करने हैं।

19 ख. 1. प्रेस रजिस्ट्रार विहित रीति से समाचारपत्रों का एक रजिस्टर रखेगा।

2. रजिस्टर में भारत में प्रकाशित प्रत्येक समाचारपत्र के बारे में जहाँ तक हो सके, निम्नलिखित विशिष्टियाँ होंगी अर्थात् :

क. समाचारपत्र का नाम।

ख. वह भाषा, जिसमें समाचारपत्र प्रकाशित किया जाता है।

ग. समाचारपत्र के प्रकाशन की आवधिकता।

घ. समाचारपत्र के संपादक, मुद्रक तथा प्रकाशक का नाम।

ङ. मुद्रण तथा प्रकाशन का स्थान।

च. प्रति सप्ताह पृष्ठों की औसत संख्या।

छ. वर्ष में प्रकाशन के दिन की संख्या।

ज. मुद्रित प्रतियों की औसत संख्या, जनता को बेची गई प्रतियों की औसत संख्या और जनता को मुफ्त वितरित की गई प्रतियों की औसत संख्या। यह औसत अवधि इसी के प्रति निर्देश करते हुए संगणित की जाएगी जो विहित की जाए।

झ. प्रत्येक प्रति की फुटकर विक्रय कीमत समाचारपत्र के स्वामियों के नाम तथा पते और स्वामित्व से संबद्ध अन्य ऐसी विशिष्टियाँ, जो विहित की जाएँ।

ञ. ऐसी अन्य विशिष्टियाँ जो विहित की जाएँ।

3. पूर्वोक्त विशिष्टियों के बाबत समय-समय पर जानकारी की प्राप्ति पर प्रेस रजिस्ट्रार रजिस्टर में सुसंगत प्रविष्टियों को दर्ज करवाएगा और उसमें ऐसे आवश्यक परिवर्तन या सुधार कर सकेगा जो रजिस्टर को अद्यतन बनाए रखने के लिए अपेक्षित हो।

19. ग. मजिस्ट्रेट से किसी समाचारपत्र के बाबत धारा 6 के अधीन घोषणा की

प्रति की प्राप्ति पर और ऐसे समाचारपत्र के प्रकाशन पर प्रेस रजिस्ट्रार उसके पश्चात यथा शीघ्र उस समाचारपत्र के बाबत रजिस्ट्रीकरण प्रमाण पत्र उसके प्रकाशक को जारी करेगा।

19. घ. प्रत्येक समाचारपत्र के प्रकाशक का यह कर्तव्य होगा कि वह–

क. प्रेस रजिस्ट्रार को समाचारपत्र के बाबत ऐसे समय पर और धारा 19 (ख) की उप धारा (2) में निर्दिष्ट ऐसी विशिष्टियों सहित जो विहित की जाएँ, एक वार्षिक विवरण दे।

ख. समाचारपत्र में ऐसे समय पर और समाचारपत्र के संबंध में धारा 19 (ख) की उपधारा में विनिर्दिष्ट विशिष्टियों को प्रकाशित करे जो प्रेस रजिस्ट्रार द्वारा इस निमित्त विनिर्दिष्ट की जाएँ।

19. ङ. प्रत्येक समाचारपत्र का प्रकाशक प्रेस रजिस्ट्रार को धारा 19 (ख) की उपधारा (2) में विर्निदिष्ट विशिष्टियों में से किसी के बाबत ऐसी विवरणियाँ, आंकड़े तथा अन्य जानकारी देगा, जिसकी इस निमित्त प्रेस रजिस्ट्रार समय समय पर अपेक्षा करे।

19. च. प्रेस रजिस्ट्रार या उसके द्वारा इस निमित्त लिखित रूप में प्राधिकृत कोई अन्य राजपत्रित अधिकारी इस अधिनियम के अधीन किसी समाचारपत्र से संबद्ध किसी जानकारी के संग्रहण के प्रयोजन के लिए किसी भी सुसंगत अभिलेख या दस्तावेज को जो उसके प्रकाशक के कब्जे में है, देख सकेगा और किसी भी उचित समय पर किसी ऐसे भवन में प्रवेश कर सकेगा जहाँ ऐसा अभिलेख या दस्तावेज होने का उसे विश्वास है और सुसंगत अभिलेखों या दस्तावेजों का निरीक्षण कर सकेगा या उनकी प्रतियाँ ले सकेगा या इस अधिनियम के अधीन दी जाने के लिए अपेक्षित कोई भी जानकारी प्राप्त करने के लिए आवश्यक प्रश्न पूछ सकेगा।

19. छ. प्रेस रजिस्ट्रार प्रत्येक वर्ष ऐसे समय पर ऐसे प्रारूप में जो विहित किया जाए, एक वार्षिक रिपोर्ट तैयार करेगा, जिसमें भारत में समाचारपत्रों के बाबत पूर्वतन वर्ष के दौरान उसके द्वारा प्राप्त जानकारी का संक्षेप होगा और जिसमें ऐसे समाचारपत्रों के कार्यपालन का विवरण दिया जाएगा और उसकी प्रतियाँ केंद्रीय सरकार को भेजी जाएँगी।

19. ज. रजिस्टर से किसी उद्धरण की प्रति देने के लिए किसी व्यक्ति के आवेदन पर तथा ऐसी फीस के संदाय पर, जो विहित की जाए, प्रेस रजिस्ट्रार ऐसी प्रति आवेदक को ऐसे प्रारूप में तथा ऐसी रीति से देगा जो विहित की जाए।

19. झ. इस अधिनियम तथा उसके अधीन बनाए गए विनियमनों की उपबन्धों के अधीन रहे हुए, प्रेस रजिस्ट्रार इस अधिनियम के अधीन अपनी सभी

शक्तियों या उसमें से किसी शक्ति को अपने अधीनस्थ किसी अधिकारी को प्रत्यायोजित कर सकेगा।

19 ञ. इस अधिनियम के अधीन नियुक्त प्रेस रजिस्टार और सभी अधिकारी भारतीय दंड संहिता की धारा 21 के अर्थ में लोक सेवक समझे जाएँगे।

क. धारा 19 घ या धारा 19 ङ के उपबन्धों का अनुपालन करने से इंकार करेगा या उसकी उपेक्षा करेगा या

ख. समाचारपत्र में उस समाचारपत्र से संबद्ध कोई ऐसी विशिष्टियाँ धारा 19. घ. के खण्ड ख के अनुसरण में प्रकाशित करेगा, जिसके मिथ्या होने के बारे में विश्वास करने का उसके पास कारण है तो वह जुर्माना से, जो पाँच सौ रुपए तक का हो सकेगा, दण्डनीय होगा।

19. ट. यदि इस अधिनियम के अधीन जानकारी के संग्रहण के संबंध में लगा हुआ कोई व्यक्ति इस अधिनियम के अधीन दी गई किसी जानकारी या प्रस्तुत की गई किसी विवरणी की विषयवस्तु को इस अधिनियम के अधीन अपने कर्तव्यों के निष्पादन से या इस अधिनियम या भारतीय दंड संहिता के अधीन किसी अपराध के अभियोजन के प्रयोजनों से अन्यथा जानबूझकर प्रकट करेगा तो वह ऐसी अवधि के कारावास से, जो छह मास तक की हो सकेगी या ऐसे जुर्माने से जो एक हजार रुपए तक का हो सकेगा या दोनों से दण्डनीय होगा।

भाग-6
प्रकीर्ण

2. (1) राज्य सरकार राजपत्र में अधिसूचना द्वारा दिए गए ऐसे नियम जो धारा 20-क के अधीन केंद्रीय सरकार द्वारा बनाए गए नियमों से असंगत नहीं हैं, जो इस अधिनियम के उद्देश्यों को क्रियान्वित करने के लिए आवश्यक या वांछनीय हों, ही बना सकेगी।

(2) इस धारा के अधीन राज्य सरकार द्वारा बनाया गया प्रत्येक नियम, बनाए जाने के पश्चात् यथाशीघ्र राज्य विधान मण्डल के समक्ष रखा जाएगा।

(3) धारा 20 क की उपधारा 2 में यह यद्यपि एक सत्र में या दो अनुक्रमिक सत्रों में पूरी हो सकेगी। यदि सत्र जिसमें वह इस प्रकार रखा गया है या ठीक बाद के सत्रों के अवसान के पूर्व शब्दों के स्थान पर यह यद्यपि एक सत्र में अथवा दो या अधिक अनुक्रमिक सत्रों में पूरी हो सकेगी। यदि उस सत्र के या पूर्वोक्त अनुक्रमिक सत्रों के ठीक बाद के सत्र के अवसान के पूर्व शब्द रखे जाएँगे।

20 क. ऐसी विशिष्टियाँ विहित करना जो धारा 5 के अधीन की गई तथा

हस्ताक्षरित घोषणा में दी जा सकेगी और वह प्रारूप जिसमें तथा वह रीति जिससे समाचारपत्र के मुद्रक, प्रकाशक, स्वामी तथा सम्पादक के नाम और उसके मुद्रण तथा प्रकाशन के स्थान उस समाचार की प्रत्येक प्रति पर मुद्रित किए जा सकेंगे।

20 ख. यह रीति विहित करना, जिससे मजिस्ट्रेट की प्राधिकारिक मुद्रा से अनु-प्रमाणित किसी घोषणा की प्रतियाँ या किसी घोषणा को अभिप्रमाणित करने से इन्कार करने वाले किसी आदेश की प्रतियाँ घोषणा करने वाले तथा उस पर हस्ताक्षर करने वाले व्यक्ति को तथा प्रेस रजिस्ट्रार को भेजी जाएँ।

20 ग. यह रीति विहित करना, जिससे किसी समाचारपत्र की प्रतियाँ धारा 11 ख के अधीन प्रेस रजिस्ट्रार को भेजी जाएँ।

20 घ. वह रीति विहित करना जिससे धारा 19 ख के अधीन रजिस्टर रखा जाए तथा उसमें कौन-सी विशिष्टियाँ हों।

20. ङ. उन विशिष्टियों को विहित करना, जो प्रेस रजिस्ट्रार को किसी समाचारपत्र के प्रकाशक द्वारा भेजे जाने वाले वार्षिक विवरण में दी जाएँ।

20. च. वह प्रारूप तथा रीति विहित करना जिसे धारा 19 घ के खण्ड क के अधीन वार्षिक विवरण या धारा 19 क के अधीन विवरणी, आँकड़े या अन्य जानकारी प्रेस रजिस्ट्रार को भेजी जाए।

20. छ. रजिस्टर से उद्धरण की प्रतियाँ देने के लिए फीस तथा वह रीति विहित करना जिससे ऐसी प्रतियाँ दी जाएँ।

20. ञ. वह रीति विहित करना, जिससे किसी समाचारपत्र के बाबत रजिस्ट्रीकरण का प्रमाण पत्र जारी किया जाए।

20. झ. वह प्रारूप विहित करना जिसमें और वह समय विहित करना जिसके भीतर प्रेस रजिस्ट्रार द्वारा वार्षिक रिपोर्ट तैयार की जाए और केंद्रीय सरकार को भेजी जाए।

2. इस धारा के अधीन बनाया गया प्रत्येक नियम बनाए जाने के पश्चात यथाशीघ्र संसद के प्रत्येक सदन के समक्ष उस समय जब वह सत्र में हो, तीस दिन की अवधि के लिए रखा जाएगा। वह अवधि एक सत्र में या दो अनुक्रमिक सत्रों में पूरी हो सकेगी। यदि उस सत्र के, जिसमें वह इस प्रकार रखा गया है, ठीक बाद के सत्रों के अवसान के पूर्व दोनों सदन उस नियम में कोई परिवर्तन करने के लिए सहमत हो जाएँ तो तत्पश्चात वह ऐसे परिवर्तित रूप में ही प्रभावी होगा। यदि उक्त अवसान के पूर्व दोनों सदन सहमत हो जाएँ कि यह नियम नहीं बनाया जाना चाहिए तो तत्पश्चात वह निष्प्रभावी हो जाएगा। किंतु नियम के ऐसे परिवर्तित या निष्प्रभावी होने से उसके अधीन पहले की गई किसी बात

की विधिमान्यता पर प्रतिकूल प्रभाव नहीं होगा।

20 ज. इस अधिनियम के किसी संबंध के अधीन बनाए गए नियमों में यह उपबन्ध हो सकेगा कि उसका कोई उल्लंघन जुर्माने से, जो एक सौ रुपए तक का हो सकेगा, दण्डनीय होगा।

21. राज्य सरकार राजपत्र में अधिसूचित करके अधिसूचना द्वारा किसी वर्ग की पुस्तकों या पत्रों को इस संपूर्ण अधिनियम या उसके किसी भाग या भागों के प्रवर्तन से अपवर्जित कर सकेगी। परंतु समाचारपत्र के किसी वर्ग के बाबत कोई भी ऐसी अधिसूचना केंद्रीय सरकार से परामर्श किए बिना जारी नहीं की जाएगी।

22. इस अधिनियम का विस्तार संपूर्ण भारत पर है।

श्रमजीवी पत्रकार अधिनियम की मुख्य बातें

(1) श्रमजीवी पत्रकार से अपेक्षा नहीं की जाती कि वह लगातार चार सप्ताह में 144 घंटे से अधिक काम करे। चार सप्ताह में 24 दिन काम और चार दिन साप्ताहिक छुट्टी के हिसाब से काम का औसत समय रोज छह घंटे होता है। इसमें जलपान या भोजनावकाश का समय शामिल नहीं है। पत्रकार को लगातार सात दिन की किसी भी कालावधि के दौरान कम से कम 24 घंटे का विश्राम दिया जाएगा। (धारा 6)

(2) इस प्रावधान का अर्थ है कि हर हफ्ते एक दिन की छुट्टी मिलेगी और काम का समय रोजाना छह घंटे का होगा। पत्रकारों से दिन की पाली में छह घंटे और रात्रि पाली में साढ़े पाँच घंटे ही काम लिया जा सकता है। (नियम 8)

(3) रात्रि पाली में यदि सात दिन से ज्यादा काम पर बुलाया जाता है तो प्रतिष्ठान को इसके लिए राज्य के श्रम आयुक्त की अनुमति लेनी होगी। (नियम 7)

(4) अवकाश के दिनों, आकस्मिक और दूसरी छुट्टियों पर प्रतिकूल प्रभाव डाले बिना अधिनियम में 11 दिन के काम के पीछे एक दिन अर्जित अवकाश देने का प्रावधान है। मोटे तौर पर एक वर्ष में एक महीने का अर्जित अवकाश मिलेगा। साथ में साप्ताहिक अवकाश और दूसरी छुट्टियाँ भी मिलेंगी। चिकित्सक का प्रमाण-पत्र देकर सेवाकाल के 1/18 भाग के बराबर बीमारी की छुट्टी ली जा सकती है। (धारा 7)

(5) 90 दिन से अधिक अर्जित अवकाश जमा नहीं होगा। स्वेच्छा से संस्थान छोड़ने वाला पत्रकार 30 दिन के बकाया अर्जित अवकाश के बदले नकद मुआवजा ले सकता है।

(6) ठेकेदारी प्रथा पूर्णतः गैरकानूनी है। धारा 16 में नियोक्ता के लिए साफ-साफ कहा गया है कि वह मजदूरी की नई दरें देने की जिम्मेदारी से बचने के लिए किसी कर्मचारी की छंटनी नहीं करे।

(7) यदि अवकाश के दिन श्रमजीवी पत्रकार को काम पर बुलाया जाए तो इसके बदले उसे पूरे दिन की छुट्टी दी जाए। अन्य अवकाश और साप्ताहिक अवकाश सवेतन होंगे। यदि पत्रकार की छुट्टी की अर्जी नामंजूर की जाती है तो उसका कारण लिखित में देना पड़ेगा।

(8) किसी भी पत्रकार की सेवाएँ तब तक नहीं खत्म की जा सकतीं, जब तक यह पता न चले कि उससे क्या चूक हुई है। सेवा समाप्ति के आदेश में कारण बताया जाएगा।

(9) यह सिद्ध हो जाने पर कि पत्रकार ने—

(क) वरिष्ठजनों के विधि संगत और तर्कसंगत आदेशों का पालन नहीं किया,

(ख) जानबूझकर काम की गति धीमी रखी, गैर-कानूनी हड़ताल की या उसके लिए दूसरों को उकसाया,

(ग) चोरी धोखाधड़ी या रिश्वत ली,

(घ) आदतन देर से आए और नियमों को तोड़े,

(ङ) आरोप-पत्र लेने से इंकार किया।

तो उसे (i) चेतावनी दी जा सकती है, (ii) सेंसर किया जा सकता है, (iii) अधिक से अधिक दस दिन के लिए मुअत्तल किया जा सकता है, (iv) तरक्की पर रोक लगाई जा सकती है, (v) पदावनति की जा सकती है और (vi) बर्खास्त किया जा सकता है, पर इसका कारण लिखित में देना होगा।

मणिसाना अवार्ड की मुख्य बातें

का. आ. 1086 (अ) पत्रकारों और गैर-पत्रकार समाचार कर्मचारियों और समाचार एजेंसी कर्मचारियों के बाबत मजदूरी की दर नियम या पुनरीक्षित करने के लिए केंद्रीय सरकार को समर्थ बनाने के प्रयोजन के लिए श्रमजीवी पत्रकार और अन्य समाचारपत्र कर्मचारी (सेवा की शर्तें और प्रकीर्ण उपबंध) अधिनियम 1955 (1955 का 45) की धारा 9 और धारा 13 ग के अधीन दो मजदूरी बोर्डों का भारत सरकार के श्रम मंत्रालय की अधिसूचना सं. का. आ. 641 (अ) तारीख 2 सितंबर 1994 और का. आ. 642 (अ) तारीख 2 सितंबर, 1994 द्वारा गठन किया गया था :

और उक्त मजदूरी बोर्डों ने 25 जुलाई 2000 को केंद्रीय सरकार को अपनी सिफारिशें प्रस्तुत कर दी हैं :

और केंद्रीय सरकार 5 दिसंबर 2000 ई. को अधिसूचना जारी कर इन्हें स्वीकार करने का प्रस्ताव करती है।

1. **लघु शीर्षक तथा प्रारंभ**--(1) इन सिफारिशों को मणिसाना (मजदूरी बोर्ड) अवार्ड कहा जाएगा।

(2) यह अवार्ड श्रेणी तीन और इससे ऊपर के समाचारपत्र प्रतिष्ठानों के संबंध में 1 अप्रैल 1998 को तथा श्रेणी चार एवं पाँच के समाचारपत्र प्रतिष्ठानों के संबंध में 1 जून 1999 को प्रवर्तन में माना जाएगा और श्रेणी छह से नौ तक समाचारपत्र प्रतिष्ठानों के संबंध में पहली अप्रैल 2000 को प्रवर्तन में आएगा।

(1) समाचारपत्र प्रतिष्ठानों का वर्गीकरण 3 लेखा वर्षों अर्थात 1995-1996, 1996-97 और 1997-98 के औसत सकल राजस्व के आधार पर किया जाएगा। समाचारपत्र प्रतिष्ठान के विभिन्न विभागों, शाखाओं और केंद्रों को उसका भाग माना जाएगा।

(2) समाचारपत्र, प्रतिष्ठानों के उनके स्वयं के सकल राजस्व के आधार पर विभिन्न विभागों, शाखाओं अथवा केंद्रों की क्लबिंग के बावजूद इस

अध्याय के पैराग्राफ 6 में यथा वर्गीकृत सभी वर्गों के समाचार प्रतिष्ठानों की इकाइयाँ दो वर्गों से अधिक में नहीं बढ़ाई जाएंगी जो कि क्लबिंग के परिणामस्वरूप उनके सकल राजस्व के अनुसार होंगी।

समाचारपत्र प्रतिष्ठानों की श्रेणियाँ–समाचारपत्र प्रतिष्ठानों को इस अध्याय के पैरा 3 (क) के अनुसार उनके सकल राजस्व के आधार पर निम्नलिखित श्रेणियों के अंतर्गत वर्गीकृत किया जाएगा।

श्रेणी	सकल राजस्व
1 बी	600 करोड़ रुपए और अधिक
1 ए	225 करोड़ रुपए और अधिक किंतु 600 करोढ़ रुपए से कम।
i	75 करोड़ रुपए और अधिक किंतु 225 करोड़ रुपए से कम।
ii	25 करोड़ रुपए और अधिक किंतु 75 करोड़ रुपए से कम।
iii	11 करोड़ रुपए और अधिक किंतु 25 करोड़ रुपए से कम।
iv	5.5 करोड़ रुपए और अधिक किंतु 11 करोड़ रुपए से कम।
v	2.5 करोड़ रुपए और अधिक किंतु 5.5 करोड़ रुपए से कम।
vi	1.25 करोड़ रुपए और अधिक किंतु 2.5 करोड़ रुपए से कम।
vii	60 लाख रुपए और अधिक किंतु 1.25 करोड़ रुपए से कम।
viii	30 लाख रुपए और उससे अधिक किंतु 60 लाख रुपए से कम।
ix	30 लाख रुपए से कम।

कोई भी समाचारपत्र प्रतिष्ठान श्रेणी 9 से नीचे नहीं समझा जाएगा।

पुनर्वगीकरण–यह या तो नियोजक अथवा कर्मचारी के लिए खुला होगा कि वह तत्काल पूर्ववर्ती तीन लेखा वर्षों के औसत सकल राजस्व के आधार पर अवार्ड के प्रवर्तन की तारीख से एक वर्ष के पश्चात किसी भी समय एक समाचारपत्र प्रतिष्ठान के पुनवर्गीकरण की माँग कर सकता है। बशर्ते कि ऐसे पुनर्वर्गीकरण की माँग तीन लगातार लेखा वर्षों की किसी अवधि में एक बार से अधिक नहीं की जानी चाहिए।

मंहगाई भत्ते की संशोधित दरों की अदायगी औद्योगिक कर्मकारों के लिए श्रम ब्यूरो द्वारा संकलित क्षेत्रीय, केंद्र के लिए औसत अखिल भारतीय उपभोक्ता मूल्य सूचकाँक (1982=100) के अनुसार की जाएगी तथा यह श्रेणी iii और उससे ऊपर के लिए 1 अप्रैल 1998 से तथा श्रेणी iv तथा उससे ऊपर के लिए 1 जून 1999 तथा श्रेणी vi से ix तक के लिए 1 अप्रैल 2000 से लागू होगी।

संशोधित वेतनमान में आरंभिक वेतन का निर्धारण–संशोधित वेतनमान में किसी कर्मचारी का आरंभिक वेतन निम्न प्रकार निर्धारित किया जाएगा।

(क) नवनियुक्त कर्मचारियों के लिए संशोधित वेतनमान में वेतनमान के न्यूनतम पर वेतन निर्धारित होगा।

(ख) प्रतिष्ठान में पहले से कार्य कर रहे कर्मचारियों के मामले में संशोधित वेतनमान में वर्तमान परिलब्धि से अगली अवस्था पर वेतन निर्धारित होगा।

(ग) यदि संशोधित वेतनमान का न्यूनतम कर्मचारी द्वारा वर्तमान में ली जा रही परिलब्धियों की राशि से अधिक है तो संशोधित वेतनमान के न्यूनतम पर वेतन निर्धारित होगा।

(घ) यदि कर्मचारी की वर्तमान परिलब्धियाँ संशोधित वेतनमान के न्यूनतम से अधिक हैं, तो संशोधित वेतनमान के न्यूनतम में वेतन वृद्धियाँ जोड़ते हुए और संशोधित वेतनमान में अगली उच्चतम अवस्था पर उसका वेतन निर्धारित करते हुए वेतन निर्धारित होगा।

(ङ) प्रत्येक कर्मचारी को पंचाट के आरंभ होने की तारीख से तत्काल पहले धारित किए गए पद पर प्रत्येक चार वर्ष की सेवा पूर्ण करने के लिए संशोधित वेतनमान में एक वेतनवृद्धि की जाएगी।

(च) संबंधित कर्मचारी द्वारा उस प्रतिष्ठान में किसी भी अन्य पद पर की गई सेवा, जिसके वेतनमान का न्यूनतम, कर्मचारी ने जिसमें कार्य किया हो, उस वेतनमान के न्यूनतम के 30 प्रतिशत से अधिक कम न हो, को भी हिसाब में लिया जाएगा।

(छ) वेतनवृद्धियों की कुल संख्या तीन से अधिक नहीं होगी।

(ज) किसी भी कर्मचारी को संशोधित वेतनमान की अधिकतम सीमा से अधिक वेतन नहीं मिलेगा।

(झ) सभी कर्मचारियों के लिए संशोधित वेतनमान प्रवर्तन की तिथि से लागू होंगे। अधिनियम की धारा 12 के अंतर्गत इन सिफारिशों को प्रभावी करते हुए सरकारी अधिसूचना के प्रकाशन की तिथि से तीन सप्ताह के भीतर यदि कोई कर्मचारी वर्तमान वेतनमान और वर्तमान परिलब्धियाँ रखने का विकल्प चुनता है तो वह वर्तमान वेतनमान और ऐसी परिलब्धियाँ बनाए रखने का पात्र होगा।

पूर्वव्यापी प्रचालन के परिणामस्वरूप पंचाट के प्रवर्तन की तारीख से देय बकायों यदि कोई हो, का भुगतान पंचाट के प्रवर्तन की तारीख से तीस माह के भीतर 10 मास की तीन बराबर किश्तों में किया जाएगा।

उन समाचारपत्र प्रतिष्ठानों द्वारा 31-3-2000 से पूर्व किसी बकाया राशि की अदायगी नहीं की जाएगी, जिन्हें पंचाट लागू होने की तारीख से पूर्ववर्ती तीन लेखा वर्षों में लगातार भारी नकद घाटा हुआ हो। तथापि उन समाचारपत्र प्रतिष्ठानों द्वारा उक्त पंचाट के लागू होने की तारीख से संशोधित वेतनमानों में नोशनल आधार पर अपने कर्मचारियों के वेतन अथवा मजदूरी नियत करना तथा 1 अप्रैल 2000 से उसकी अदायगी करना अपेक्षित होगा।

प्रथम अनुसूची

(श्रमजीवी पत्रकारों का समूहीकरण श्रेणी I-बी से IX)

समूह 1–संपादक

समूह 1 ए–कार्यकारी संपादक, स्थानीय संपादक, सह संपादक, संयुक्त संपादक, उप संपादक।

समूह 1 बी–सहायक संपादक, संपादकीय लेखक, समाचार ब्यूरो का प्रमुख, समाचार संपादक, विशेष संवाददाता।

समूह 2–उप या सहायक संपादक, मुख्य रिपोर्टर, मुख्य उपसंपादक, खेल संपादक, व्यावसायिक संपादक, फिल्म संपादक, पत्रिका संपादक, व्यंग्य चित्रकार, साँख्यिकीय अथवा अनुसंधान प्रभाग का प्रमुख, मुख्य समाचार फोटोग्राफर, मुख्य पुस्तकालयाध्यक्ष, मुख्य इंडैक्स सहायक, मुख्य कैलिग्राफिस्ट, मुख्य कलाकार, राज्य सरकार को प्रत्याशित राज्य की राजधानियों में प्रधान संवाददाता, विशेष संवाददाता से अलग केंद्र सरकार को प्रत्याशित संवाददाता तथा उच्चतर श्रेणी में नहीं रखे गए अन्य अनुभाग या बैंच प्रमुख।

समूह 2 ए–उप मुख्य संपादक अथवा वरिष्ठ उपसंपादक, उप मुख्य रिपोर्टर अथवा वरिष्ठ रिपोर्टर, वरिष्ठ संवाददाता, वरिष्ठ कैलिग्राफिस्ट, वरिष्ठ आर्टिस्ट, वरिष्ठ पुस्तकालयाध्यक्ष, वरिष्ठ सूची सहायक और वरिष्ठ संदर्भ सहायक।

समूह 3–उप संपादक, रिपोर्टर, संवाददाता, समाचार फोटोग्राफर, कलाकार, कृतियों सहित कैलिग्राफिस्ट, पुस्तकालयाध्यक्ष, सूची सहायक, मुख्य प्रूफ रीडर।

समूह 3 ए–विज्ञापन प्रूफ रीडर सहित प्रूफ रीडर तथा प्लानर।

समूह 4–किसी अन्य समूह के अंतर्गत उल्लिखित के अलावा सभी श्रमजीवी पत्रकार यदि उच्च स्तर पर नहीं रखे गए हों।

टिप्पणी :

(1) कोई भी समाचारपत्र कर्मचारी अनुसूचियों में दिए गए पदनामों से भिन्न किसी भी पद पर नियोजित हो और वही या समान कार्य अथवा उसी या समान प्रकृति का कार्य करता हो तो वह उस समूह में एक श्रमजीवी पत्रकार समझा जाएगा।

(2) अनुसूची में दी गई कर्मचारियों की सभी श्रेणियाँ हर वर्ग के समाचार प्रतिष्ठानों में विद्यमान हो भी सकती हैं या नहीं भी हो सकती हैं।

दूसरी अनुसूची
(कार्यात्मक परिभाषाएं)

समूह 1–'संपादक' वह व्यक्ति है जो किसी समाचारपत्र के संपादकीय पक्ष का निर्देशन और पर्यवेक्षण करता है।

समूह 1 ए–'कार्यकारी संपादक' वह व्यक्ति है जो किसी समाचारपत्र के संपादन और प्रकाशन संबंधी कार्यों में सहायता करता है। चाहे वह रेजिडेंट संपादक, सहायक संपादक इत्यादि के कार्य का पर्यवेक्षण करता है या नहीं।

'रेजिडेंट संपादक' वह व्यक्ति है जो उस केंद्र, जहाँ से समाचारपत्र मूल रूप से प्रकाशित हुआ था, से भिन्न किसी अन्य केंद्र पर समाचारपत्र के संपादक के कार्यों का निष्पादन करता है।

'सह संपादक' या 'संयुक्त संपादक' या 'उप संपादक' वह व्यक्ति है जो संपादक के कार्य के निष्पादन में सामान्यतः संपादक की सहायता करता है।

समूह 1 बी–'सहायक संपादक' वह व्यक्ति है जो संपादक को सामान्यतः टिप्पणियों और विचारों से संबंधित कार्य के निष्पादन में नियमित रूप से सहायता करता है और लीड लिखता हो तथा समीक्षा, टिप्पणी या आलोचना से संबंधित अन्य प्रति भी तैयार कर सकता है।

'संपादकीय लेखक' वह व्यक्ति है जो नियमित रूप से संपादकीय लिखता है और समीक्षा, टिप्पणी और आलोचना से संबंधित अन्य प्रति भी तैयार कर सकता है।

'समाचार संपादक' वह व्यक्ति है.जो समाचार विभाग के कार्य का समन्वय और पर्यवेक्षण करता है तथा किसी समाचारपत्र के सभी संस्करणों की समाचार सामग्री के लिए उत्तरदायी होता है।

'समाचार ब्यूरो का प्रमुख' वह व्यक्ति है जो समाचार ब्यूरो के कार्य का पर्यवेक्षण करता है और ब्यूरो के सदस्यों को कार्य सौंपता है।

'विशेष संवाददाता' वह व्यक्ति है जिसके कर्तव्यों में केंद्र सरकार के मुख्यालय या विदेशी केंद्र में संवाददाता अथवा अन्यथा के रूप में अपने कर्तव्यों में नियमित रूप से संसद संबंधी, राजनीतिक तथा सामान्य महत्व के सभी समाचारों को पेटेंट देना तथा उनका प्रतिपादन करना शामिल है या जो एक से अधिक राज्य अथवा ऐसे किसी अन्य स्थान पर इसी प्रकार के कार्य नियमित रूप से निष्पादित करता है।

वर्ग 2

'उप या सहायक समाचार संपादक' वह व्यक्ति है जो संपादक को सामान्यतः उसके कार्य करने में सहायता करता है तथा नगर संस्करण प्रकाशित करने का

इंचार्ज है।

'प्रमुख रिपोर्टर' वह व्यक्ति है जो प्रकाशन केंद्र में सभी रिपोर्टरों का इंचार्ज है, उनके कार्य का निरीक्षण करता है तथा विधायी, राजनीतिक या सामान्य महत्त्व के सभी समाचारों की रिपोर्ट तथा व्याख्या भी नियमित रूप से देता है।

'प्रमुख उप संपादक' वह व्यक्ति है जो समाचार डेस्क पर पारी कार्यभार ग्रहण करता है, एक या अधिक उप संपादकों के कार्य का आवंटन तथा निरीक्षण करता है तथा समाचारपत्र या उसके किसी विशेष संस्करण या उसके भाग में समाचार स्थान के निर्धारण के तथा समाचार के सामान्य प्रदर्शन के लिए उत्तरदायी है।

'खेलकूद संबंधी संपादक' समाचारपत्र के खेलकूद अनुभाग का इंचार्ज है, खेलकूद संबंधी समाचार तथा संबद्ध क्रियाकलापों पर कार्यवाही करता है तथा एक या अधिक रिपोर्टरों तथा एक या अधिक उपसंपादकों के कार्य का निरीक्षण करता है तथा सामान्यतः समाचार के स्थान तथा खेलकूद संबंधी समाचार के सामान्य प्रदर्शन के लिए उत्तरदायी है।

'वाणिज्य संपादक' वह व्यक्ति है जो वाणिज्य, वित्त, व्यवसाय तथा उद्योग से संबंधित समाचार तथा विचारों पर कार्यवाही करता है तथा उन पर टिप्पणी करता है तथा एक या अधिक रिपोर्टरों के कार्य का आवंटन तथा निरीक्षण करता है।

'फिल्म संपादक' वह व्यक्ति है जो फिल्मों तथा मंच से संबंधित समाचार तथा विचारों पर कार्यवाही करता है तथा मंच एवं चलचित्र के बारे में विशेष कालम या पृष्ठ का इंचार्ज है तथा एक या अधिक श्रमजीवी पत्रकारों के कार्य का निरीक्षण करता है।

'पत्रिका संपादक' वह व्यक्ति है जो समाचार के साहित्यिक या मनोरंजन विषयों से संबंधित समाचारों तथा विचारों पर कार्यवाही करता है तथा साहित्यिक या ऐसे अन्य संबद्ध विषयों के संबंध में विशेष कालमों या पृष्ठ का इंचार्ज है तथा दो या अधिक श्रमजीवी पत्रकारों के कार्य का निरीक्षण करता है।

'व्यंग्य चित्रकार' वह व्यक्ति है जो व्यंग्यों तथा उपहास चित्रों के माध्यम से समाचारों तथा घटनाओं पर टिप्पणी करता है।

'साँख्यिकी या अनुसंधान प्रभाग का प्रमुख' साँख्यिकी या अनुसंधान प्रभाग का इंचार्ज वह व्यक्ति है जो वित्तीय समाचारपत्र में वाणिज्य, वित्त व्यवसाय तथा उद्योग से संबंधित मामलों पर कार्यवाही करता है तथा एक या अधिक श्रमजीवी पत्रकारों के कार्य का निरीक्षण करता है।

'प्रमुख समाचार फोटोग्राफर' वह व्यक्ति है जो एक या अधिक समाचार फोटोग्राफरों के कार्य का आवंटन तथा निरीक्षण करता है।

'प्रमुख पुस्तकाध्यक्ष' या 'प्रमुख सूची सहायक' या 'प्रमुख कैलिग्राफिस्ट' या 'प्रमुख आर्टिस्ट' वह व्यक्ति है जो क्रमशः एक या अधिक पुस्तकाध्यक्षों, सूची सहायकों,

कैलिग्राफिस्टों या आर्टिस्टों के कार्य का निरीक्षण करता है।

'प्रमुख संवाददाता' वह व्यक्ति है जो राज्य सरकार के द्वारा अधिकृत है तथा संवाददाता वह व्यक्ति है जो विशेष संवाददाता तथा अन्य अनुभागीय या बैच प्रमुखों के अलावा केंद्र सरकार द्वारा अधिकृत है।

वर्ग 2 ए

'उप प्रमुख उप संपादक' या 'वरिष्ठ उप संपादक' वह व्यक्ति है जो प्रमुख उपसंपादक को उसके कर्तव्यों के निष्पादन में नियमित रूप से सहायता करता है तथा उसकी अनुपस्थिति में उपसंपादक के स्थान पर कार्य करता है।

'प्रमुख उप रिपोर्टर' या 'वरिष्ठ रिपोर्टर' वह व्यक्ति है जो प्रमुख रिपोर्टर की सहायता करता तथा उसकी अनुपस्थिति में उसके स्थान पर कार्य करता है।

'वरिष्ठ संवाददाता' वह व्यक्ति है जो विशेष या प्रधान संवाददाता के अतिरिक्त है जिसके कर्तव्यों में प्रकाशन के क्षेत्र के अतिरिक्त किसी केंद्र में मुख्य समाचार के संबंध में रिपोर्टिंग करना सम्मिलित है तथा जिन्होंने कम-से-कम 5 वर्ष की सेवा की हो।

'वरिष्ठ कैलीग्राफिस्ट' या 'वरिष्ठ आर्टिस्ट' या 'वरिष्ठ पुस्तकाध्यक्ष' या 'वरिष्ठ सूची सहायक' या 'वरिष्ठ संदर्भ सहायक' वे व्यक्ति हैं जो क्रमशः प्रमुख कैलिग्राफिस्ट या प्रमुख आर्टिस्ट या प्रमुख पुस्तकाध्यक्ष या प्रमुख सूची सहायक को सहयोग देता है तथा जिन्होंने कम से कम 5 वर्ष की सेवा की हो।

वर्ग 3

'उपसंपादक' वह व्यक्ति है जो सभी विषय क्षेत्रों के समाचार मदों को प्राप्त करने, चयन करने, छोटा करने, संक्षिप्त करने, विस्तृत करने, अनुवाद करने तथा संपादित करने का काम करता है तथा मुख्य शीर्षक देता है और इनमें से कुछ या सभी कार्य कर सकता है।

'रिपोर्टर' वह व्यक्ति है जो किसी विशेष केंद्र में समाचार एकत्र तथा प्रस्तुत करता है।

'संवाददाता' वह व्यक्ति है जो प्रकाशन के केंद्र के अतिरिक्त किसी अन्य केंद्र से समाचार एकत्र करता है तथा इसे वायरलेस, डाक या अन्य साधनों द्वारा भेजता है।

'समाचार फोटोग्राफर' वह व्यक्ति है जो फोटोग्राफों के माध्यम से जनहित की समाचार घटनाओं को सम्मिलित करता है।

'आर्टिस्ट' वह व्यक्ति है जो चित्रों, अभिन्यासों, नक्शों, ग्राफों या अन्य समान प्रकार के अलंकरणों, किसी प्रकार के उदाहरण या रचनात्मक कला के प्रकाशन तैयार

करता है। वह इन कार्यों में से कुछ या सभी कर सकता है।

'कैलिग्राफिस्ट' एक ऐसा कलाकार है जो पत्रकारिता संबंधी कार्य तथा कैलिग्राफ मामले भी निष्पादित करता है।

'पुस्तकाध्यक्ष' या 'सूची सहायक' वह व्यक्ति है जो ऐसे समाचारों तथा विचारों से संबंधित रिकार्ड तैयार करता तथा अनुरक्षित करता है जो पृष्ठभूमि के रूप में प्रयोग किया जाता है या प्रचलित कहानियाँ उनके स्थान पर भरते हैं। इनमें से किसी भी कार्य को न करनेवाले व्यक्तियों को इसमें शामिल नहीं किया जाएगा।

'प्रमुख प्रूफ रीडर' एक या अधिक रीडरों के कार्य का आवंटन तथा निरीक्षण करता है और पारी का इंचार्ज है।

वर्ग 3 ए

'प्रूफ रीडर' वह व्यक्ति है जो संपादक की प्रति से प्रूफ की मुद्रित सामग्री की जाँच करता है ताकि पूर्ववर्ती की त्रुटियों को सुनिश्चित किया जा सके। वास्तविक विसंगतियों, वर्तनी की गलतियों, व्याकरण की अशुद्धियों एवं वाक्य रचना की गलतियों को भी उसके द्वारा पता लगाया जाता है। तथा उन्हें वह या तो स्वयं सही करता है या सही करवाता है।

'प्लानर' वह व्यक्ति है जो संपादक द्वारा दी गई किसी समाचार सामग्री को प्रमुखता से दर्शाने के लिए फोटो संपादन, रंग संपादन और छाया संपादन के कार्य में सहायता करता है।

समाचार एजेंसियों का वर्गीकरण और समाचार एजेंसी कर्मचारियों का समूहकरण

समाचार एजेंसियों का वर्गीकरण (1) समाचार एजेंसियों में कर्मचारियों की मजदूरी दरों का नियतन संशोधन करने के लिए समाचार एजेंसियों का तीन लेखा वर्षों 1995-96, 1996-97 और 1997-98 की औसत सकल आय के आधार पर वर्गीकरण किया जाएगा।

समाचार एजेंसी का वर्गीकरण–समाचार एजेंसियों को इस अध्याय के पैरा 3 के अनुसार उनकी सकल आय के आधार पर निम्नलिखित वर्गों के अंतर्गत वगीकृत किया जाएगा।

वर्ग	सकल आय
1.	30 करोड़ रुपए और उससे अधिक।
2.	15 करोड़ रुपए और उससे अधिक किंतु 30 करोड़ रुपए से कम।
3.	5 करोड़ रुपए और उससे अधिक किंतु 15 करोड़ रुपए से कम।
4.	5 करोड़ रुपए से कम।

नोट : विदेशी समाचार एजेंसियाँ, अर्थात जो भारत में संचालित हो रही हैं, किंतु जिनका प्रधान कार्यालय भारत से बाहर है, वर्ग 1 की समाचार एजेंसियाँ समझी जाएँगी।

प्रथम अनुसूची

(समाचार एजेंसियों के श्रमजीवी पत्रकारों का समूहीकरण)

समूह 1 (विशेष) : मुख्य संपादक, उप मुख्य संपादक।

समूह 1 : संपादक मुख्य प्रस्तुतकर्ता (दूरदर्शन), प्रभागीय ब्यूरो का प्रमुख।

समूह 1 (क) : मुख्य समाचार संपादक, फीचर संपादक, व्यापारिक संपादक, चित्र संपादक, क्षेत्रीय प्रबंधक, ब्यूरो प्रमुख (कैपिटल), चुनिंदा आधार पर विशेष संवाददाता।

समूह 1 (ख) : विशेष संवाददाता, प्रधान संवाददाता, विदेशी संवाददाता, समाचार संपादक, मुख्य रिपोर्टर, मुख्य फोटोग्राफर, राज्य ब्यूरो प्रमुख, प्रस्तुतकर्ता (दूरदर्शन), प्रबंधक स्टाक एक्सचेंज सेवाएँ, प्रबंधक समाचार विनिमय, विशेष संवाददाता (दूरदर्शन), प्रबंधक राज्य राजधानी ब्यूरो।

समूह 2 : मुख्य उप संपादक, वरिष्ठ संवाददाता, मुख्य पुस्तकालय अध्यक्ष।

समूह 2 क : वरिष्ठ उप संपादक, वरिष्ठ पुस्तकालय अध्यक्ष, वरिष्ठ रिपोर्टर, वरिष्ठ फोटोग्राफर, सहायक प्रस्तुतकर्ता-सह-रिपोर्टर (दूरदर्शन)।

समूह 3 : उप संपादक, रिपोर्टर, फोटोग्राफर तथा दूरदर्शन रिपोर्टर, पुस्तकालय अध्यक्ष।

टिप्पणी :

(1) समाचारपत्र के किसी भी कर्मचारी को भले ही उसका पदनाम उल्लिखित अनुसूची से भिन्न ही क्यों न हो, लेकिन अनुसूची के किसी भी समूह में उसी अथवा उसी तरह के अन्यथा उसी प्रकृति के कार्य के लिए उसी वर्ग का श्रमजीवी पत्रकार माना जाएगा।

(2) यह आवश्यक नहीं कि अनुसूची में उल्लिखित सभी श्रेणियों के कर्मचारी हर वर्ग के समाचार प्रतिष्ठान में हो हीं।

द्वितीय अनुसूची

(कार्यात्मक परिभाषाएँ)

1. 'मुख्य संपादक' वह व्यक्ति है जो किसी समाचार एजेंसी का कर्ता-धर्ता होता है।
2. 'उप मुख्य संपादक' वह व्यक्ति है जो मुख्य संपादक को अपना कर्तव्य निभाने में सहायता करता है तथा उसकी अनुपस्थिति में उसके लिए कार्य करता है।
3. 'संपादक' वह व्यक्ति है जो समाचार एजेंसी के संपादकीय पत्र के कार्य का निर्देशन तथा पर्यवेक्षण करता है।

4. 'प्रभागीय ब्यूरो का प्रमुख' वह व्यक्ति है जो संपूर्ण समाचार एजेंसी के केंद्रीय समाचार डेस्क का प्रभारी होता है तथा महानगरीय केंद्रों अर्थात दिल्ली, कोलकाता, मुंबई तथा चेन्नई में समाचार सेवाओं का पर्यवेक्षण, मार्गदर्शन तथा निर्देशन करता है।
5. 'मुख्य समाचार संपादक' वह व्यक्ति है जो उप मुख्य संपादक की उसके कर्तव्य निष्पादन में सहायता करता है तथा समाचार कार्यकलापों को समन्वित करता है।
6. 'फीचर संपादक' वह व्यक्ति है जो फीचर संबंधी कार्य को करता है तथा समाचार एजेंसी की फीचर सेवा प्रकाशित करने का प्रभारी होता है।
7. 'आर्थिक संपादक' वह व्यक्ति है जो समाचार एजेंसी की आर्थिक सेवा प्रकाशित करने का प्रभारी होता है।
8. 'विज्ञान संपादक' वह व्यक्ति है जो विज्ञान तथा प्रौद्योगिकी से संबंधित विशेषज्ञ समाचारों से संबद्ध कार्य करता है तथा समाचार एजेंसी की विज्ञान सेवा प्रकाशित करने का प्रभारी होता है।
9. 'वाणिज्यिक संपादक' वह व्यक्ति है जो वाणिज्य, वित्त, व्यवसाय तथा उद्योग को प्रभावित करनेवाले समाचारों से संबद्ध कार्य करता है और उन पर टिप्पणी देता है एक अथवा अधिक रिपोर्टरों के कार्य का आवंटन तथा पर्यवेक्षण करता है।
10. 'चित्र संपादक' समाचार एजेंसी की चित्र सेवा का संचालन करने और सेवा के समन्वयन का प्रभारी है।
11. 'विशेष संवाददाता' से तात्पर्य उस व्यक्ति से है (जिसे संघ सरकार की मान्यता प्राप्त है और) जिसका मुख्य कर्तव्य संसदीय समाचार, राजनीतिक अथवा सामान्य महत्त्व के समाचार की रिपोर्ट करना है अथवा महानगरीय केंद्र में ऐसे एक व्यक्ति से है जो आर्थिक महत्त्व अथवा राष्ट्रीय या अंतर्राष्ट्रीय समाचार को पेश करता है।
12. 'प्रधान संवाददाता' से तात्पर्य राज्य की राजधानियों के संवाददाता से है जिसे राज्य सरकारों की मान्यता प्राप्त होती है।
13. 'विदेशी संवाददाता' से तात्पर्य उस व्यक्ति से है, जिसे देश अथवा देश के किसी भाग से समाचार कवरेज के लिए विदेश में तैनात किया जाता है।
14. 'समाचार संपादक' वह व्यक्ति है जो महानगरीय केंद्र में समाचार डेस्क अथवा क्षेत्रीय समाचारों का प्रभारी है तथा जो विभिन्न समाचार सेवाओं का पर्यवेक्षण, निर्देशन तथा मार्गदर्शन करता है।

15. 'मुख्य रिपोर्टर' महानगरीय केंद्र में वह व्यक्ति है जो उस केंद्र के सभी रिपोर्टरों का प्रभारी है तथा वैधानिक, राजनैतिक तथा सामान्य महत्त्व के समाचारों की भी सूचना देता है।
16. 'मुख्य फोटोग्राफर' वह व्यक्ति है जो फोटोग्राफर के कार्य का आवंटन तथा पर्यवेक्षण करता है।
17. 'राज्य ब्यूरो का प्रमुख' वह व्यक्ति है जो राज्य राजधानी में सभी प्रकार के समाचारों का मार्गदर्शन तथा उनके संकलन का निर्देशन करता है।
18. 'मुख्य उप संपादक' महानगरीय केंद्र में वह व्यक्ति है जो नियमित रूप से संपादकीय डेस्क पर एक पारी का कार्यभार संभालता है, उपसंपादकों को कार्य सौंपता है तथा उनके कार्य का पर्यवेक्षण करता है।
19. 'वरिष्ठ संवाददाता' महानगरीय केंद्र में वह व्यक्ति है जिसका नियमित कर्तव्य संसदीय, राजनैतिक अथवा सामान्य महत्त्व के समाचार सूचित करना है अथवा वह व्यक्ति है जिसे नियमित रूप से आर्थिक तथा वाणिज्यिक महत्त्व, न्यायालयों तथा राष्ट्रीय खेलकूद समाचार एकत्र करने का कार्य सौंपा गया हो।
20. 'वरिष्ठ उपसंपादक' महानगरीय केंद्र में वह व्यक्ति है जिसे संपादकीय डेस्क पर मुख्य पारियों को छोड़कर किसी अन्य पारी का कार्यभार संभालने का कार्य नियमित रूप से सौंपा गया हो अथवा जिसके नियमित कर्तव्यों में विशेष ग्राहक को समाचार डिस्पैच करने की तैयारी शामिल है।
21. 'वरिष्ठ रिपोर्टर' वह व्यक्ति है जिसके नियमित कर्तव्यों में राज्य सरकार के समाचारों अथवा राज्य विधानसभाओं की कार्यवाही की सूचना देना शामिल है।
22. 'वरिष्ठ चित्रकार' वह व्यक्ति है जो जनहित के दायित्व निभाता है तथा जिसके पास कुछ अनुभव होता है और वह मुख्य चित्रकार की अनुपस्थिति में उसका कार्य करता है।
23. 'उपसंपादक' वह व्यक्ति है जो सभी विवरणों के समाचार मदों को प्राप्त करने, चुनने, संक्षिप्त करने, सार बनाने, विस्तृत करने, अनुवाद, संपादन तथा मुख्य शीर्षक बनाने का कार्य करता है तथा कुछ या सभी कार्य करता है।

'संवाददाता' वह व्यक्ति होता है जो डाक, तार अथवा अन्य साधनों द्वारा किसी भी केंद्र से समाचार एकत्र करता है तथा भेजता है।

'रिपोर्टर' वह व्यक्ति होता है जो समाचार एकत्र करके किसी विशिष्ट केंद्र में प्रस्तुत करता है।

'चित्रकार' वह व्यक्ति होता है जो चित्रों के माध्यम से जनहित की घटनाओं

के समाचार एकत्र करता है।

'दूरदर्शन रिपोर्टर' वह व्यक्ति होता है जो किसी विशिष्ट केंद्र पर स्थित दूरदर्शन विंग के लिए समाचार एकत्र तथा प्रस्तुत करता है।

'मुख्य दूरदर्शन प्रस्तुतकर्ता' प्रेस ट्रस्ट ऑफ इंडिया की दूरदर्शन सेवाओं का मुख्य प्रभारी होता है।

'क्षेत्रीय प्रबंधक' वह व्यक्ति है जो देश में पश्चिमी/उत्तरी/पूर्वी/दक्षिणी क्षेत्रों में समाचार एजेंसी की समाचार तथा अन्य सेवाओं का प्रभारी होता है।

चुनिंदा आधार पर 'विशेष संवाददाता' वह विशेष संवाददाता है जिसे उच्चतर कार्यभार तथा उत्तरदायित्व के कर्तव्य निभाने के कारण उच्चतर श्रेणी में रखा गया है।

'स्टाक विनिमय' सेवा प्रबंधक वह व्यक्ति है जो स्टाक विनिमय सूचना तथा स्टाक परीक्षण सेवा सूचनाओं को समन्वित करता है।

'दूरदर्शन प्रस्तुतकर्ता' प्रोग्रामिंग से संबंधित क्षेत्रों (अर्थव्यवस्था, सामाजिक मामले, शिक्षा, समाचार) का प्रभारी होता है।

'विशेष संवाददाता' दूरदर्शन समाचार तथा सामयिक मामलों को सूचित करने तथा यथासंभव प्रस्तुतीकरण का प्रभारी होता है।

'राज्य ब्यूरो राजधानी के अधीन प्रबंधक' वह व्यक्ति होता है जो राज्य राजधानी में सभी प्रकार के समाचारों का मार्गदर्शन, निर्देशन तथा संकलन करता है।

'सहायक प्रस्तुतकर्ता सह रिपोर्टर' प्रस्तुतीकरण के साथ-साथ दूरदर्शन सेवा के लिए घटनाएं सूचित करने जिसमें अनुसंधान एवं रिपोर्टिंग शामिल हैं, में सहायता करता है।

'प्रबंधक विनिमय' वह व्यक्ति होता है जो समाचार एजेंसी विनिमय कार्यक्रम का अन्य एजेंसियों के साथ समन्वय करता है।

'पुस्तकाध्यक्ष' वह व्यक्ति है जो समाचारों तथा विचारों, जिन्हें समाचार कहानियों के लिए पृष्ठभूमि अथवा सामग्री के रूप में प्रयुक्त किया जाता है, से संबंधित अभिलेख तैयार करता है तथा रखता है।

टिप्पणी

(1) जॉब की ये परिभाषाएं बोर्ड द्वारा 29-7-99 को गठित समितियों की रिपोर्टों पर विचार करने के पश्चात बोर्ड के निर्णय के अधीन हैं।

(2) अनुसूची में वर्णित पदनामों से भिन्न किसी समाचार एजेंसी में नियोजित कोई समाचार कर्मचारी, यदि समान अथवा समान प्रकृति के जॉब कर रहा है तो अनुसूची में किसी समूह में है, तो उसे उस समूह में श्रमजीवी पत्रकार के रूप में माना जाएगा।

सारणी 1
समाचारपत्र प्रतिष्ठान
श्रमजीवी पत्रकार

प्रतिष्ठान का वर्ग	कर्मचारियों का समूह	वेतनमान	वर्ष
1	2	3	4
(600 करोड़ रुपया और अधिक) 1 बी	1	कोई वेतनमान नहीं	
	1 ए	10540-475-13865-625-18240-820-23160 रुपया (7) (7) (6)	20
	1 बी	9690-435-12735-575-16760-755-21290 रु.	20
	2	8945-405-11780-530-15490-695-19660 रु. (7) (7) (6)	20
	2 ए	7115-320-9355-420-12295-555-15625 रु. (7) (7) (6)	20
	3	6440-290-8470-380-11130-500-14130 रु. (7) (7) (6)	20
	3 ए	5765-260-7585-340-9965-450-12665 रु.	20
	4	4995-225-6570-295-8635-390-10975 रु. (7) (7) (6)	20
(225 करोड़ रु. और अधिक। किंतु 600 करोड़ रु. से कम)	1	कोई वेतनमान नहीं	
	1 ए	10210-355-12695-445-15810-555-19140 रु.	20
	1 ए	(7) (7) (6)	
	1 बी	9400-330-11710-410-14580-510-17640 रु. (7) (7) (6)	20
	2	8685-305-10820-380-13480-470-16300 रु. (7) (7) (6)	20
	2 ए	6905-240-8585-300-10865-375-12935 रु. (7) (7) (6)	20

	3	6250-220-7790-275-9715-340-11755 रु.	20
		(7) (7) (6)	
	3 ए	5610-195-6975-245-8690-305-10520 रु.	20
		(7) (7) (6)	
	4	4860-170-6050-210-7520-265-9110 रु.	20
		(7) (7) (6)	
(75 करोड़ रु. और अधिक। किंतु 225 करोड़ रु. से कम)	1	कोई वेतनमान नहीं	
	1 ए	9630-335-11975-420-14915-520-18035 रु.	20
		(7) (7) (6)	
	1 बी.	8795-310-10965-385-13660-480-16540 रु.	20
		(7) (7) (6)	
	2	8125-285-10120-355-12605-440-15245 रु.	20
		(7) (7) (6)	
	2 ए	6425-225-8000-280-9960350-12060 रु.	20
		(7) (7) (6)	
	3	5905-205-7340-255-9125-320-11045 रु.	20
		(7) (7) (6)	
	3 ए	5315-185-6610-230-8220-290-9960 रु.	20
		(7) (7) (6)	
	4	4530-160-5650-200-7050-245-8520 रु.	20
		(7) (7) (6)	
(25 करोड़ रु. और अधिक। किंतु 75 करोड़ रु. से कम) ii	1	कोई वेतनमान नहीं	
	1 ए	9335-235-10980-275-12905-325-14855 रु.	20
		(7) (7) (6)	
	1 बी	8415-210-9885-245-11680-290-13340 रु.	20
		(7) (7) (6)	
	2	7760-195-2125-230-10735-270-12355 रु.	20
		(7) (7) (6)	
	2 ए	6085-150-7135-180-8395-210-9655 रु.	20
		(7) (7) (6)	

	3	5695-140-6675-165-7830-195-9000 रु.	20
		(7) (7) (6)	
	3 ए	5015-125-5890-145-6905-175-7955 रु.	20
		(7) (7) (6)	
	4	4350-110-5120-130-6030-150-6930 रु.	20
		(7) (7) (6)	
(11 करोड़ रु.			
और अधिक	1	कोई वेतनमान नहीं	
किंतु 25 करोड़			
रु. से कम)	1 ए	8965-225-10540-265-12395-310-14255 रु.	20
iii		(7) (7) (6)	
	1 बी	7940-200-9340-235-10985-275-12634 रु.	20
		(7) (7) (6)	
	2	7465-185-8760-220-10300-260-11860 रु.	20
		(7) (7) (6)	
	2 ए	5885-145-6900-175-8125-205-9355 रु.	20
		(7) (7) (6)	
	3	5535-140-6515-165-7670-190-8810 रु.	20
		(7) (7) (6)	
	3 ए	4755-120-5595-140-6575-165-7565 रु.	20
		(7) (7) (6)	
	4	4235-105-4970-125-5845-145-6715 रु.	20
		(7) (7) (6)	
(5.5 करोड़ रु.			
और अधिक	1	कोई वेतनमान नहीं	
किंतु 11 करोड़			
रु. से कम)	1 ए	8535-245-10040-250-11790-295-13560 रु.	20
iv		(7) (7) (6)	
	1 बी	7315-185-8610-215-10115-255-11645 रु.	20
		(7) (7) (6)	
	2	6845-170-8035-200-9435-235-10845 रु.	20
		(7) (7) (6)	
	2 ए	5470-135-6415-160-7535-190-8675 रु.	20
		(7) (7) (6)	

	3	5305-135-6250-155-7335-185-8445 रु.	20
		(7) (7) (6)	
	3 ए	4395-110-5165-130-6075-150-6975 रु.	20
		(7) (7) (6)	
	4	4075-100-4775-120-5615-140-6455 रु.	20
		(7) (7) (6)	
(2.5 करोड़ रु. और	1	कोई वेतनमान नहीं	
अधिक किंतु 5.5			
करोड़ रु. से कम)	1 ए	7540-190-8870-220-10410-260-11970 रु.	20
v		(7) (7) (6)	
	1 बी	7195-180-8455-210-9925-250-11425 रु.	20
		(7) (7) (6)	
	2	6555-165-7710-195-9075-225-10425 रु.	20
		(7) (7) (6)	
	2 ए	5265-130-6175-155-7260-180-8340 रु.	20
		(7) (7) (6)	
	3	5050-125-5925-150-6975-175-8025 रु.	20
		(7) (7) (6)	
	3 ए	4170-105-4905-125-5780-145-6650 रु.	20
		(7) (7) (6)	
	4.	3935-100-4635-115-5440-135-6250 रु.	20
		(7) (7) (6)	
(1.25 करोड़ रु.			
और अधिक	1	कोई वेतनमान नहीं	
किंतु 2.5 करोड़			
रु. से कम)	1 ए	6285-125-7160-145-8175-165-9165 रु.	20
vi		(7) (7) (6)	
	1 बी	6070-120-6910-140-7890-100-8850 रु.	20
		(7) (7) (6)	
	2	5460-110-6230-125-7105-140-7945 रु.	20
		(7) (7) (6)	
	2 ए	4865-95-5530-110-6300-125-7050 रु.	20
		(7) (7) (6)	
	3	4505-90-5135-105-5870-115-6560 रु.	20
		(7) (7) (6)	

	3 ए	3795-75-4320-85-4915-100-5515 रु. (7) (7) (6)	20
	4	3620-70-4110-80-4670-95-5240 रु. (7) (7) (6)	20
(60 लाख रु. और अधिक किंतु 1.25 करोड़ रु. से कम) vii	1	कोई वेतनमान नहीं	
	1 ए	5570-110-6340-125-7215-145-8085 रु. (7) (7) (6)	20
	1 बी	5395-110-6165-125-7040-140-7880 रु. (7) (7) (6)	20
	2	4995-100-5695-115-6500-130-7280 रु. (7) (7) (6)	20
	2 ए	4295-85-4890-100-5590-110-6250 रु. (7) (7) (6)	20
	3	3745-75-4270-85-4865-95-5435 रु. (7) (7) (6)	20
	3 ए	3665-75-4190-85-4785-95-5355 रु. (7) (7) (6)	20
	4	3520-70-4010-80-4570-90-5110 रु. (7) (7) (6)	20
(30 लाख रु. और अधिक किंतु 60 लाख रु. से कम) viii	1	कोई वेतनमान नहीं	
	1 बी	5065-100-5765-115-6570-130-7350 रु. (7) (7) (6)	20
	2	4745-95-5410-110-6180-125-6930 रु. (7) (7) (6)	20
	3	3550-70-4040-80-4600-90-5140 रु. (7) (7) (6)	20
	3 ए	3530-70-4020-80-4580-90-5120 रु. (7) (7) (6)	20
	4	3315-65-3770-75-4295-85-4805 रु. (7) (7) (6)	20

(30 लाख रु. से कम)	1	कोई वेतनमान नहीं	
ix	1 बी	4220-65-4675-70-5165-80-5645 रु.	20
		(7) (7) (6)	
	2	3915-60-4335-65-4790-70-5210 रु.	20
		(7) (7) (6)	
	3	3380-50-3730-55-4115-60-4475 रु.	20
		(7) (7) (6)	
	3 ए	3270-50-3620-50-3375-55-4105 रु.	20
		(7) (7) (6)	
	4	3110-45-3425-50-3375-55-3760 रु.	20
		(7) (7) (6)	
(30 करोड़ रु.	1	कोई वेतनमान नही	
तथा उससे ऊपर)	1 ए	10540-475-13865-625-18240-820-23160 रु.	20
(समाचार एजेंसी)		(7) (7) (6)	
	1 बी	9690-435-12735-575-16760-755-21290 रु.	20
		(7) (7) (6)	
	2	8945-405-11780-530-15490-695-19660 रु.	20
		(7) (7) (6)	
	2 ए	7115-320-9355-420-12295-555-15625 रु.	20
		(7) (7) (6)	
	3	6440-290-8470-380-11130-500-14130 रु.	20
		(7) (7) (6)	
(15 करोड़ रु.			
तथा उससे	1	कोई वेतनमान नहीं	
ऊपर किंतु 30 करोड़	1 ए	10210-355-12695-445-15810-555-19140 रु.	20
रु. से कम)		(7) (7) (6)	
ii	1 बी	9400-330-11710-410-14580-510-17640 रु.	20
		(7) (7) (6)	
	2	8685-305-10820-380-13480-470-16300 रु.	20
		(7) (7) (6)	
	2 ए	6905-240-8585-300-10685-375-12935 रु.	20
		(7) (7) (6)	
	3	6250-220-7790-275-9715-340-11755 रु.	20
		(7) (7) (6)	

●●●